LOU.

La jornada de un
ADORADOR

Autora: Louise Acevedo
Transcriptora: Deyanira Roque
Editora: Profesora Cristy López
Corrector de estilo: Deyanira Roque - Pastor Antonio M. Florido
Ilustración de Portada: Euselandia Alcántara
Diseño y Diagramación: ERAS Disgraf, LLC.

"La Jornada de un Adorador"
ISBN 978-1-5136-5207-8
Para distribución mundial.
Impreso en los EEUU.

Contacto:
Tels: (786)366-55571 / (787)671-9376
Email: lajornadadeunadorador@gmail.com
Facebook: LouiseAcevedoMercedes
Instagram: @jornadadeunadorador
Youtube: Louise Acevedo Mercedes

De:

Para:

DEDICATORIA

Quiero dedicar este libro a todo aquel que reconoce que tiene que haber algo más, que su alma clama por un cambio, una transformación, que lleve su vida al próximo nivel.

Para todo aquel que desea sumergirse en las profundidades del río de Dios, y tener un encuentro que lo lleve más allá de lo que su mente pueda imaginar.

Para todo aquel que anhela salir de su zona de comodidad para tener una experiencia tan profunda y real con Dios que lo lleve a postrarse ante Sus pies en adoración.

Desde ya es mi oración que este libro sea el instrumento que Dios use para provocar esa metanoia, esa metamorfosis en tu vida.
Amén.

INTRODUCCIÓN

La vida se compone de tantas jornadas, unas fáciles y otras difíciles. Algunas jornadas son cortas, llenas de colorido, aventuras, otras son valles grises y llenas de tristeza. Lo que sí he aprendido a través de todas mis jornadas es que, aunque no todas las jornadas sean iguales, en todas las jornadas se aprende algo, siempre y cuando estemos dispuestos a aprender. Porque, como dijo un gran sabio, si tú no estás dispuesto a aprender, nadie puede enseñarte.

Este libro no cuenta meramente una historia; sino que plasma la interesante jornada de una mujer muy particular y especial, la cual he admirado por su integridad, su humildad, su fe, y su sentido del humor aún en medio de todas las tormentas y desiertos que le ha tocado vivir. La vida de esta mujer ha estado llena de sorpresas, algunas agradables y otras menos agradables, pero todas igualmente la han convertido en la mujer que es hoy día. Igual que todas tus jornadas, tanto las fáciles como las difíciles, te han convertido en la persona que eres hoy. He tenido el privilegio de vivir de cerca cada una de las jornadas de Luisa (como muchos la conocemos) a través de tantos años de amistad y hermandad. He visto las montañas, los valles, la lluvia, el sol y la sorprendente provisión de Dios en cada paso. En cada jornada, he observado de cerca su fe inquebrantable y un temple noble para seguir hacia adelante a pesar de todo. Inclusive, la he visto bendecir a muchos en secreto, sin pensarlo dos veces, a pesar de su situación.

Con Luisa he aprendido a entender lo que es adoración real y a vivirla día a día. No sólo por sus talleres en los que he participado, sino porque su vida es una constante demostración de lo que es la verdadera adoración. Cada vez que participo de un taller "La Jornada de un Adorador", salgo con una experiencia nueva y extraordinaria. Ningún taller es igual al otro, así como ninguna jornada es igual a la otra. Mi jornada ha sido muy parecida a la de Luisa en muchos aspectos, pero tan diferente en otros. Por eso, tengo que creer que Dios tiene un plan soberano y hermoso a través de cada detalle. Que Dios revelará Su glorioso propósito, completamente diferente al que yo pensaba. Porque la finalidad y el motivo de la jornada es alcanzar una sola meta: que todos lleguemos a la unidad de la fe y del conocimiento del Hijo de Dios, a un varón perfecto, a la medida de la estatura de la plenitud de Cristo (Efesios 4:13). Todo lo demás en nuestra vida es secundario.

A través de las páginas de este libro descubrirás lo que es la verdadera adoración, genuina, intensa y real. Encontrarás aspectos de la adoración que son muy poco conocidos y que tal vez nunca hayas visto. Te confieso que llevo toda una vida cantando sobre la adoración y enseñando sobre la adoración; pero ningún otro libro me ha llevado a las profundidades de la verdadera adoración como este. Este libro me cambió la vida; me llevó de rodillas ante el trono de Dios en humillación. No he llorado tanto y pensado tanto, con ningún libro como lo he hecho con este. Tampoco he leído otro libro más veces que este. Te invito a leerlo con calma, y aprenderás que la adoración auténtica conlleva luchas, desafíos, confrontaciones con el "Yo" y muchas lágrimas. Todo esto es una parte necesaria del proceso para pulirnos, así como el alfarero trabaja el barro hasta sacar lo mejor de él. Dios quiere sacar lo mejor de ti. Queda de ti aceptarlo.

Una vez empieces esta jornada, descubrirás nuevas experiencias con Dios que te llevarán a lugares que jamás imaginaste que existían. Y te darás cuenta que nada es tan satisfactorio, desafiante, y profundo como esta jornada. Te deseo un viaje lleno de aventuras y retos, siempre de la mano de nuestro amante Padre Celestial. Confía en que Dios se encargará de guiarte hasta la meta. Ese es Su Plan.

Deyanira Roque
Adoradora

PRÓLOGO

La vida es una travesía dividida en jornadas. Desde la mañana hasta la noche se registran episodios, para bien o para mal que marcan nuestras vidas.

La Jornada de un Adorador no es un libro. Es el reflejo de una vida rendida a Dios y expresada por sí misma en su corazón. Es el relato sencillo que grita lo agradecido que está y se rinde ante Dios. Cada persona camina y en cada estación experimenta cosas nuevas; y cada jornada es un escalón que nos eleva hasta acercarnos para lo que fuimos hechos.

Luisa, como todos popularmente le llamamos, fue atrapada por Dios desde pequeña, sus lazos de amor la envolvieron hasta llevarla hacia la ruta de los que conocen a Dios de primera mano. En este libro podrás tocar su corazón por lo honesto de su contenido, porque entre valles y alturas descubrió el secreto de un verdadero adorador.

Tantos años conociéndola me animó a escribir este prólogo, más aún después de haber leído este libro, ver la congruencia de lo narrado y lo que he visto por más de 23 años ininterrumpidos en la vida de esta autora-adoradora.

Alguien dijo que el papel lo aguanta todo, pero el empujón interior que provoca la lectura de este libro es catalizador. El tesoro encontrado en las líneas de este texto es sencillo, fresco, práctico y a su vez comprometedor, porque en él vemos derrumbados algunos de los paradigmas sobre la adoración. Está centrado en la Palabra de

Dios y a su vez tan cerca de la experiencia humana que endulza hasta degustarlo sin desperdicio alguno.

La Jornada de un Adorador es el camino de los que conocen a Dios de verdad, y son conocidos por Él. Es la ruta de los que tienen sus pies firmes en la tierra, pero tienen sus ojos puestos en el cielo. Es la mirada y actitud de alguien que valora a Dios y la vida dentro de una misma realidad, porque la vida de un adorador es la barca que le lleva entre el violento mar y las calmadas aguas, hacia el verdadero propósito de nuestra existencia: "...para la alabanza de Su Gloria..."

Te invito a leerlo, más bien a saborearlo, y a que lo hagas sin predisposición alguna. Que lo hagas con un espíritu enseñable y con la disposición de adorar como el Padre quiere que le adoren.

Pastor César Camacaro

CONTENIDO

CAPÍTULO I

Se busca

Lo que Dios más anhela no es otra canción más, sino el reflejo de Su amor y misericordia entre los pobres, los cautivos y los oprimidos.

– Desconocido

A fin de cuentas, la verdadera adoración jamás será un espectáculo, algo que pretendes mostrar o enseñar. Tiene que ser un fluir de la abundancia de tu corazón… la verdadera adoración se trata de una relación personal con Dios, de acercarnos a Dios.

–Matt Redman

SE BUSCA

Cada mañana, mi esposo se pone al día con la prensa escrita. Le gusta especialmente la sección de los clasificados porque ahí aparecen los avisos de todo aquel que tiene algo para vender, comprar o alquilar. Igualmente, se encuentran avisos ofreciendo empleos, servicios, inclusive citas amorosas. Una de las secciones más populares tiene que ver precisamente, con el ofrecimiento de empleos. Con frecuencia, esos avisos comienzan con las palabras *"Se busca"*... se busca un carpintero, un plomero, o un estilista.

Muchas veces me he preguntado: ¿Qué buscaría Dios si pusiera un aviso en la prensa? ¡Ah, ya sé! De seguro leería algo así: **"Se buscan <u>verdaderos adoradores</u>"**. Si Dios necesita de algo más, no lo sé; pero de esto sí estoy segura: Él busca adoradores, pero no cualquier adorador. Busca un verdadero adorador. Y el anuncio solicitando verdaderos adoradores no salió en la primera plana del periódico, salió en la Biblia en el capítulo cuatro del libro de Juan casi dos mil años atrás. Quiero compartirlo contigo porque detalla lo que es ser un verdadero adorador, por si te interesa la posición.

"Y le era necesario pasar por Samaria"
(Juan 4:4)

LA MUJER SAMARITANA

El anuncio comienza narrando que le era necesario pasar por Samaria. ¿Por qué? Porque había una necesidad que sólo Él podía saciar; y Él lo sabía. Fue por eso que insistió que tenían que tomar la ruta de Samaria, aunque fuera la costumbre de los judíos por siglos darle la vuelta a la región completa con tal de NO pasar por dicha ciudad. O sea, la ruta de cualquier judío religioso no pasaba por Samaria. Preferían darle la vuelta al mundo antes que pasar por esa región por una sola razón: los judíos y los samaritanos no se soportaban.

Les voy a explicar el razonamiento detrás de esta pugna: Los samaritanos eran una "raza impura", una "raza mixta". Samaria nació de una mezcla de alrededor de cinco diferentes naciones paganas. Y de ahí es que sale la gran pugna religiosa. Para los judíos, que se jactaban de ser una raza pura, los samaritanos eran lo más impuro y vil del mundo. Y para los samaritanos, los judíos eran los más presumidos y orgullosos de toda la región. O sea, ambos eran los más religiosos de la región y ninguno iba a dar su brazo a torcer. Es por eso que Jesús tuvo que llegar hasta esa precisa región. No sólo por esa mujer y por la ciudad de Samaria; sino para enseñarle a estos dos pueblos una gran verdad: que para Dios no hay nadie digno, ni indigno; puro, ni impuro, santo, ni vil. Todos necesitamos igualmente la salvación. Nadie es más santo que nadie. Jesús vino a buscar y a salvar TODO lo que se había perdido, no importando su raza o nacionalidad.

Por esa razón, y con toda la intención, Jesús no dio la vuelta por la ruta larga, sino que pasó a propósito por Samaria (y me imagino a los discípulos protestando todo el camino). Así es que llega Jesús al pozo de Jacob y envía los discípulos a buscar comida con el único propósito de sentarse a esperar por una mujer samaritana que iba a buscar agua precisamente a esa hora porque no quería encontrarse con nadie. Qué sorpresa le esperaba.

Pero no te creas que hablarle a esta mujer iba a ser una tarea fácil. Eran muchos los prejuicios que Jesús tenía que derribar antes de que esta mujer pudiese entender Su mensaje. Él era hombre y ella era mujer; Él era judío y ella era samaritana; Ella era religiosa y Él era el Hijo de Dios; Ella no lo conocía y Él sabía todo acerca de ella; Ella estaba perdida y Él era el Salvador; Eran como el Polo Norte y el Polo Sur. ¡Qué encuentro! Jesús tuvo que buscar la manera de romper el estigma para poder entablar una conversación con una mujer que lo iba a rechazar aún antes de decir la primera palabra. Y la única manera era utilizar como ejemplo lo más simple, el agua.

Esta mujer estaba tan arraigada en la religión, que Jesús le dice, "Dame de beber" y ella le responde: "¿Cómo tú, siendo judío, me pides agua?" Mira qué clase de respuesta, aunque me imagino que la mujer se asombró al llegar al pozo y de repente encontrarse con un hombre, quien además era judío y, para colmo, rabino. ¿Qué hace un rabino aquí precisamente a esta hora? Si no llega a ser porque necesitaba el agua, creo que se hubiese retirado del lugar, antes de toparse con este judío que parecía no saber que los judíos y los samaritanos no se hablan. Pero, cuando a Dios le place hacer algo, va por encima de nuestros protocolos y prejuicios.

Así que decidió escoger, no sólo a una mujer samaritana, sino que escogió una con muy mala reputación. O sea, ante los ojos de los judíos, no pudo escoger a alguien peor. En una época que había tanto discrimen contra la mujer, Jesús escoge hablarle precisamente a una mujer. Porque ante los ojos de Dios no hay hombre, mujer, judío, griego, rico y pobre (Colosenses 3:11). Todos somos iguales.

Mira la sabiduría de Jesús, que decidiendo ignorar el comentario de esta mujer, escogió concentrarse en algo mucho más importante, su necesidad espiritual. Por eso le contesta: "si tú supieras Quién es el que te pide de beber, tú me pedirías a Mí y Yo te daría agua viva, que no se acaba, que sacia". Esta mujer, que aun siendo pecadora es muy religiosa, le contesta: "No tienes con qué sacarla, ¿Cómo me vas a ofrecer agua tú a mí? Además, ¿Acaso te crees que eres mayor que nuestro padre Jacob?" Fíjate en su énfasis en "**nuestro** padre Jacob". O sea, le estaba diciendo a este rabino judío, "nosotros también somos hijos de Jacob, igual que ustedes. Ustedes no son mejores que nosotros".

Ese es uno de los problemas mayores de la religiosidad: Pretenden siempre estar por encima de los demás. La religiosidad tiene la necesidad constante de demostrar que es mejor, superior, más pura y santa que los demás, aunque en el fondo no lo sea. Los religiosos se creen los "policías" escogidos por Dios para juzgar a todos los demás, porque todos los demás están por debajo de ellos. Y es aquí donde se contrasta la religiosidad con el amor, porque el amor es todo lo contrario. El amor pone a los demás por encima aún de sí mismo. La religiosidad de esta mujer es confrontada con el amor de Jesús, quien demuestra con cada palabra un amor y una humildad impresionantes.

Sinceramente, yo le hubiese dicho a esta mujer religiosa, "Mira mujer, deja la religiosidad que yo te conozco bien. Y olvídate del pozo de Jacob, o de que yo soy judío y tú eres samaritana. Eso no es lo importante. Yo te vengo a compartir una verdad mucho más profunda."

Pero Jesús, con amor y paciencia, le contestó: "Cualquiera que bebiere de esta agua, volverá a tener sed; mas el que bebiere del agua que Yo le daré, no tendrá sed jamás; sino que el agua que yo le daré será en él una fuente de agua que salte para vida eterna". Y esto fue lo que por fin le llamó la atención a esta mujer, "eso es precisamente lo que quiero, para no tener que venir aquí todos los días al medio día a buscar agua".

Fíjate cómo ella todavía sigue hablando del aspecto físico y material. Esta mujer sigue hablando de la sed física, sin entender que Jesús le está hablando de saciar su sed espiritual. Dios, en Su misericordia y gracia, tiene en Su corazón compartir cosas divinas con esta mujer, pero ella todavía no se da cuenta. Así que Jesús tuvo que usar una táctica un poco más directa. Ahí fue que la conversación se puso bien interesante.

De repente Jesús le dice, "Muy bien, pues ve y busca a tu marido". Un comentarista dice que Jesús todavía no había "cambiado el canal"; Jesús todavía estaba hablando de asuntos espirituales. Por lo tanto, cuando le dice, "Busca a tu marido", Jesús estaba haciendo alusión, no sólo a los cinco maridos previos y el marido actual de esta mujer; sino a los cinco "dioses" previos, y al "dios" actual, del pueblo samaritano. Es necesario entender este trasfondo para entender la verdadera importancia de este encuentro. Esto fue mucho más que un encuentro casual, porque Jesús vino a salvar, no solamente a esta mujer, sino a una nación entera. Adorar cualquier cosa que no sea Dios, cualquier cosa que tome el lugar de Dios, es cometer adulterio espiritual; por eso Dios condena tan enérgicamente la idolatría.

Por lo tanto, lo que Jesús le está diciendo a esta mujer, es que Él está consciente que por siglos el pueblo samaritano estuvo en "adulterio" adorando cinco ídolos; cinco "dioses" que no eran Dios. Este pueblo estuvo siglos adorando lo que pensaban que era dios, pero realmente no lo era. Y precisamente por eso a Jesús "le era necesario pasar por Samaria", para romper con ese adulterio. Jesús está aquí cortando hasta la raíz del problema, no sólo de esta mujer, sino del pueblo de Samaria completo: la idolatría. Les confieso que toda mi vida yo estuve leyendo este pasaje bíblico creyendo que el asunto era solamente que la mujer había tenido cinco maridos; pero nunca entendí que esta mujer realmente representaba al mismo pueblo de Samaria, que había tenido cinco ídolos anteriormente que no eran el verdadero Dios.

Por eso Jesús le tuvo que enfatizar, "Ustedes adoran lo que no conocen." Lo que realmente le estaba diciendo era, "Lo que ustedes adoran, creyendo que es dios, no es un dios. Y los otros ídolos que han adorado por siglos creyendo que son dioses tampoco son dios. Por eso he llegado hasta aquí hoy, para revelarte al verdadero Dios, para que finalmente entiendas quién es el único que merece toda adoración. Si conocieras quién Soy Yo, entenderías que el único digno de adorar Soy Yo. Fuera de Mí no hay otro". Impresionante.

Si sacas cuenta, esta mujer había tenido cinco maridos (igual que el pueblo de Samaria había tenido cinco dioses), y el marido que actualmente tenía no era de ella (el cual hacía el número seis). Ahora llega Cristo, que hace el número **siete**. En la Biblia, el número siete representa perfección y plenitud. Qué increíble, ¿no crees? Cristo llega a la vida de esta mujer, y de este pueblo, como la perfección y la plenitud. Llegó Cristo y ya no hace falta nada más. Todo está completo. Nosotros estamos completos. ¡Gloria a Dios! Si estás leyendo este texto y todavía no te sientes completo.... Te presento a Cristo, la plenitud y la perfección. Si lo tienes a Él, lo tienes todo. Sin Él, no tienes nada. Cristo lo es TODO.

"Porque en él habita corporalmente toda la plenitud de la Deidad y vosotros estáis completos en él, que es la cabeza de todo principado y potestad".
(Colosenses 2:9-10).

Esta mujer, sorprendida de que Jesús conociera su pasado, exclama, "me parece que eres profeta". Pero, como suele suceder con quien ha sido religioso por tanto tiempo, vuelve a ponerse su manto de religiosidad. ¡Otra vez con lo mismo! ¡Qué difícil es sacar una persona de su religiosidad! Así que rápidamente se vuelve a montar en su tribuna religiosa para presentar su argumento, "Pues mira, nuestros padres adoraron en este monte. A mí me enseñaron a adorar en este monte.

Por lo tanto, este es el monte donde se debe adorar, aunque ustedes digan que es en Jerusalén. O sea, ustedes están mal y nosotros estamos bien". Resulta que ese monte, del cual los samaritanos estaban tan orgullosos, donde estaban tan seguros de que adoraban al verdadero dios, en realidad era un lugar alto donde adoraban a Baal y a otros ídolos, no al verdadero Dios, porque ellos todavía no conocían al verdadero Dios. Ella religiosamente, está ubicando un sitio, un lugar específico, donde se debe adorar, pero Jesús le está tratando de enseñar: "Es que no es en este monte, ni en aquel. Esto no tiene que ver con ubicación, tiene que ver con relación. Porque la hora viene, y ahora es, cuando los verdaderos adoradores adorarán al Padre en espíritu y en verdad, donde sea que se encuentren". Porque **una estructura religiosa, un lugar religioso, no puede llevarte a una relación con Dios.** Tiene que haber algo mucho más profundo. Y ahí es donde Jesús quiere llevar a esta mujer, a reconocer que le hace falta algo más; que más que un monte, necesita una relación real con el verdadero y único Dios. Finalmente, esta mujer comienza a reconocer que había escuchado que llegaría un Mesías que les revelaría todas las cosas. Y Jesús le contestó a esta simple mujer, lo que no le contestó a ningún líder religioso ni político: "Yo Soy, el que habla contigo". De repente, fue como si cayera un rayo de luz. Al fin su entendimiento fue alumbrado y sus ojos espirituales fueron abiertos. En un instante, todo lo que este rabino judío le había estado diciendo le hizo sentido. Soltó su cántaro y salió corriendo a Samaria, para contarles a todos sobre Jesús. ¡Misión cumplida! La Samaritana vino al pozo a sacar agua física y se fue del pozo llena del agua espiritual, que salta para vida eterna, para nunca más tener sed.

"Mas la hora viene y ahora es, cuando los verdaderos adoradores adorarán al Padre en espíritu y en verdad; porque también el Padre tales adoradores busca que le adoren"
(Juan 4:23-24)

VERDADEROS ADORADORES

Y así de sencillo y claro, Jesús anuncia que lo que Dios realmente está buscando es verdaderos adoradores. Eso es algo grande, el que Dios esté buscando. Créeme, que no es común. Y si Dios está buscando verdaderos adoradores, es porque estos adoradores no se encuentran fácilmente. Son escogidos. No todo el mundo entra en esa categoría. Fíjate que Dios no está buscando músicos, danzores, cantantes y mucho menos una localización física particular. Dios no está buscando religiosos. Dios está buscando una verdadera adoración, algo totalmente fuera del marco religioso y litúrgico. Miren esto: Dios no está buscando adoración santa. Dios está buscando adoradores santos.

¿Cuál es la diferencia? La adoración santa es una liturgia religiosa. ¿Y qué es una liturgia religiosa? Son los ritos, las costumbres y las cosas que se realizan de una manera superficial, metódica y automáticamente. Como la mujer samaritana que subía al monte para adorar simplemente porque eso fue lo que sus padres le enseñaron, era la manera correcta de hacerlo, "siempre se ha hecho así", aunque no conocía a quién estaba adorando. Dios no está buscando nada de eso; Él sólo busca corazones. Lamentablemente, hay iglesias llenas de liturgia religiosa, pero no de verdadera adoración. Todo se ve espectacular, hermoso, brillante; pero sólo es un adorno. Cuando buscas la esencia, te das cuenta que no la tiene; igual al pueblo de Samaria. Se jactaban de que tenían su propio monte, pero no tenían al verdadero Dios.

Por eso tuvo que venir Cristo. Veamos el misterio del Calvario, donde Cristo consumó y abolió todo el sistema judaico de los rituales, costumbres, y sacrificios externos. Él mismo se convirtió en el último sacrificio, Santo y Perfecto, dándose en propiciación por todos los pecados de la humanidad. Era el único Cordero Inmolado que podía hacerlo. **Ahora existe un solo sacrificio por toda la humanidad: pasado, presente y futuro.** No era necesario ningún otro sacrificio. *"Y mirarán a Él todos los términos de la tierra y serán salvos porque Él es Dios y no hay más" (Isaías 45:22).* Y luego se sentó a la diestra del Padre, habiendo consumado el sacrificio. En la costumbre del pueblo judío, el sacerdote que propiciaba nunca se sentaba, porque su labor nunca estaba terminada. De hecho, por eso no había asientos dentro del lugar Santísimo.

Pero al llegar Cristo, en un solo instante, todo cambió. Por eso Jesús le dijo, "la hora viene y ahora es..." Porque Él sabía que había llegado el momento de anular todo ese sistema judaico de reglas y rituales que ella conocía. ¿Por qué? Estaba incompleto y era insuficiente. Nunca podía completamente borrar el pecado, ni redimir al ser humano; porque su fin no fue salvar. Su propósito era solamente señalar la condición pecaminosa del ser humano y la necesidad de redención. Bajo la ley, el derramamiento de sangre era lo que permitía a los sacerdotes entrar a la Presencia de Dios en representación del pueblo para hacer expiación por los pecados. Sin embargo, **el anhelo de Dios, más que sacrificios de animales, era un sacrificio de corazón.**

¿DE LABIOS O DE CORAZÓN?

Y por fin había llegado la hora. La hora de introducir una nueva manera de adoración, una verdadera adoración, la cual no requiere ceremonias vacías ni rituales externos. Dios estaba cansado de los rituales vacíos que no nacían del corazón. Por esa razón le reclamó a Israel, Su pueblo, *"Este pueblo se acerca a Mí con su boca, y con sus labios me honra, pero su corazón está lejos de Mí, su temor de mí no es más que un mandamiento de hombres que les ha sido enseñado" (Isaías 29:13).* Eso son las liturgias religiosas, que honran a Dios de la boca para afuera, pero el corazón no está centrado en Dios. Se hacen las cosas por hacerlas. Se canta por cantar. Se toca por tocar. ¿Cuántos han visto algo así? Que lo que hacen para Dios, lo hacen tan automático y mecánico que no tiene esencia, ni peso. Esta actitud mecánica y automática que dice: *fui al culto a la hora que me dijeron; me puse de pie cuando dijeron que me pusiera de pie; canté cuando dijeron que cantara; levanté las manos cuando dijeron que las levantara; y ya, se acabó.* Y cada cual para su casa hasta el próximo servicio. Pero se fueron a sus casas vacíos, igual que como llegaron. Por fuera tienen puesta la máscara de adorador, el disfraz, pero por dentro están pensando, "Ay, que se acabe el culto ya, que tengo otras cosas que hacer". Sólo están en cuerpo presente, pero la mente y el corazón están bien lejos de Dios. Sólo quieren cumplir con la obligación, por compromiso, para salir corriendo a hacer sus cosas. Y eso NO es lo que Dios está buscando.

Dios no está buscando liturgia, rutina, ni palabras huecas y vacías. Ni siquiera tu talento y tu esfuerzo. Te está buscando a ti. Me está buscando a mí. ¿Ves la diferencia de eso? No es solamente cuestión de ser adoradores, es ser verdaderos adoradores. Subrayen esa palabra "verdaderos", que adoren en espíritu y en verdad. Sin falsedad, sin mentiras, sin máscaras. Ya no habrá más rutinas. No más hacer las cosas por cumplir. Jesús dijo que ahora viene otro tipo de adoración totalmente diferente, donde tú sabes a quién estás adorando. Lo conoces. Hay una relación profunda. No es mero espectáculo, rutina y liturgia. Fue mediante la muerte y sacrificio de Cristo que llegó un modelo de adoración completamente diferente. Llegó la verdadera adoración.

PERO ¿A QUIÉN ESTOY ADORANDO?

Sé que estas verdades pueden ser bien chocantes para muchos, porque esto no es lo que se enseña y predica comúnmente. Hoy día nos estamos enfocando en llenar las iglesias de gente en vez de llenar a la gente de Dios. La iglesia está llena de gente adorando sistemas, estilos, concilios, hasta templos, de todo menos a Dios. Y cuando digo concilio es porque hay quienes manejan la iglesia como si fuera un negocio. Ya no se consulta a Dios. Ahora es por la opinión del hombre, y no por la opinión de Dios, que se decide cualquier asunto. El ser humano se ha llenado de conocimiento, y se ha vaciado de Dios. Se ha envanecido en sus razonamientos. ¿Dónde dejaron a Dios? Porque en los tiempos de Jesús se adoraba un ídolo físico, pero hoy existen ídolos que no son hechos de manos, sino sistemas y estructuras que sustituyen la presencia de Dios.

Déjame explicarte por qué Dios es tan enfático en que nada tome Su lugar, y nada se convierta en un ídolo en nuestras vidas: El ser humano tiene una inclinación natural innata a adorar. Y por cuanto fue creado con la inclinación de adorar algo, si no conoce a Dios, va a adorar otra cosa. **No importa quién tú seas, si tú no adoras a Dios, estás adorando otra cosa, lo aceptes o no.** Entonces ¿qué pasa? Esa adoración, ese derroche de amor, se vuelca en una persona o una cosa, en vez de Dios. Es por eso que Dios está buscando nuevamente conectar con el ser humano y despertar esa adoración hacia Él, porque el hombre en su caída terminó adorando otras cosas: el dinero, las cosas materiales, la fama, el poder, hasta otra persona. ¿Cuántos han visto gente que adoran una persona? Yo he visto que son capaces hasta de matar si esa persona los abandona, porque están obsesionados, y hacen lo que sea por esa persona.

Por eso Dios fue tan enfático en que solamente lo adoraran a Él; y por eso condena tan severamente la idolatría; porque el problema es que **tú te conviertes en lo que tú adoras.** Si tú adoras las cosas materiales, te vuelves materialista; pero si tú adoras a Cristo, te volverás cada día más como Cristo. La Palabra dice que de la abundancia del corazón habla tu boca (Mateo 12:34). Entonces yo me pregunto, ¿dónde está el corazón del pueblo de Dios? ¿Qué otra cosa sustituyó a Dios? ¿Qué otra cosa suplantó a Dios y tiene la fachada religiosa, como la mujer samaritana? Jesús le tuvo que decir con toda sinceridad a esta mujer, "Tú adoras lo que no conoces". Pero cuando finalmente esta mujer lo entendió, se convirtió en la primera evangelista, la primera que fue corriendo a su pueblo a dar las buenas nuevas. Hubo una revolución en aquel pueblo porque una sola mujer entendió quién era el único que merecía toda adoración. ¿Y nosotros? ¿Conocemos a quien estamos adorando?

QUIERO CONOCERTE

Eso significa que aún dentro de las cuatro paredes del templo puede haber gente diciendo, "Gloria a Dios. Aleluya", pero no conocen a quién están adorando. ¿No es nuestro propósito llegar a la iglesia para conocerlo a Él? Entonces ¿cómo podemos estar en la iglesia y no conocerlo? ¿Cómo podemos creer que esto es solamente cuestión de cantar o tocar? ¿Cómo podemos creernos que es cuestión de exponer nuestro talento? Dios mismo dice en Su Palabra, "Así dijo Jehová: No se alabe el sabio en su sabiduría, ni en su valentía se alabe el valiente, ni el rico se alabe en sus riquezas. *Mas alábese en esto el que se hubiere de alabar: en entenderme y conocerme, que yo soy Jehová, que hago misericordia, juicio y justicia en la tierra; porque estas cosas quiero, dice Jehová"* *(Jeremías 9:23-24).* O sea, si quieres enorgullecerte de algo, que sea de conocerlo a Él. Nada más. Básicamente, lo que Dios está diciendo es, "Si quieren algo de qué enorgullecerse, que no sea de sus propias habilidades y talentos, porque a Mí no me impresionan. Conózcanme a Mí. Eso es lo más importante".

¿Saben que me he dado cuenta de algo recientemente? Que en las iglesias hoy día hay muchos hijos pródigos. No, no estoy hablando del hijo que se fue de la casa. Estoy hablando del otro hijo, el que se quedó en la casa pero **no conocía al padre.** Hay gente que piensan que el pródigo es únicamente el que está afuera; pero no, también hay gente dentro de la iglesia que no conoce al Padre. Me imagino la tristeza del padre cuando vio que su propio hijo no lo conocía, no conocía su bondad, su misericordia, habiendo vivido toda una vida a su lado (Lucas

15:11-32). Yo he sabido de gente que llevaba veinte años en la iglesia, hasta un día en que el Espíritu Santo le abrió los ojos y dicen, "Ahora sí es que yo veo. Yo me tengo que convertir de nuevo hoy, porque ahora es que Dios se ha revelado a mi vida". Se dieron cuenta que por los pasados veinte años habían vivido vestidos de una religiosidad, de una apariencia, de un cristianismo superficial, pero sin conocer al Padre. Vivieron toda una vida pensando, "Yo soy cristiano porque hago esto o aquello." Pero la vida cristiana no consiste en nada de eso. La vida cristiana no consiste en "hacer", consiste en conocerlo a Él.

Hay gente que viene a la iglesia sin saber por qué. Algunos piensan: "Yo vengo a la iglesia para que el pastor no diga que yo falté hoy, pero si por mí fuera, me hubiese quedado en casa viendo televisión". Otros dicen: "Yo vine a la iglesia hoy porque hay una venta de comida, y yo no me puedo perder eso. Yo no puedo faltar porque me quedo sin comida". También están los que van a la iglesia porque es un club social, y ya tienen por costumbre de ir todos los domingos. O peor, los que van a la iglesia porque los dejan tocar guitarra, piano, batería, o cantar. El día que no se lo permitan, se van de la iglesia, porque solamente van a tocar y cantar. No van a adorar. La gente está desconectada totalmente del propósito de Dios. Tienen todos los propósitos, menos el verdaderamente importante, que es conocerlo a Él. Esto no es cuestión de religión. La gente en la calle no quiere religión. La gente está cansada de la religión. La gente lo que quiere ver es vidas transformadas. Que puedan decir, "Tú tienes algo que brilla en ti, tienes algo diferente. Yo quiero eso que tú tienes". Y que la iglesia le pueda contestar, "Yo lo que tengo es la esencia de Dios. ¿Tú quieres eso? No tengo oro ni tengo plata, pero lo que tengo te doy". Porque no puedes dar lo que no tienes; y no puedes pretender ser quien no eres.

¿ESTILO O VIVENCIA?

Tal vez, igual que la mujer samaritana, muchos de nosotros hemos tenido la idea de que la adoración está relacionada con un lugar en particular, una postura o un estilo de música. Incluso podríamos llegar a creer que Su Presencia está atada a un estilo de música, o a un instrumento. Y seguimos año tras año consumiendo toda nuestra energía y tiempo en la programática, la estrategia, y los métodos de la liturgia religiosa porque pensamos que en esto es que se encuentra la clave del éxito. Y el enfoque termina centrándose única y exclusivamente en lo externo, en que todo tiene que quedar perfecto. El sonido, las voces, y hasta las luces, tienen que quedar espectaculares, aunque sólo sea un espectáculo vacío. Y los hermanos salen del servicio igual que llegaron; no hubo ningún cambio; no hubo ninguna transformación. Seguimos así, culto tras culto, sin entender por qué no vemos cambios permanentes en nuestras actitudes; o por qué los nuevos convertidos no echan raíces, sino que se vuelven atrás tan pronto se les pasa la emoción de la música y las luces.

Por favor, no me malentiendas. La música en la iglesia tiene un lugar importante, pero vamos a poner las cosas en justa perspectiva. Estoy de acuerdo en que todo lo que hagamos para el Señor debe hacerse con excelencia, pues nuestro Dios no se merece menos. Ese no es el problema. El problema es cuando se nos olvida que el propósito principal de la Iglesia NO es un programa impresionante, ni una música espectacular, ni predicadores famosos, ni un espectáculo sorprendente. El propósito principal de congregarnos es bastante sencillo: adorar a Dios en espíritu y en verdad, buscar Su presencia, y edificarnos mutuamente. Si esto no se cumple, estamos perdiendo el tiempo. **Sin presencia de Dios, simplemente estamos intercambiando un espectáculo por otro.** No habría diferencia ninguna entre el mundo y nosotros. Seríamos otro club social. Eso es precisamente lo que Dios NO quiere, ni necesita.

UNA EXPERIENCIA TRANSFORMADORA

Entonces, si no es la música, ni el sonido, ni las luces, ¿qué es lo que hace que una experiencia de adoración sea tan especial? Muchos piensan que nuestra experiencia de adoración en la iglesia tiene que ser como un buen concierto: una experiencia divertida y emocionante, llena de luces, buen sonido, y buena música. El problema está en que un buen concierto no te cambia la vida; no te prepara para vivir una vida que exalte a Cristo en medio de un mundo totalmente contrario a Dios. Y **la verdadera adoración tiene que lograr precisamente eso: no simplemente ser una experiencia inolvidable, sino ser una experiencia transformadora.** Nuestras vidas tienen que ser transformadas por la Palabra y la Presencia de Dios, **con el propósito de capacitarnos para vivir una vida que agrade a Dios.** La verdadera adoración tiene que ser más que una experiencia, más que entretenimiento por una buena banda, más que un breve escape de mi rutina y mi realidad.

No es suficiente sentirme inspirado y motivado por un buen director de adoración que canta las canciones favoritas del momento. **Tiene que llevarme a meditar en que Cristo se entregó a sí mismo para santificar la iglesia, habiéndola purificado por la Palabra, a fin de presentársela a sí mismo, una iglesia gloriosa, que no tuviese mancha ni arruga ni cosa semejante, sino que fuese santa y sin mancha** (Efesios 5:26-27).

Te imploro, si eres director de adoración en tu iglesia, que pienses en este versículo bíblico cada vez que tomes un micrófono en tu mano. Que tu anhelo sea invitar la iglesia a entrar en la misma presencia de Dios juntos, por medio del Espíritu Santo; no provocar sus emociones para que salgan del servicio emocionados, pero vacíos. Que la motivación sea promover una vida profunda de fe en Cristo, no "una experiencia religiosa bonita". Conozco tantas personas que al principio anhelaban lograr tantas cosas para Cristo, pero tan rápido como el fuego se encendió, se apagó. Fue pura emoción basada en la experiencia del momento, y tan pronto la emoción se disipó, el fuego se apagó. Nuestra adoración y nuestra predicación tienen que ser mucho más profundas y resistentes.

Necesitamos cambiar nuestro enfoque; lo importante no es impresionar con nuestro talento, es transformar con la profundidad de nuestra relación con Dios. Tenemos que anclar nuestra vida en la Roca Eterna y llevar nuestra congregación a hacer lo mismo. Si no estamos haciendo eso, entonces ¿qué estamos haciendo? ¿Un buen espectáculo? ¿Un club social? Tenemos que fomentar un encuentro con el Espíritu Santo el domingo que radicalmente cambie cómo vamos a vivir para Jesús el resto de la semana. Necesitamos que la congregación aprenda a vivir para Cristo los siete días de la semana, no gente que llegue a la iglesia a ser entretenidos cada domingo. Un predicador dijo una vez, "Estoy cansado de las canciones que hacen que nuestros jóvenes brinquen y salten, en vez de llevarlos a que caigan de rodillas ante Dios". **La verdadera adoración te tiene que llevar de rodillas**, y no estoy hablando simplemente de una posición externa. Estoy hablando de una posición interna, en tu corazón. Y de paso quiero aclarar que no estoy en contra de brincar, pero las emociones no pueden ser la base de nuestra fe. Tiene que haber mucho, mucho más. Cada vez que yo me pongo de pie delante de una congregación, tiemblo bajo el peso de la responsabilidad de llevar al cuerpo de Cristo a una mayor profundidad en Dios.

Mi meta es ser invisible para que Cristo se haga visible cada vez que dirijo la congregación en adoración. No quiero que me vean a mí, sino que lo vean a Él. No me interesa que al final del culto digan, "¡Qué hermoso cantó la hermana Luisa!" Me interesa que digan, "Gracias Dios, porque me ministraste y me transformaste". A eso es que llegamos a la iglesia. Prefiero ver lágrimas antes que escuchar aplausos. A fin de cuentas, los aplausos se terminan, el micrófono se apaga, nuestra voz se extingue con el tiempo, pero la Palabra de Dios permanece para siempre. Un día dejaré de cantar y mi voz se silenciará para siempre, pero me iré con la satisfacción, no de haber cantado bonito para Dios, sino de haber sido un instrumento de Dios en la ministración a Su pueblo. Esa será mi mayor satisfacción. Mi mayor logro será haberlo entregado todo ante Dios, alma, corazón, y vida, por Dios y Su pueblo, en verdadera adoración.

¿QUÉ ES VERDADERA ADORACIÓN?

Pues, si cantar, tocar, y toda nuestra liturgia religiosa no es adoración, entonces, ¿qué es adoración? Si haces una búsqueda por Internet, vas a encontrar que todo lo que aparece bajo "adoración" es relacionado a la música. Nada más. Por eso le doy tantas gracias a Dios porque un día me llevó a una conferencia sobre la adoración donde aprendí algo completamente diferente, y eso me guió en una búsqueda incansable que culminó con este libro.

Mira lo que realmente significa la palabra "adoración". En el Antiguo Testamento encontramos que adorar viene de la palabra hebrea *"shachah"* que significa "postrarse en homenaje, reverenciar". Viene de los tiempos antiguos donde se rendía pleitesía a figuras importantes como reyes y altos funcionarios del gobierno, en respeto a su posición o jerarquía. Sin embargo, adorar en el Nuevo Testamento significa algo completamente diferente: nace de la palabra griega *"proskuneo"* que se describe como "besar, como el perro que lame la mano de su amo, agacharse en honra". Fíjate que la palabra griega *"proskuneo"* se describe como dar un beso, que es señal de un alto grado de intimidad, confianza, amor, lealtad y respeto. Son sentimientos muy profundos y especiales, no es cualquier cosa, ni se logra con cualquiera. Es una expresión íntima de amor genuino a la persona que tú amas, y eso es lo que busca Dios. Dios está buscando relacionarse profundamente, íntimamente, con nosotros. **Por eso vino Jesús; para cambiar el forma-**

to de adoración del Antiguo Testamento, que era formal y externo, para convertirlo en uno totalmente diferente, personal e interno. No es algo superficial ni pasajero. Por esa razón, cuando Cristo llega a tu vida, ya no eres igual. No puedes ser igual. Porque cuando Cristo llega, todo cambia; y tu adoración es lo primero en cambiar. Dejas de ser un cantante, un músico, y te conviertes en un verdadero adorador. **Los cantantes lo que buscan es fama; pero los adoradores lo que buscan es Su Presencia.** Eso es la verdadera adoración.

EL PERRITO

Permíteme ilustrarte esta nueva dimensión de adoración con una de mis anécdotas favoritas: Un buen día de invierno en la ciudad de Nueva York, como suele suceder dentro del matrimonio, la esposa le pidió a su esposo que fuera al supermercado para que comprara algunas cosas que faltaban para la cena. El esposo, que no estaba muy inspirado en salir porque hacía mucho frío, no le quedó otro remedio que levantarse de su cómodo sofá para salir al supermercado. Así que la esposa le preparó la lista, y se la entrega al esposo junto con su gran abrigo y sombrero. ¡Cualquiera pensaría que ella lo estaba echando de la casa! El esposo llegó a la tienda, consiguió lo que buscaba; y queriendo avanzar, decidió regresar a la casa por un camino más corto. De repente, se encuentra en el camino con unos niños traviesos que habían amarrado varias latas en la cola de un perrito, sólo para oír el ruido de las latas y divertirse un rato. El pobre perrito, asustado por el ruido que le perseguía, y tratando de librar su cola de las latas, comenzó a correr desesperado. En su desespero, siguió dándole vueltas a un poste en la calle tantas veces que terminó amarrado hasta no poder moverse. Su suerte estaba echada. Atado al poste solamente le esperaba una muerte segura. Casi congelado, y ya rendido de luchar por su vida, su corazoncito daba sus últimos latidos esperando la muerte.

Hasta que de repente llegó este hombre; y no pudiendo ignorar lo que veía, se compadeció. Desatando el pequeño perrito, lo metió en el bolsillo de su abrigo y decidió llevárselo a casa. Cuando llegó al hogar, la esposa preocupada le pregunta por qué se demoró tanto. Él simplemente le entregó el saco con la compra, mientras saca el perrito del bolsillo de su abrigo y le dice, "Aquí está la razón". Le cuenta brevemente lo que había sucedido mientras le conseguía al perrito un lugar caliente donde descansar. Inmediatamente, intentó alimentar al pobre perrito que ni se podía mover. Según fueron pasando los días, el perrito lentamente se fue fortaleciendo, y comenzó a mover su colita. Ya conocía a quien le había salvado la vida, y a su llegada lo recibía prontamente en la puerta de entrada, moviendo su colita con emoción. Todo su tiempo lo pasaba al pie de su amo, lamiendo su mano en señal de agradecimiento. Nadie amaba más a ese hombre que este agradecido perrito.

Toda esta historia es sólo para decirte que tú y yo un día estuvimos atados al poste del pecado, igual de enredados que ese perrito. Estábamos destruidos, alejados de la gloria de Dios y condenados a una muerte segura. Pero de repente llegó Cristo, miró el fatal enredo en que nos encontrábamos, y en Su gran amor y misericordia, se compadeció de nosotros. Nos tomó en Sus brazos cuando estábamos débiles y marcados por el pecado. Nos restauró, sanó nuestras heridas, y nos llevó a un lugar seguro donde nunca más tendremos que temer. Nos prometió que nunca estaremos solos, siempre tendremos su provisión y sustento.

¡Gloria a Dios por esa gracia que aún sin merecerla nos concede; moviéndose a misericordia para con nosotros! ¿Cómo no amar a alguien así? ¿Qué otra reacción podríamos tener sino anhelar estar a Su lado, agradándolo y adorándolo, toda la vida? ¿Qué otra cosa puede sentir un corazón agradecido por recibir una salvación tan grande? Nadie más me pudo salvar, sólo Cristo me salvó. Él me levantó. Él me restauró. Por esa razón es que *Proskuneo* quiere decir "un derroche de amor exagerado". Por eso es que no puede ser simplemente un estilo de música ni un ritual. No puede ser simplemente cantar. Igual que aquél pequeño perrito, quien no podía hacer otra cosa que no fuera esperar a su amo con entusiasmo para estar aunque fuera a sus pies, quien ama a Dios no puede hacer otra cosa que no sea adorarlo. Ese perrito lamía la mano de su amo porque era la única manera que sabía para expresar su inmensa y eterna gratitud. **Esa es la raíz de la verdadera adoración: un agradecimiento tan inmenso al darnos cuenta de todo lo que nos ha sido perdonado, y de tanto que hemos sido salvados, que las palabras no bastan para agradecerle a Dios.** ¡Ni siquiera toda una vida es suficiente! Tengo que confesarte que no podía parar de llorar el día que finalmente entendí todo lo que Dios hizo por mí, todo lo que me perdonó, todo lo que me amó. **La adoración es simplemente reciprocar a Dios; es responder a Su amor; y es necesario**

que nazca de lo más profundo de nuestro corazón. Cuando piensas en todo lo que Dios ha hecho por ti, ¿qué sientes? ¿Amor? ¿Agradecimiento? Si ese es el motor de tu adoración, entonces se convertirá en verdadera adoración.

A QUIEN MUCHO SE LE PERDONA, MUCHO AMA

Lo cual me recuerda otra historia, la de una mujer pecadora (Lucas 7:36-50), despreciada por la sociedad, pero tan agradecida de Jesús que no le importó que hablaran mal de ella. Solamente le importó el hecho de que Jesús estaba allí, y ella tenía que entrar y adorarle, sin importar las consecuencias. Sabía que probablemente la iban a echar a patadas del lugar, porque era la casa de un fariseo religioso; pero era tanto su agradecimiento, que esta mujer trajo lo más valioso que poseía para entregarlo a los pies de su Salvador. Jesús no recibió muchos honores durante Su tiempo sobre la tierra, pero este sencillo frasco de alabastro fue el regalo que más agradeció.

Algunos dicen que este tipo de jarro lleno de perfume costaba el salario de un año de un jornalero. ¡El salario de UN AÑO! Yo por poco me muero cuando leí eso. O sea, esto no era un perfume barato. Dicen que era el perfume que una mujer guardaba para su noche de bodas, por eso era tan costoso y especial. Y por esa misma razón, el jarro tenía una particularidad: era un jarro sellado para conservar la pureza del perfume, y el sello se rompía únicamente en la noche de bodas. Una vez se rompía el sello, se tenía que utilizar todo el perfume, porque no se podía volver a sellar. De esta historia se puede escribir un libro completo, pero solamente me interesa recalcar esto: Esta mujer, rechazada y despreciada, trajo lo más valioso que poseía para derramarlo por completo a los pies de Cristo. ¡Eso es un derroche de amor exagerado! Te pregunto: ¿Qué estás dispuesto a entregar, a derramar a los pies de Cristo? ¿Qué es lo más valioso para ti?

CONSTANTE ADORACIÓN

En el libro de Apocalipsis vemos un destello de lo que sucede en el cielo: constante adoración. Pronto llegará el momento en que estaremos en el cielo adorando y alabando a Dios continuamente con instrumentos (Apocalipsis 5:8) y que se cantará un cántico nuevo

(Apocalipsis 5:9); pero mientras tanto, Dios sigue buscando verdaderos adoradores aquí en la tierra. En el clasificado del cielo todavía está escrito el mismo anuncio: "El Padre busca Verdaderos Adoradores". ¿Puedes contestar al anuncio y presentarte para ocupar ese lugar? ¿Te calificarías, con toda honestidad, como un verdadero adorador? Porque Dios sigue buscando verdaderos adoradores. Adoradores que lo conozcan y lo amen por encima de todo. No está buscando músicos profesionales. No le interesan los cantantes con voces angelicales. Solamente busca verdaderos adoradores, porque del resto se encarga Él. ¿Te interesa?

MI ORACIÓN

Señor, mi más profundo anhelo es conocerte más. Deseo que mi corazón, mi alma, y mi vida te adoren. Derramo a Tus pies mis talentos, mis dones, mi TODO. Te agradezco tanto que un día hayas escogido tomarme en Tus brazos y salvarme, cuando nadie más lo hizo; y te prometo que dedicaré el resto de mi vida a reciprocarte ese amor inmerecido. Enséñame y revélame a Jesucristo de manera tal que pueda entender que esto tiene que ser mucho más que una rutina religiosa, tiene que ser una vivencia profunda y personal. No quiero ser meramente una persona religiosa, anhelo ser una persona que te ama, te adora, te sirve, y porta Tu vida para propagarla. Para declarar y proclamar a los cuatro vientos: que Jesucristo vive, tiene poder y es El único que salva. En el nombre de Jesús. Amén.

CAPÍTULO 2

Más allá de mi zona de comodidad

Rehúsate a conformarte con solamente el conocimiento de Dios, sino que insiste en experimentar Su presencia.

– Kerri Weems

MÁS ALLÁ DE MI ZONA DE COMODIDAD

Una sola cosa ha sido una constante en mi vida y es Dios. He tenido altas y bajas; he reído y he llorado; he estado en la cima del mundo, y he estado en el valle más bajo y oscuro; pero lo único que siempre ha sido consistente en mi vida es Dios. Él es persistente y fiel a pesar de todo. El único problema, en mi humilde opinión, ha sido que cada vez que me acomodo mucho en mi zona de comodidad, Dios tiene una habilidad asombrosa para sacarme de mi zona de comodidad para llevarme a lugares que yo jamás pensé. Y el otro problema es que tampoco me pide permiso. Pero me estoy adelantando... comencemos desde el principio.

Tengo que reconocer que tuve la enorme bendición de ser nacida y criada en un hogar cristiano; así que desde niña empecé a sentirme atraída por las cosas de Dios, influenciada por el testimonio que veía en mis padres. Recuerdo tantas lágrimas rodando por mis mejillas mientras escuchaba el predicador durante los servicios en la Iglesia. Aunque no entendía con claridad lo que estaba sintiendo en mi pequeño corazoncito, lo que sí sabía era que mi corazón estaba palpitando por Dios; y quería de alguna manera corresponderle. Así que acepté a Jesucristo como mi Salvador a la tierna edad de ocho años; y desde entonces, comencé a tener muchos sueños en los que me veía cantando y predicando a multitudes. Así como Dios le hablaba a José a través de los sueños, comencé a ver que Dios me estaba hablando a mí.

¿Podría ser posible que Dios estuviese llamándome a mí y a tan temprana edad? ¿Podría Dios estar hablándole a una pequeñita como yo? Le contaba a mi madre acerca de estos extraños sueños, y ella simplemente me decía: "Hija, Dios te está llamando para algo maravilloso. Él tiene algo grande reservado para tu vida." Doy gracias a Dios, porque mi madre no me ignoró, ni los tildó de "sueños de niña", sino que me alentó a seguir buscando de Dios.

Mi madre, como toda madre, jugó un rol muy importante durante esa tierna etapa de mi vida. Ella siempre fue un ejemplo a seguir, y honestamente, fue inigualable. Lo que aprendí de la pasión por Dios, la oración, la devoción a Dios, y el amor por las almas, lo aprendí de ella. Siempre vi en ella, sin importar las dificultades, una mujer de oración, muy sensible a compartir las buenas nuevas de salvación con todo el mundo; y sobre todo, muy alegre. Mi madre siempre fue el perfecto ejemplo de lo que es el verdadero "gozo de la salvación." Todo el que pasaba cinco minutos con ella, se daba cuenta que siempre se estaba riendo, dando gracias a Dios, y testificando de los milagros de Dios. No tenía tiempo para meditar en las cosas negativas; porque vivía meditando en la Palabra de Dios y en Sus promesas.

Cuando otros decían que algo era imposible, ella simplemente se iba de rodillas, y en el momento menos esperado, Dios respondía con milagros. Aunque ella nunca se lo contaba a nadie, yo sabía de sus largas oraciones tarde en la noche intercediendo ante Dios por un milagro. A veces era por una hermana enferma, a veces por una familia en crisis; lo cierto es que no había nada por lo que esta mujer de fe no intercediera. Pudiera contar tantos testimonios que hablan por sí solos de su relación con Dios, y el especial cuidado que Dios tuvo para con su vida aun hasta el último momento.

Y viendo todo esto fue que crecí y aprendí. Tal vez yo no se lo expresaba, pero su amor por Dios y su fe se impregnaron en mi corazón desde niña, y nunca se han apartado de mí. Desde que le entregué mi corazón al Señor Jesucristo, se encendió en mí esa misma chispa, esa misma pasión por Dios y por las almas. Y ese fuego es algo que una vez penetra en tu corazón, es imposible ignorar. Aun siendo niña, me gustaba repartir tratados a los que no conocían el amor de Cristo, lo cual no era tarea fácil, porque yo utilizaba unos enormes espejuelos desde los cinco años. ¡Eran tan grandes que me los tenían que amarrar a la cabeza para que no se me cayeran!

Mi maestra de primer grado fue quien se dio cuenta de que yo me pegaba los papeles a la cara para poderlos ver y le dijo a mi madre que me llevara al doctor para que verificaran. Resultó ser que encontraron una miopía y astigmatismo sumamente agresivos, y de ahí salí con los enormes espejuelos. Los niños en el salón se burlaban y me llamaban toda clase de nombres, pero eso no me impidió seguir hablando de Cristo en todas partes. Aun cuando íbamos a las citas médicas, aprovechaba la oportunidad y me llevaba los tratados escondidos en la camisa para repartirlos a todo el que me encontrara. Tenía miedo que mis padres me fueran a regañar por andar repartiendo tratados a extraños, y por eso los escondía.

Nadie pasaba por el frente mío sin recibir un tratado y un "Dios te bendiga". En varias ocasiones me les perdía, y mis pobres padres se volvían locos buscándome por todas partes, mientras yo andaba felizmente repartiendo tratados. Cuando por fin me encontraban, no sabían qué decirme, pero nunca me regañaron. Sé, que mi comportamiento tal vez les parecía bastante extraño, pero, igual que la madre de Jesús, guardaban todas estas cosas en su corazón.

Aunque tengo que confesarte que este comportamiento no se limitaba solamente al hospital. Cada vez que mis padres decían que íbamos a salir para la tienda, o a visitar a alguien, en lo único que yo pensaba era en repartir tratados. Inclusive, cuando entrabamos a las tiendas, a mí ni siquiera me llamaba la atención ir al área de los juguetes como otros niños, sino que me iba por toda la tienda a repartir tratados. Cada vez que me perdía (lo que sucedía frecuentemente), mis padres, en vez de irme a buscar al área de juguetes, me buscaban en los pasillos donde me encontraban repartiendo tratados. Aunque algunos aceptaban los tratados de buena gana, otros no mostraban ni el más mínimo interés. No importaba, de todas maneras seguía repartiendo los tratados. Mi amor por Dios y por las almas era más fuerte que cualquier otra cosa. Y es que desde el momento en que acepté a Cristo como mi Salvador, nació en mí ese intenso anhelo de llevarle la Palabra de Dios a otros.

Mientras otros niños hablaban de juegos, yo lo que hacía era preguntarle a mi madre cómo se predicaba; y fue ella quien me ayudó a preparar mi primer mensaje para predicar en la sociedad de niños de mi iglesia. La iglesia estaba llena y Dios se glorificó. Aunque estaba nerviosa, lo que sentí fue tan hermoso, que le pregunté a mi mamá cuándo podía volver a predicar. Desde ese primer mensaje, comenzaron a invitarme a otras iglesias, y el ministerio siguió creciendo. Mientras otros niños jugaban con juguetes, mi único anhelo era estudiar la Palabra de Dios y cantarle a Él. Y hasta el día de hoy, eso no ha cambiado.

Recuerdo que un día llegué a predicar en mi iglesia, con mis cortos ocho años de edad, y lo primero que dije fue: "Hermanos, yo le doy gracias a Dios que yo no soy viuda, porque Dios me ha dado una madre excelente." Todos en la iglesia se miraron confundidos por un momento, y de repente se comenzaron a reír. Yo no entendía por qué los hermanos se reían, hasta que al final del culto mi mamá me explicó que la palabra correcta era "huérfana" y no "viuda." Ya se imaginarán que ese fue el chiste en toda la iglesia por varios meses.

Lo que sorprendió a muchos fue, que aún con el transcurrir del tiempo, mi anhelo por Dios no menguaba, sino que seguía en aumento. Tanto así, que a la edad de doce años sentí un deseo inmenso de aprender a tocar un instrumento para alabar a Dios. Me encantaba el piano, pero mi familia no tenía dinero para llevarme a una academia de música; y mucho menos para comprarme un costoso piano de cola. Parecería ser, que mis sueños de adorar a Dios con la música quedaron tronchados antes de tan siquiera comenzar, pero Dios tenía otros planes. Sí, es que Dios es así. Nosotros tenemos un plan, pero Dios tiene otro plan mucho mejor; así que mi madre, entendiendo mejor que nadie el anhelo en mi corazón, me regaló su vieja guitarra. Como siempre lo ha hecho, ella me animó a empezar, y que le pidiera a Dios que fuera Él mismo mi maestro. Esto es un reto difícil para una niña de doce años; pero acepté el reto y comencé a tratar de tocar la guitarra de oído. Empecé por fijarme atentamente en cada persona que veía tocando la guitarra para ver si podía aprender algo. Miraba fijamente cómo colocaban sus dedos en las cuerdas, y luego me iba a mi casa a tratar de imitarlo.

Sin haber tomado clases de música, ni haber tocado una guitarra, Dios comenzó a darme la capacidad y la gracia para viajar a otros lugares cumpliendo con este llamado. Dios abrió puertas a lugares que yo jamás pensé llegar; y desde ese día hasta el sol de hoy, mi mayor deleite ha sido y siempre será, cantar y tocar la guitarra para adorar a Dios. Nada se compara.

Y así comenzó todo. Pero aún no les he contado sobre mi padre. Mi padre toda la vida fue pastor, aún desde mucho antes de yo nacer. Lo que significaba que nosotros íbamos a donde Dios lo llamara, en cualquier momento, sin cuestionar y sin quejarnos. Un buen día fue llamado por el Señor a pastorear en una pequeña islita de las Islas Vírgenes, conocida como Santa Cruz. Así es el llamado de Dios; al lugar que menos te lo esperas, porque hay un propósito que se tiene que cumplir, aunque no lo entiendas. Allí comenzó una obra donde Dios me presentó la oportunidad perfecta para trabajar junto a mi padre. ¡Llegó el momento de pulir a Luisa para el ministerio!

Mi padre fue el fundador y pastor de la Iglesia Sol de Justicia por muchos años; y yo fui parte integral de los servicios devocionales como guitarrista junto a mis hermanos y mi padre, quien tocaba muy bien el acordeón (ya ven que "quien lo hereda no lo hurta"). Según pasaba el tiempo, el Señor me seguía atrayendo cada día más con cuerdas de amor; y fue despertando en mí esa sed de conocerle cada día más, tanto a través de Su Palabra como a través de la oración. "Como el siervo brama por las corrientes de las aguas…" así clamaba mi alma, gimiendo por Su presencia cada día más.

Al principio, yo entendía que adorar a Dios era simplemente la expresión de mi música y mis cánticos de alabanza; me esforzaba para que mi música y cánticos fueran de excelencia. Lo cual no estaba mal, pero hoy me doy cuenta que me faltaba mucho más, que todo eso era solamente una estructura, una forma sistemática y meramente litúrgica. Me di cuenta dentro de toda esa estructura, todo ese andamiaje y esfuerzo humano, que sentía una necesidad mucho más profunda de explorar lo que era la verdadera adoración. Así que comencé a asistir a conferencias y seminarios; escuchaba todos los estudios bíblicos sobre el tema; y leía ansiosamente todo lo concerniente a la adoración y la música sacra. A pesar de que me enseñaron que la música y la adoración son sinónimos, yo sabía que había algo más. ¡Tenía que haber algo más! Esto no puede ser solamente mi esfuerzo humano y el talento musical. ¡Falta algo más!

Yo podía ver que la atmósfera durante los servicios en la iglesia se llenaba de la presencia de Dios de una manera asombrosa; las almas se salvaban, otros se sanaban, y muchos eran edificados y bendecidos. No obstante, yo sabía que solamente estaba viendo la superficie de algo extraordinariamente profundo y poderoso, como un témpano de hielo, que se ve enorme por encima de la superficie, pero lo realmente impresionante se encuentra debajo de la superficie. Mi alma gemía y clamaba porque sentía que definitivamente faltaba algo, pero no sabía qué era. Me sentía como si estuviera frente a un gigantesco velo que me impedía ver lo que estaba más allá, pero de alguna manera podía presentir que lo que había detrás del velo era inmenso y grandioso. Presentía que detrás de ese velo se encontraba la extraordinaria realidad de lo que es adorar y ser un verdadero adorador. El problema estaba en que no sabía cómo atravesar ese velo... todavía.

Todo este dilema me llevaba a seguir buscando, hasta un día en que asistí a una conferencia de adoración. Fui allí convenciéndome a mí misma: "No me voy a rendir. Todavía tengo la esperanza de aprender algo nuevo, de descubrir esa respuesta a mi insaciable búsqueda." La honesta verdad es que había participado de tantos seminarios y talleres, sin descubrir nada nuevo, que luego de un rato le supliqué a la hermana que me acompañaba ese día: "Ya me quiero ir a casa; estoy decepcionada". Pero ella, gracias a Dios, insistió en que esperáramos hasta la última plenaria.

"Tú no sabes lo que Dios tiene reservado para ti, Luisa," fue lo que me dijo. Tengo que confesar que la única razón por la cual me quedé hasta el final fue por la insistencia de esa hermana. Si hubiera sido por mí, yo hubiese agarrado mi cartera y me hubiese ido a mi casa, una vez más decepcionada y frustrada. Ahora eso sí, le advertí que "si sale con lo mismo de que adoración es música, me voy. Yo necesito algo que me rompa por dentro". Gracias a Dios porque siempre envía a alguien que nos anime a seguir adelante, porque no sabemos si en el próximo intento es que lo lograremos. Y ese día, en esa conferencia, mi momento llegó.

INSATISFACCIÓN

¿Cuántos saben que **cuando Dios quiere atraerte a algo, te pone una insatisfacción por dentro?** Te pone esa inquietud que te hace sentir que algo anda mal, algo falta. Es porque el Señor te está atrayendo; te está diciendo, "Estás en el camino correcto porque te quiero enseñar otra cosa. Te quiero llevar al próximo nivel en tu vida. Sigue adelante". Pues así mismo me sentía yo ese día. El ministro a cargo de la plenaria principal era el reconocido cantautor y líder de adoración, Ron Kenoly; y al fin llegó la hora de su participación. Mientras él se acercaba al podio, fue recibido con muchos aplausos y algarabía; sin embargo, su porte era de humildad, muy calmado y reverente. Esto provocó que el público bajara su efervescencia y entrara en un sentido de expectación.

Fíjate que él no estaba brincando, hablando en lenguas, ni subiéndose en las sillas. Él no estaba agitando la gente, porque en algunos lugares se piensa que adorar es agitar la gente. No. Él simplemente se puso en pie muy tranquilo frente al podio, y cuando empezó a hablar las primeras palabras, yo sentí dentro de mí, "Luisa, tú tienes que escribir esto." Con urgencia le pregunté a mi amiga si tenía un pedazo de papel o algo, para yo tomar notas. Me dio lo único que tenía, un pedacito pequeño de papel. Súbitamente, todo dio paso a una calma reverente, y sólo había un dulce silencio en el lugar. Con una voz suave, pero con el peso de la poderosa Palabra de Dios, Ron Kenoly comenzó a impartir un mensaje impactante y a la vez sencillo sobre la verdadera adoración. Este humilde varón de Dios, siendo conocedor del tema, compartía aquello que lo había llevado a comprender desde la perspectiva bíblica lo que es ser un verdadero adorador. Podía sentir mi corazón palpitar como si percibiera que estaba a punto de recibir lo que había deseado por tantos años.

Como si en ello se me fuera la vida, me dispuse con urgencia a anotar cada detalle de lo que Ron Kenoly hablaba. Yo no quería perderme ni una sola palabra de lo que él decía. Eso era escribe, escribe, escribe, mientras me bebía mis lágrimas. Cuando el Espíritu Santo comenzó a comunicar las verdades de Su Palabra, me rompió por dentro. Todos mis esquemas y estructuras colapsaron. No puedo describirlo con palabras. Me demolieron como se derrumba un edificio viejo hasta dejar solamente tierra pura para empezar a construir otro edificio totalmente nuevo.

Así, de un sólo impacto, el Espíritu Santo comenzó a derribar todos mis criterios e ideas erróneas sobre la adoración. Y en ese mismo instante, todos mis conceptos comenzaron a cambiar. Mi estructura religiosa fue colapsando ante la poderosa revelación de la Palabra de Dios; lo que he llamado desde entonces mi "demolición espiritual". Sentí que sus palabras me llevaban a la zona cero, el terreno fértil y limpio donde ahora iba a empezar de nuevo. ¿Tú sabes cuando tú tienes algo casi terminado y alguien llega a derrumbarlo todo? Pues eso fue lo que me pasó a mí ese día. Desde ese momento en adelante, jamás volví a ser la misma.

¿QUIÉN SOY?

Y la primera verdad que este varón de Dios compartió, que sacudió mis conceptos, fue que **la adoración no es lo que yo hago, sino quién yo soy.** La adoración no es cuestión de "hacer".... es cuestión de "ser". **Cuando te encargas de "ser", el "hacer" fluye sólo.** Lo que yo hago deja de ser mi identidad para convertirse en un simple resultado de quien yo soy. Adorar es mucho más que simplemente cantar, tocar un instrumento, alabar, o danzar. Adorar, más allá de ser un estilo de música de moda, tiene que ser una vivencia profunda y real. **Cantar, tocar, o danzar, sin tener una relación íntima con Dios, no es más que puro orgullo y vanidad; no es más que un simple reflejo de nuestro propio ego.**

Me di cuenta que hemos confundido el método con la misión, y se nos ha olvidado que no son lo mismo. El método puede cambiar con el tiempo, pero mi misión sigue siendo la misma: adorar a Dios, buscar Su presencia, y edificar la iglesia. Lo demás es simplemente el adorno que va encima del pastel. La música, los instrumentos, y las luces, son solamente una manifestación de lo que se encuentra en el corazón. Te habrás dado cuenta que cuando el corazón está alegre se nos hace fácil entonar cánticos de júbilo; pero cuando estamos pasando por pruebas lo que sale por nuestros labios es un cántico melancólico y sombrío. O sea, la música es simplemente la expresión de lo que está sucediendo en el corazón.

Es por esto que **un corazón vacío de Dios no puede adorar a Dios; tal vez puede imitar la adoración, pero no puede producir genuina adoración.** Y lo que es imitación se puede diferenciar fácilmente de lo genuino, igual que podemos diferenciar entre una copia y el original. Por eso a veces vemos servicios de adoración donde el grupo de adoración está supuestamente "en una nube", adorando a Dios, y el resto de la congregación está desconectada. Y te das cuenta de que la adoración no fue genuina cuando se bajan de la tarima y se ponen a jugar con sus celulares, sin tan siquiera darse cuenta de lo que está sucediendo al frente. Es como si tuvieran un botón que prende cuando se suben a la tarima y apaga cuando se bajan de la tarima. Eso no es adoración.

Yo tuve una situación difícil precisamente dando esta conferencia de la Jornada de un Adorador en una iglesia. La iglesia estaba llena, y habían invitado unos músicos espectaculares para que me acompañaran en la música. Esos músicos tocaban mil veces mejor que yo; pero cuando ellos empezaron a tocar, yo sentí un vacío. ¿Ustedes saben que uno se da cuenta rápido cuando algo suena mal? No era que la música sonara mal, pero algo sonaba mal. Así que detuve la música y comencé la conferencia rápidamente. ¿Ustedes me pueden creer que esos músicos recogieron sus instrumentos, frente a todo el mundo, y se fueron? El que está coordinando la actividad les pregunta, "Muchachos, ¿para dónde van? Si la conferencia es para ustedes." Ellos le contestan molestos, "¿Tú nos trajiste aquí para eso? ¿A tocar medio coro y nada más? Nosotros vinimos a tocar." Y así nada más, se levantaron y se fueron; no se quedaron para la conferencia. Lo que yo iba a compartir esa noche era precisamente que la adoración no es un estilo de música, sino que es una vivencia.

No sé dónde estarán esos músicos en estos momentos, pero espero que este libro pueda algún día llegar a sus manos. Sinceramente anhelo que ese talento tan impresionante pueda ser puesto a los pies de Cristo en una verdadera adoración. Y es que uno de los conceptos que necesitamos cambiar es que **Dios no se impresiona con nada que nosotros hagamos, porque nada de lo que nosotros hacemos es nuevo para Dios.** A Dios no lo impresiona tu talento, Él fue quien te lo dio. A Dios lo impresiona una sola cosa: **tu corazón.** Por eso es que Él todavía sigue buscando corazones humillados, sensibles, sinceros y que anhelen Su presencia, porque de esos corazones es que fluye la verdadera adoración.

Las impresionantes verdades que aprendí en aquella conferencia me rompieron por dentro, y en ese mismo instante comenzó mi transformación espiritual. Al final de la conferencia, sostenía en mis manos temblorosas aquel insignificante pedacito de papel que, hasta el día de hoy, guarda el rastro de las lágrimas que lo inundaron hasta correrse la tinta. Un insignificante pedacito de papel lleno de verdades espirituales que con el pasar de los años, no sólo me han llevado a una profunda experiencia con Dios, sino que se han convertido en poderosas enseñanzas que han recorrido el mundo.

Estas preciosas verdades le dieron un giro a mi vida que jamás imaginé; y no importa lo dolorosa que haya sido mi "demolición espiritual", de lo que sí estoy segura es que nunca más seré igual. Dios hizo germinar ese pedacito de papel, como una semillita, hasta convertirlo en un taller, luego en un manual, y finalmente, en este libro. El fruto de esa semillita es el libro que sostienes ahora mismo en tus manos.

Pero esta semillita no germinó de la noche a la mañana...

Fueron muchas las vivencias, las lágrimas, y el dolor. No fue hasta varios años después que entendí las palabras de mi Pastor, el Reverendo Eliseo Rodríguez, que **el proceso de lágrimas es la fábrica de los verdaderos adoradores.** Aunque, la honesta verdad, no me arrepiento ni de una sola lágrima. Porque detrás de cada lágrima pude ver a mi Dios; y encontré una paz que sobrepasó todo dolor y sufrimiento. Mi tristeza, al sostener este libro en mis manos, hoy se ha convertido en gozo.

Sinceramente, por muchos años el Señor estuvo hablando a mi vida acerca de escribir este libro y lo estuve postergando por mil razones; pero la razón más importante era que yo no podía ver. No estoy hablando de que veía un poco borroso. No estoy hablando de que no veía bien de lejos, pero podía ver de cerca. No. Estoy hablando de dieciocho cirugías de la vista (leíste bien, 18 cirugías de la vista), incluyendo seis trasplantes de córnea y tres cirugías de emergencia para colocar válvulas para bajar la presión del ojo, que estaba a punto de un ataque de glaucoma. Sin contar las visitas a la sala de emergencia por el dolor de puntos reventados, úlceras dentro del ojo, pedazos de lentes intraoculares rotos dentro del ojo que nadie había notado. Fue un proceso horrible, intensamente doloroso y prolongado.

Yo entendía que la persona menos indicada para escribir este libro era yo. ¡Si yo ni siquiera sabía cómo escribir un libro! Apenas podía ver mis propias predicaciones. Eso de escribir libros es para personas con mucha fluidez de palabra, y yo no soy ese tipo de persona. Yo soy muy sencilla, y hasta un poco reservada. Así que, aunque nunca le dije a Dios que no, la verdad es que no tenía ni la más remota idea de cómo empezar a trabajar esta monumental tarea. Y lo seguía postergando, y postergando, hasta que un 13 de septiembre de 2014 el Señor me despertó temprano en la mañana.

Acabando de despertar, lo primero que escucho es Su voz que me está diciendo, "no tienes excusa." Cuando uno sabe que es Dios quien está hablando, no necesita mucha explicación, porque ya uno sabe de lo que Dios está hablando. Ya te imaginarás que lo primero que pensé fue, "Señor, pero..." Imagínate cómo fue esa conversación con Dios: "¿Quién, yo? ¡Pero si yo ni siquiera veo! ¡No puedo ni encontrar la computadora, mucho menos ver el teclado para escribir! Lo siento, Dios, pero tengo que decirte lo mismo que dijo Moisés: Envía a otra persona que esté mejor cualificada que yo. Yo soy la última persona en la lista que deberías llamar para hacer esto". A pesar de mis muchas excusas, Dios inmediatamente me contestó, "No tienes excusa, tienes que terminar este libro". Cuando uno ha tenido una experiencia personal con Dios, ya uno sabe que, si Dios te está llamando a hacer algo, de alguna manera Dios proveerá. Y así lo hizo Dios.

Estuve toda esa semana pensando en cómo podía escribir un libro sin ver la computadora, ni las letras. Lograr escribir este libro iba a ser un proceso monumental. Cuando me di cuenta de que no lo podía escribir sola, decidí intentar dictarlo a un programa en la computadora, pero eso tampoco funcionó. La computadora se dañó y el programa se borró. Así que se me ocurrió hablar con mi amado pastor en ese entonces, Pastor José Rohena, para que me permitiera predicar este mensaje en la iglesia. Así mi esposo lo podría grabar en una grabadora portátil; y entonces yo podía sentarme en casa a pasarlo a computadora palabra por palabra. El único problema era que necesitaba doce cultos corridos para poder predicar este mensaje. Esto no es un mensaje de dos horas; se toma tiempo.

El pastor, con mucho amor, me dijo que, lamentablemente, ya toda la programación por los próximos tres meses estaba preparada; pero que iba a ver qué podía hacer al respecto. Yo le di las gracias, colgué el teléfono y luego hice lo que mi madre siempre me enseñó a hacer: lo puse en oración. Sencillamente puse todo en las manos de Dios y me quedé tranquila porque sabía que, si esto era idea de Dios, Él mismo abriría camino. Y así lo hizo. Imagínate mi sorpresa cuando en el siguiente culto, frente a toda la congregación, el Pastor expresó algo que me tomó totalmente por sorpresa: "Hermanos, Luisa va a hacer algo que yo no haría." Me llamó al frente, y le dijo a toda la congregación, "Ella va a escribir un libro, y no sé cómo lo va a hacer con su condición de la vista, pero nosotros le vamos a facilitar los próximos doce cultos para que ella predique el libro". Esa noche toda la iglesia oró por mí. Mi Pastor profetizó que este libro iba a tocar miles de vidas, incluso llegaría a las naciones; y me preparó la plataforma para lanzar este proyecto. Una vez más, Dios abrió camino donde parecía imposible. ¡Gloria a Dios!

Te contaré que ese proceso de las doce predicaciones fue glorioso, a pesar de que casi no podía ver a los hermanos de la iglesia porque seguía perdiendo visión aceleradamente a causa del deterioro de la córnea. Dios nos ministró a todos de una manera muy especial, a pesar de mi dolor. Pero eso fue sólo el principio de un proceso mucho más largo y doloroso que yo jamás imaginé pasar. Mi zona de comodidad de repente implosionó. Terminé las doce predicaciones, llena de gozo porque por fin pude cumplir con mi cometido; pero, cuando fui a pasarlas a la computadora, todo lo que pudo salir mal, salió mal. La computadora se dañaba o el programa se borraba. Siempre algo sucedía que me impulsaba a rendirme. Constantemente escuchaba esta pequeña vocecita decirme al oído, "Tú no puedes. Jamás lo vas a lograr. ¡Ríndete! De todas maneras, tu historia no es tan interesante. Nadie la va a leer. A nadie le interesa."

Pero yo tenía bien claro lo que Dios me habló; y con lágrimas en mis ojos, seguía hacia adelante. No te niego que lloré, pero nunca me rendí. Lo que para otros hubiera sido tan fácil hacer, para mí fue un enorme sacrificio. Sin embargo, este sacrificio me ha enseñado tantas cosas. Aprendí a confiar plenamente en Dios y a depender solamente de Él como mi fiel amigo, mi sanador, mi ayudador y mi proveedor. Aprendí a secarme las lágrimas y seguir hacia adelante, cuando muchos pensaron que no lo lograría. Y sobre todo, aprendí que la fidelidad de Dios es eterna, que Sus bondades nunca se agotan, que Su misericordia y Su gracia me acompañan siempre por donde quiera que vaya. No importa si estoy atravesando el desierto, el valle, o la tormenta, Su paz y Su gozo me acompañan todos los días.

Es verdad que ha tomado mucho tiempo y sacrificio, pero ha valido la pena. Solamente el poder compartir contigo estas hermosas vivencias que han cambiado mi vida y que puedan servirte de aliento, convierten el proceso en una bendición. Si yo pude, créeme, tú también puedes. Si hasta aquí Dios me ayudó y no me faltó, a ti también te ayudará; sólo confía en Él. Durante estos largos años de incapacidad física sin poder realizar tantas cosas que yo normalmente solía hacer, tengo que reconocer que Dios nunca me ha dejado.

He aprendido a aferrarme a Él como si de ello dependiera mi vida. Decidí descansar en Él y confiar en Él. Cada día de esos cinco años de proceso, tuve que tomar la decisión de creerle a Él en todo y por encima de todo. Decidí creerle ayer, pero también decido creerle hoy, y seguiré creyendo mañana. Y estoy segura de que la buena obra que Él comenzó en mí la terminará; pero no solamente la terminará, sino que la perfeccionará (Filipenses 1:6). O sea, va a quedar mucho mejor de lo que yo pensaba. Tal vez no sea hoy. Tal vez no sea como yo quiero que sea, pero estoy confiada que, si Dios prometió, Él cumplirá.

Nunca pude sentarme ni siquiera a escuchar las grabaciones, porque tuvieron que operarme nuevamente de la vista. Esta vez la cirugía era de emergencia y las complicaciones eran mucho mayores. La urgencia de la cirugía era tal que me enviaron casi inmediatamente al estado de la Florida a operarme en el hospital de ojos porque en Santa Cruz no había ni el equipo ni el personal para hacer este tipo de cirugía. Mi frustración fue tan enorme que no hay palabras para describirla. Por fin logré poner en una grabación el mensaje que latía en mi corazón, y ahora ni siquiera podía escucharlo, y ni hablar de cómo iba a pasarlo a computadora. Parecía como si nunca fuera a terminar con este libro. Sin poder hacer otra cosa, simplemente lo dejé en las manos del Señor.

Pasaron tantos meses de visitas médicas, de malas noticias y de dolor constante que, honestamente, me olvidé del libro. Lo peor era sentirme hundida en una constante neblina en medio de una tierra extraña que no conocía. Todos los días bañaba de lágrimas mi almohada, fueran de dolor, de desesperación, o de frustración. Dios mío, ¿cuándo va a terminar todo esto?

Tal vez yo me había olvidado del libro, pero Dios no. Y una noche, varios meses luego de haber llegado a la Florida, tengo otro sueño. En el sueño, una hermana me está preguntando cuándo yo voy a terminar el libro. Yo no le conté este sueño a nadie, cuando de repente la noche siguiente mi esposo, que estaba leyendo un libro, se vira hacia mí y me dice, "Luisa, ¿cuándo tú vas a terminar el libro?" Me quedé sin palabras. A Dios no se le había olvidado el libro. "Pero Dios, ¿cómo escribo, si no puedo ver? Ahora veo todavía menos que antes".

Algo sí aprendí en medio de todo esto: cuando Dios quiere que tú hagas algo, Él mismo se encarga de proveerte las herramientas para que lo puedas hacer. Así que mientras yo estaba dándole vueltas y vueltas en la mente a la manera de poder terminar este libro, Dios estaba obrando en otra parte del mundo. De repente me llama una amiga que conozco hace casi veinte años, pero pocas veces hemos podido vernos en persona porque ella vive en Puerto Rico. Le cuento el sueño y las palabras de mi esposo, y le comento que necesito una persona que me ayude a escribir el libro porque ya no puedo ver casi nada. Ella de repente exclama: "¡Luisa, la partera soy yo!" Yo me quedo muda, mientras ella me recuerda un sueño que yo le había contado al comienzo de este proceso, donde una partera me estaba ayudando a dar a luz. Las dos teníamos claro que el sueño tenía que ver con el libro, pero en aquel momento ninguna de las dos tenía idea de quién podía ser la partera. Ahora, varios años después, Dios puso en su corazón la inquietud para ayudarme a transcribir el libro. Al ella quedar desempleada, de repente tiene todo el tiempo del mundo para trabajar el libro.

Y así fue que, finalmente, tres años después de haber recibido el llamado a escribir este libro, el libro por fin da el salto de ser un sueño a ser una realidad. Y cuatro años después de comenzar la transcripción, luego de mil luchas y pruebas, por fin sale a la luz. Dios siempre cumple Sus propósitos. Gloria a Dios por eso.

EL PRIMER ADORADOR

Una de las cosas más impactantes que descubrí en medio de toda esta búsqueda es que la Jornada de un Adorador comenzó con la historia de un sólo hombre, un verdadero adorador, Abraham. Fue leyendo su historia que descubrí que **la primera vez que se menciona la palabra "adoración" en la Biblia no tiene nada que ver con música, cánticos y danza.** Esto me sorprendió tanto que lo volví a leer, y lo volví a leer, pero aun así no encontré nada relacionado con música. Encontré que Abraham iba a adorar, pero no iba con una procesión de música, ni caravana, ni panderos. No iba cantando ni tocando instrumentos; pero iba a adorar. Y su adoración agradó a Dios. Como ese era el anhelo de mi corazón, que mi adoración agradara a Dios, me di a la tarea de descubrir las características, los aspectos de la vida de Abraham, que lo convirtieron en el primer y mejor ejemplo de un verdadero adorador.

Encontrarás que cada capítulo es un tramo de la Jornada de un Adorador; y que en cada tramo aprenderás una característica diferente de lo que es la adoración genuina, de corazón. Cada característica es un pequeño componente de un todo que te llevará más cerca de lo que es ser un verdadero adorador. Verás que muchos aspectos se entrelazan de tal manera que se mezclan unos con otros. También es posible que se repitan algunas cosas, pero es porque mi intención es que el mensaje quede tan claro, que no tengas la menor duda de lo que es un verdadero adorador.

Mi compromiso contigo es dejar plasmado en las páginas de este libro todo lo que Dios ha puesto en mi corazón. Ni una palabra más, ni una palabra menos. También he incluido ejemplos actuales y anécdotas que puedan ayudar a entender mejor cada definición. En otras palabras, esto no es un libro de teología, de teoría, ni cosa que se parezca. Es simplemente mi jornada, cincelada en un papel. Es la suma de muchas experiencias, lágrimas, dolor y procesos que fueron parte de esa jornada, con la única intención de ser de bendición a todas las vidas que este libro logre alcanzar.

El mundo en que nos encontramos vive en una constante zona de comodidad; y esa zona de comodidad nos está aplastando. Es la tarea de este libro sacarte de esa zona de comodidad para llevarte a otro nivel de experiencia con Dios. Porque ahora, más que nunca, Dios sigue buscando verdaderos adoradores dispuestos a caminar esta jornada tomados de Su mano. Me gustaría mucho que camináramos juntos en esta increíble jornada, si me lo permites. Si estás dispuesto, bienvenido. ¡Comencemos la jornada!

MI ORACIÓN

Señor, lo que Tú has puesto en mi corazón para compartir no es sólo un conocimiento, es una vivencia. El propósito de este libro no es proveer información. **La información no transforma, es la revelación la que transforma.** Yo te pido que esta palabra que se comparte aquí sea revelada en los corazones de cada lector, y que cada uno de nosotros podamos experimentar una transformación en nuestro espíritu, y en toda nuestra vida. Mi mayor anhelo es que jamás seamos iguales. Te damos la autorización para que rompas en mil pedazos nuestra zona de comodidad. Que Tú te reveles de tal manera, Señor amado, que Tú provoques cambios en nuestras vidas. Te estamos entregando todo para que Tú seas glorificado en gran manera. En el nombre de Jesús. Amén.

Génesis 22. Dios ordena a Abraham que sacrifique a Isaac

22 Aconteció después de estas cosas, que probó Dios a Abraham, **(PRUEBA-3)** y le dijo: Abraham. Y él respondió: Heme aquí **(RELACIÓN INTIMA-4).**

[2] Y dijo: Toma ahora tu hijo, tu único, Isaac, a quien amas, y vete a tierra de Moriah, y ofrécelo allí en holocausto sobre uno de los montes que yo te diré.

[3] Y Abraham se levantó muy de mañana, y enalbardó su asno, y tomó consigo dos siervos suyos, y a Isaac su hijo; y cortó leña para el holocausto **(PREPARACIÓN-5)**, y se levantó, y fue al lugar que Dios le dijo. **(OBEDIENCIA-6)**

[4] Al tercer día alzó Abraham sus ojos, y vio el lugar de lejos **(JORNADA-7).**

[5] Entonces dijo Abraham a sus siervos: Esperad aquí con el asno, y yo y el muchacho iremos hasta allí y adoraremos, y volveremos a vosotros **(SEPARACIÓN-8).**

[6] Y tomó Abraham la leña del holocausto, y la puso sobre Isaac su hijo, y él tomó en su mano el fuego y el cuchillo; y fueron ambos juntos.

[7] Entonces habló Isaac a Abraham su padre, y dijo: Padre mío. Y él respondió: Heme aquí, mi hijo. Y él dijo: He aquí el fuego y la leña; mas ¿dónde está el cordero para el holocausto?

[8] Y respondió Abraham: Dios se proveerá de cordero para el holocausto, hijo mío. E iban juntos **(CONFIANZA ABSOLUTA-9).**

[9] Y cuando llegaron al lugar que Dios le había dicho, edificó allí Abraham un altar, y compuso la leña, y ató a Isaac su hijo, y lo puso en el altar sobre la leña **(OFRENDA-10).**

[10] Y extendió Abraham su mano y tomó el cuchillo para degollar a su hijo **(DISPOSICIÓN DE SUFRIR-11).**

[11] Entonces el ángel de Jehová le dio voces desde el cielo, y dijo: Abraham, Abraham. Y él respondió: Heme aquí.

[12] Y dijo: No extiendas tu mano sobre el muchacho, ni le hagas nada; porque ya conozco que temes a Dios, por cuanto no me rehusaste tu hijo, tu único.

[13] Entonces alzó Abraham sus ojos y miró, y he aquí a sus espaldas un carnero trabado en un zarzal por sus cuernos; y fue Abraham y tomó el carnero, y lo ofreció en holocausto en lugar de su hijo.

[14] Y llamó Abraham el nombre de aquel lugar, Jehová proveerá.[a] Por tanto se dice hoy: En el monte de Jehová será provisto.

[15] Y llamó el ángel de Jehová a Abraham por segunda vez desde el cielo,

[16] y dijo: Por mí mismo he jurado, dice Jehová, que por cuanto has hecho esto, y no me has rehusado tu hijo, tu único hijo;

[17] de cierto te bendeciré, y multiplicaré tu descendencia como las estrellas del cielo y como la arena que está a la orilla del mar; y tu descendencia poseerá las puertas de sus enemigos.

[18] En tu simiente serán benditas todas las naciones de la tierra, por cuanto obedeciste a mi voz **(CUANDO DIOS LO ENCUEN-TRA-12).**

NOTAS

CAPÍTULO 3

Esto es una prueba

La adoración cristiana tiene que contener tanto
la cruz como la corona. Cantar de majestad; y
cantar de misericordia.

– Matt Redman

Las pruebas, aflicciones y decepciones todas son
una ayuda en vez de una piedra de tropiezo,
si uno sabe usarlas correctamente. Ellas no
solamente prueban la fibra de tu carácter, sino
que la fortalecen. Cada prueba conquistada
representa una nueva reserva de fuerza moral.
Cada aflicción soportada y confrontada en el
espíritu correcto hace el alma más noble y fuerte
que lo que era antes.

– James Buckham

ESTO ES UNA PRUEBA

Recuerdo de niña que, cuando más entretenida estaba viendo mi programa de televisión favorito, de repente era interrumpido por una advertencia que a mí no me gustaba, y no me hacía sentido ninguno: *"Atención: Esto es una prueba. Esto es sólo una prueba. En los próximos sesenta segundos esta estación va a conducir una prueba del Sistema de Alertas de Emergencia. Si esto fuera una emergencia real, usted debe sintonizar su emisora local para recibir las debidas instrucciones. Esto es sólo una prueba."*

¿Te suena familiar? *esto es una prueba.* De repente, sin previo aviso, esto es sólo una prueba. A veces en la vida estamos muy concentrados en nuestro rumbo, dentro de nuestra zona de comodidad, viviendo en completa paz y tranquilidad, con la única expectativa de que nada ni nadie va a interrumpir la armonía de nuestra buena vida, cuando de repente escuchamos la advertencia: *"esto es sólo una prueba".* Precisamente cuando todo parece marchar bien en el hogar, el trabajo, o la familia, aparecen los avisos repentinos, *"esto es sólo una prueba".* Avisos que nos sacan de carrera y rompen nuestros perfectos planes, nuestra organizada agenda, y nuestros sueños de felicidad eterna. Quisiéramos evitar a toda costa estas interrupciones, pero en el fondo sabemos que eso no es posible. Lamentablemente, las interrupciones van a llegar, tarde o temprano. Y Abraham, nuestro personaje principal en esta jornada, no fue la excepción. Su vida fue interrumpida por este aviso en el preciso momento cuando todo parecía estar marchando todo muy bien.

*"Aconteció después de estas cosas,
que probó Dios a Abraham..."*
(Génesis 22:1).

¿Después de qué cosas? En resumen, Dios le había prometido una descendencia numerosa a Abraham y a Sarah, dos ancianos estériles. Me parece que a Dios le encantan los retos, porque no pudo escoger una situación más imposible que esta. Y ya tú conoces el resto de la historia: como Dios "se tardaba en contestar", la impaciencia de Sarah obligó a Abraham a procrear un hijo con su esclava Agar. Esto, claro está, lo que hizo fue enredarlo todo. Aquí vemos claramente cómo nuestras mejores intenciones de querer "ayudar" a Dios lo que hacen es crear un desastre. Todo se complica y sale mal cuando alteramos el proceso de Dios.

A pesar de todo este enredo, cuando Abraham tenía casi 100 años, llegó el tiempo perfecto de Dios; y Sarah dio a luz el tan esperado hijo de la promesa. Sin embargo, los conflictos entre Agar y Sarah fueron escalando hasta que Abraham tuvo que despedir a la esclava y a su hijo Ismael. Cuando las cosas aparentemente vuelven a la normalidad, llega el aviso de "esto es sólo una prueba." Y así, repentinamente, comenzó un nuevo proceso en la vida de Abraham, una nueva jornada.

Abraham no tenía ni la menor idea que estaba a punto de ser procesado por medio de la prueba, como a menudo suele pasar con cada uno de nosotros. Créeme que a todos nos va a tocar vivir uno de esos momentos, tarde o temprano. Yo puedo testificar aquí que, igual que Abraham, he tenido muchos momentos de "esto es sólo una prueba", cuando todo ha sido interrumpido de repente sin previo aviso. Momentos en los que Dios ha decidido interceptar mi perfecto plan y mi organizada agenda para cumplir Su plan y Su agenda. Fue uno de los momentos más difíciles de mi vida.

Recuerdo muy bien cuando vivía en la isla de San Tomas. Llegué allí como secretaria bilingüe; y por mi esfuerzo durante 18 largos años, fui ascendida en mi trabajo varias veces, ocupando puestos de cada vez mayor responsabilidad. Al mismo tiempo, tenía que ser madre soltera, pastor asociado, y líder de adoración en la iglesia, además de todas las demás responsabilidades del diario vivir. Tenía una vida completamente activa y plena. Todo marchaba muy bien, hasta que empecé a tener serias complicaciones con mi salud que afectaron aún más mi vista.

Recuerdo aquel día, conduciendo hacia mi trabajo, cuando de repente mi vista se nubló a tal punto que apenas veía la carretera. Como te imaginarás, entré en un pánico. Por la ayuda de Dios pude llegar al trabajo; y tan pronto llegué, mi jefe me entregó un documento para que le hiciera unos cambios. Al mirar el documento, yo sólo veía un papel totalmente en blanco. Sin decirle nada, escuché sus instrucciones atentamente hasta que salió de mi oficina. Al cerrar la puerta, comencé a llorar de frustración; me sentía tan impotente, pero no quería que nadie en mi trabajo se enterara de que apenas podía ver.

En ese mismo instante, me llamó una amiga por teléfono y cuando le conté lo que sucedía, me dijo que me calmara y que pasaría a buscarme para ir a almorzar. Sin que nadie se diera cuenta, salimos directo al oftalmólogo; el cual, sin mucha ceremonia, me dijo, "Lo siento, pero necesitas un trasplante de córnea de emergencia porque tu córnea se está deteriorando rápidamente." El mundo se me cayó encima, porque esta no era mi primera cirugía de la vista. De hecho, era la cirugía número doce.

Yo creo que si repartieran un premio por la mayor cantidad de cirugías de la vista, yo me hubiese ganado ya el primer lugar en todo tipo de cirugía: trasplantes de córnea, lentes intraoculares, válvulas de drenaje, etc. La verdad es que mis ojos estaban más remendados que una llanta vieja. Y es por eso que, con esa noticia, el mundo se me derrumbó. ¡No puede ser! ¡Otra cirugía más! Debido a esta inesperada cirugía, tuve que retirarme del trabajo por completo. Fue un proceso largo y doloroso que yo hubiese querido evitar. Tuve que dejar mi trabajo, San Tomas, mi iglesia, mis amistades, todo. Fue una verdadera prueba de mi fe, pero lo más difícil fue despedirme de la que fue mi iglesia por 18 años, de mis hermanos en la fe, y de mis compañeros de trabajo. Más doloroso aún fue que nadie entendiera el proceso, excepto mi madre y mi esposo.

Muchos me tildaron de loca. Otros intentaron convencerme de quedarme. Algunos incluso se molestaron conmigo. Lo único que me mantuvo firme fue la paz tan grande que Dios había puesto en mi corazón, y las promesas de Dios. Esa paz fue la que me sostuvo durante los cinco largos años de operaciones de la vista, donde no estaba conectada al ministerio ni al trabajo. Estaba a solas en mi pequeña casita con mi esposo, con mi madre, y con mi Dios. Recuerdo que el 15 de noviembre de 2013 fue la última vez que pude leer un libro devocional y escribir en mi diario. Desde ese momento, mi mundo se fue nublando cada día más y más; y mi vida se convirtió en un túnel de neblina donde raras veces entraba un rayito de luz. Era sumamente frustrante ya no poder hacer muchas cosas que antes hacía; hasta las tareas básicas poco a poco se me fueron haciendo imposibles. Ni siquiera podía preparar el café en las mañanas porque no veía el jarro de cristal para echar el agua. No te imaginas todos los vasos y jarros que rompí porque no podía ver el cristal, hasta llegar al punto que me prohibieron tocarlo todo en la cocina. Nunca me había sentido tan inútil en toda mi vida. Y lo peor fue que, en medio de esta crisis, experimenté el silencio y el olvido de muchos.

Fue en este momento, en que no podía hacer absolutamente nada, que Dios me enseñó que **un adorador no se define por lo que hace, sino por lo que es.** Descubrí que mi identidad no estaba atada a lo que yo pudiera hacer o dejar de hacer, sino a mi relación con mi Dios. Y eso nadie me lo puede quitar. Aprendí que lo mejor que podemos hacer cuando llegamos a ese punto de la frustración, desesperación, y angustia, es seguir buscando el rostro de Dios, sabiendo que Su gracia es suficiente y Su poder se perfecciona en medio de nuestras debilidades (2 Corintios 12:9). La realidad es que **en medio de las pruebas es que aprendemos a vivir por fe y no por vista.** Fue en medio de esa prueba que yo aprendí, literalmente, a no vivir por vista, sino por fe. No podemos vivir por lo que vemos ni lo que sentimos; porque nuestros sentimientos y emociones cambian, son inconstantes: un día estoy arriba y otro día estoy abajo.

Por eso es que cuando nuestras emociones bombardean nuestra mente con pensamientos de desánimo y derrota, ese es el momento en que tenemos que filtrar todo pensamiento a través de la Palabra de Dios. La Palabra dice en Isaías 26:3: *"Tú guardarás en completa paz a aquel cuyo pensamiento en Ti persevera; porque en Ti ha confiado".* Este es precisamente el momento en que más necesito aferrarme a Sus promesas y a Su Palabra; es el momento perfecto para postrarme delante de mi Padre Celestial y esperar en Él.

A LA ESCUELITA

En medio de mi prueba, me sentí como un estudiante en un salón de clase tomando un examen final. Así como el maestro en un examen se sienta en silencio en una esquina del salón a observar, igualmente Dios nos está observando en silencio cada momento de nuestra prueba. No nos deja solos, sino que nos observa. Así como el maestro está confiado que ha preparado sus estudiantes para la prueba, Dios nos ha preparado por meses, tal vez años, para esta prueba; y observa en silencio mientras pasamos la prueba para demostrar que realmente hemos aprendido la lección.

Igual que un profesor no te va a dar una prueba de un material que tú no conoces, Dios tampoco te va a dar una prueba de un material que tú no conoces. En la escuela no le van a dar una prueba de tercer grado a un niño de primer grado, porque no la puede pasar; pues tampoco Dios te va a dar una prueba de "tercer grado" sabiendo que tú todavía estás en "primer grado". Por lo tanto, si tu intención no es quedarte en primer grado el resto de tu vida, entonces necesitas aprender la lección para que puedas pasar la prueba que te llevará al próximo nivel. No hay otra manera.

Mira el ejemplo de David. David no se enfrentó a Goliat sin antes haberse enfrentado al oso y el león. David tuvo que pasar las primeras dos pruebas con buenas calificaciones para entonces poder enfrentarse a Goliat. Cuando él se encontró de frente con Goliat, lo que pensó fue, "Ay, si ya maté un león; y ya maté un oso. A este malvado lo derribo yo sin pensarlo dos veces. ¡Incircunciso! ¿Cómo tú te atreves a retar al Dios de Israel?" Sin miedo y sin temblarle las rodillas, salió corriendo al encuentro del gigante, mientras todo el ejército de Israel se escondía debajo de las piedras. ¿Por qué? Porque Dios lo había pasado primero por primer grado (el oso), luego por segundo grado (el león), y al final por la prueba más grande que jamás David había atravesado (Goliat).

Eso es lo que Dios hace con nosotros: nos va dando pequeñas experiencias para que crezcamos en ellas, para que paso a paso lleguemos a la madurez espiritual. La victoria de David no comenzó con Goliat, comenzó muchos años antes, pastoreando "unas pocas ovejas", donde nadie lo veía. Cuando apareció en escena Goliat, ya David sabía lo que tenía que hacer; tenía la experiencia, porque todas y cada una de sus pruebas anteriores fueron la herramienta que Dios utilizó para preparar a David para enfrentarse con Goliat.

"En lo cual vosotros os alegráis, aunque ahora por un poco de tiempo, si es necesario, tengáis que ser afligidos en diversas pruebas, para que sometida a prueba vuestra fe, mucho más preciosa que el oro, el cual aunque perecedero se prueba con fuego, sea hallada en alabanza, gloria y honra cuando sea manifestado Jesucristo, a quien amáis sin haberle visto, en

*quien creyendo, aunque ahora no lo veáis, os alegráis con
gozo inefable y glorioso; obteniendo el fin de vuestra fe, que es
la salvación de vuestras almas"*

(1 Pedro 1:6-9)

DIOS USA LAS PRUEBAS

¿Quién usa las pruebas? Dios usa las pruebas. ¿Para qué? Para llevar a cabo Su propósito especial en nuestras vidas. Para sacar lo mejor de ti. Para formar Su carácter en tu vida. Te tengo una buena noticia: **La prueba no es para destruirte, la prueba es para edificarte, para formarte y para evaluarte.** Te podrá romper tus esquemas, tus criterios y tus ideas, pero el resultado final será majestuoso. Así que vamos a cambiar hoy la forma en que vemos las pruebas; porque muchos creyentes tropiezan y se caen cuando viene el momento de la prueba. Se deprimen en su casa y ya no quieren ir a la iglesia; porque no entienden que las pruebas son parte importante del proceso de Dios. ¿Cuántos se han sentido así alguna vez? Nos sentimos así cuando no conocemos profundamente a Dios y Su manera de obrar; cuando no vemos las cosas como Dios las ve. Así que repite esta oración conmigo: "Señor, ayúdame a ver las cosas como Tú las ves". Amén.

Es muy cierto que Dios está buscando verdaderos adoradores en espíritu y en verdad, pero necesitamos entender y aceptar que esos verdaderos adoradores van a ser procesados. Yo voy a ser procesada. Tú vas a ser procesado. A nadie le gusta la prueba, pero es un proceso necesario que no se puede evitar. Y en todo este proceso, en cada situación, en cada prueba, Dios tiene un propósito y un plan; aunque ahora mismo no lo entiendas. Así que mi recomendación es que, en medio de cada prueba, en vez de gritar, pelear y quejarte, puedas hacerte esta pregunta: ¿Cuál será el propósito de Dios con esta prueba? ¿Qué es lo que Dios quiere lograr en mí por medio de esta prueba? ¿Estoy permitiendo el proceso o estoy luchando en contra del proceso?

A OTRO NIVEL

El propósito de Dios con cada prueba, la razón por la cual Dios permite cada prueba, es para subirte a otro nivel de crecimiento espiritual. Tan sencillo como eso. A Dios no le interesa dejarte en el mismo nivel el resto de tu vida. Ese nunca ha sido Su plan. Hay personas que llevan cincuenta años en la iglesia y todavía siguen en el mismo nivel; no porque Dios lo quiera, sino porque ellos no han querido subir de nivel. No quieren aceptar las pruebas. No quieren aprender en medio de las pruebas, están en negación. Y sin pruebas no se puede subir de nivel, en ninguna esfera de la vida. Hasta en la escuela elemental tienes que pasar una prueba para subir de grado. Y **ese es el propósito, la intención, de toda prueba: Ir subiendo de nivel hasta llegar a la estatura de Cristo.** Dios quiere que crezcamos hasta que seamos creyentes maduros en Él; pero, para que eso suceda, la prueba es necesaria.

No es que la prueba sea necesaria para Dios. No. La prueba no es necesaria para Dios, la prueba es necesaria para mí. La prueba me revela dónde yo estoy y dónde Dios quiere que yo esté. La prueba no solamente me demuestra a mí que puedo llegar mucho más lejos de lo que yo pensé que podía llegar; sino que le demuestra a otros el glorioso y maravilloso poder de Dios. Esas pruebas que pensamos que no podríamos atravesar, que pensamos que nos íbamos a morir en medio del proceso, son la mayor evidencia del poder de Dios en nuestras vidas. ¡No te desalientes! Dios está contigo, y sabe que saldrás al otro lado de la prueba victorioso, más valioso que el mismo oro. El propósito de tu prueba es llevarte de rodillas ante Tu Padre para que puedas ver Su gloria y Su poder.

Confía en que un buen padre nunca dejaría a sus hijos sufrir por el mero hecho de verlos sufrir. Cuando un buen padre permite algún sufrimiento, es porque algo provechoso hay al otro lado de ese sufrimiento, porque alguna lección es necesario aprender. Si el padre sabe que esa prueba traerá madurez, crecimiento o te hará más fuerte, no estorbará el proceso; porque sabe que el resultado final será mucho mayor que la prueba. Igualmente, Dios sabe que **es en medio de la prueba que aprendemos lo inútil que es depender de nuestras propias fuerzas, y descubrimos el gozo que proviene de depender totalmente de Dios.** La prueba nos lleva ante Dios con nuestras dudas, problemas, y situaciones, para soltarlos ante Sus pies y adorar.

INDIVIDUAL Y ÚNICA

Uno de los aspectos más interesantes de la prueba es que es individual y única. No es una misma prueba para todo el mundo. No es genérica. Está diseñada especialmente para ti y para mí. En esta prueba no te puedes copiar de otros; no puedes pedirles a otros que la pasen por ti. Es un proceso tuyo y solamente tuyo. Es por eso que en medio de la prueba, vamos a tener momentos en que vamos a estar solos. Nadie más te puede ayudar, entiéndase tu tía, tu abuela, ni tu papá. Puede ser que el pastor ore por ti, pero el proceso es tuyo. La prueba que tiene tu hermano tal vez tú no la puedas tolerar, porque Dios conoce cuáles son sus capacidades, y hasta dónde puede llegar. Igualmente, tu prueba tal vez otra persona no la podría soportar. Descansa en la promesa de que Dios no es injusto. Nunca. Y por eso no te va a permitir pasar más allá de lo que puedas soportar (1 Corintios 10:13). Si Él permite una prueba es porque sabe que la puedes soportar, y sabe que ha llegado el momento perfecto para pasarla.

Eso fue lo que sucedió aún con el mismo Jesús, nuestro mejor y mayor ejemplo. Sí, Jesús también pasó por muchas pruebas y tentaciones, igual que tú y yo. Pero antes de ser tentado, antes de pasar la prueba, Dios lo preparó; cuando llegó el tiempo, le dijo, "ahora tú estás listo, al desierto te vas". Es en ese momento, antes que cualquier otra cosa, que Jesús es enviado al Jordán a ser bautizado. Fíjate que el bautismo significa muerte, al yo y a mi voluntad (Mateo 3:13 - 4:4). O sea, hasta Jesús tuvo que morir, a Su yo y a Su voluntad, para poder enfrentarse al diablo, dependiendo totalmente de Dios.

Esa verdad fue como una bomba para mí. ¡Increíble! Jesús tuvo que morir a algo. De repente me hizo sentido la insistencia de Jesús en ser bautizado por Juan. Cuando nosotros somos bautizados, muere la carne y nace el espíritu, pero en Jesús fue lo opuesto. Jesús entregó Su derecho de sentarse en el trono como Rey, para descender a la tierra y tomar forma de mortal, y no sólo de mortal, sino de siervo. OJO: que quede claro que no estoy diciendo que murió Dios; estoy diciendo que renunció a Su corona y Su trono, para convertirse, no sólo en un mortal, sino en un siervo, tal como lo dice en Filipenses 2:6-8: *"el cual, siendo en forma de Dios, no estimó el ser igual a Dios como cosa a que aferrarse, sino que se **despojó a sí mismo**, tomando forma de siervo, hecho semejante a los hombres; y estando en la condición de hombre, se humilló a sí mismo, haciéndose obediente hasta la muerte, y muerte de cruz".*

Ese "despojarse a sí mismo" tomó lugar en el Jordán, antes de comenzar Su ministerio, antes de la cruz. O sea, lo primero que tuvo que ocurrir fue esa muerte al Yo, esa muerte a Mi voluntad, para que se lleve a cabo Su voluntad. Esa es la prueba más grande y difícil para todo ser humano, morir al Yo. Y si Cristo nos dio tal ejemplo de morir al Yo, si Él estuvo dispuesto a despojarse de Su trono y corona para salvarnos, ¿podremos nosotros seguir ese ejemplo?

DIOS ESTÁ CONTIGO

Una sola cosa te puedo asegurar que es una constante dentro de todas las pruebas, y es que Dios está contigo. Como estuvo con Isaac (Génesis 26:3), con Jacob (Génesis 31:3), con Moisés (Éxodo 3:12), con Josué (Josué 1:5), y estuvo con José, el joven hebreo que fue vendido porque sus hermanos le tenían envidia (Génesis 37). ¡Qué difícil! José fácilmente hubiese podido escribir el libro de mayor venta en toda Latinoamérica: "De la cisterna al palacio: la envidia, la traición, la mentira y el poder restaurador de Dios." ¡Qué historia! Y en medio de la cisterna, en medio de la cárcel, en medio de cada prueba, termina simplemente diciendo: "Y Jehová estaba con José". Nada más. **Porque si hay algo de lo que puedes estar seguro, es que Dios está contigo en medio de todas y cada una de tus pruebas. Y cuando entiendes eso, no hace falta nada más.**

Fíjate que la historia de José no dice que Dios estaba con él cuando le entregaron la túnica de colores, ni cuando todo marchaba bien. Solamente dice que Dios estaba con José en los dos momentos más difíciles de su prueba: cuando lo entregaron a casa de Potifar en Egipto y cuando lo echaron en la cárcel. Porque Dios quiso dejar claro y manifiesto que en medio de cada prueba, Él estaba con José. Dios personalmente. No envió un ángel. No envió un representante. No dijo, "Yo estoy muy ocupado, envía al arcángel Miguel." No. Dios mismo estuvo con José en cada parte del proceso.

Y así como estuvo con José, Dios mismo está contigo. Dios siempre ha estado ahí; nunca has estado sólo en medio de la prueba. Y al final, José pudo testificar que salió al otro lado victorioso. Así mismo sucederá con cualquier prueba que tú estés atravesando hoy, por más difícil y dura que parezca ser. Ten la confianza y la certeza de que Dios nunca ha dejado un hijo Suyo sólo, y nunca lo hará. Somos Su especial tesoro, y Su perfecto plan se cumplirá por encima de todo, aunque no lo podamos entender ahora.

CERO EXPLICACIONES

Para mí, lo más difícil de la prueba es que Dios no nos da una explicación en medio de la prueba; no nos dice un por qué, cómo, cuándo, ni dónde. Tal vez sea porque, aún con la más extensa explicación, como quiera no lo vamos a entender. Yo he tratado de imaginarme el corazón de Abraham cuando Dios le dice que tome a su hijo, salga a tres días de camino y lo sacrifique. ¿Qué reacción tendría Abraham en ese momento? ¿Cómo ustedes piensan que él se sintió como padre?

Y para colmo, Dios no le dio ninguna explicación. Dios no le dijo qué iba a hacer, ni cómo lo iba a hacer; simplemente le pidió que le entregara su hijo. Y Abraham, aún sin explicaciones, obedeció. Eso es una verdadera fe. Confió en que Dios no se olvida de Sus promesas, aunque en el medio de la prueba nos parezca que Dios se olvidó. Dios tampoco contradice Sus promesas, ni cambia de opinión. Aunque tal vez parezca contradictorio cuando Dios le pide a Abraham que sacrifique, precisamente, al hijo de la promesa, Dios tenía un propósito. Dios siempre tiene un propósito.

¿Qué dice Hebreos 11:17-19? Dice que, *"Por la fe, Abraham cuando fue probado, ofreció a Isaac; y el que había recibido las promesas ofrecía su unigénito, habiéndosele dicho: en Isaac te será llamada descendencia; pensando que Dios es poderoso para levantar aun de entre los muertos, de donde, en sentido figurado, también le volvió a recibir"*. ¿En qué se estaba enfocando Abraham? **Él no se estaba enfocando en las explicaciones. Él se estaba enfocando en la promesa.** En el libro de Hebreos dice que simplemente creyó. Creyó que Dios es poderoso. Creyó que Dios no olvida, no miente y no se equivoca. Tal vez yo no sé cómo lo va a hacer, si es que lo va a resucitar o lo va a hacer nuevo, pero sí sé que ese es el hijo de la promesa. Y si Dios prometió, lo cumplirá.

Otro gigante de la fe cuya historia me impresiona es el apóstol Pablo. Ese sí que pasó por pruebas. Yo no sé qué condición de salud tenía Pablo, pero Pablo tenía una prueba. El asunto es que Pablo rogaba y clamaba que Dios le quitase ese aguijón, y Dios simplemente le dijo, *"**Bástate mi gracia, porque mi poder se perfecciona en la debilidad**" (2 Corintios 12:9)*. Algunos dicen que el problema de Pablo era de la vista porque en Gálatas 6:11, él escribe, "Mirad con cuan grandes letras os escribo de mi propia mano."

Así que me imagino que Pablo tuvo que haber hecho esa carta súper mega gigante, como las hago yo. Yo las hago tipo pancarta para que se puedan leer al cruzar la calle; así que Pablo tiene que haber escrito como yo. Yo me imagino que Pablo y yo en aquel tiempo hubiésemos sido mejores amigos. Tal vez yo le hubiese dicho, "Pablo, tienes que escribir esa carta más grande porque yo no la veo".

Y en medio de esa prueba, miren la respuesta que Dios le da; una respuesta que es locura para aquellos que no conocen a Dios, *"Bástate mi gracia, porque mi poder se perfecciona en la debilidad" (2 Corintios 12:9).* Ninguna otra explicación; solamente una apacible promesa de gracia. ¿Sabes lo que esas palabras quieren decir? Que cada vez que tú dices que no puedes más, que eres débil, que tienes limitaciones... es entonces que Dios entra y hace un despliegue de Su poder, que no hay manera de negar que fue Dios quien lo hizo. En otras palabras, nadie puede ni siquiera adjudicarse un poquito del crédito, todo es de Dios. A veces esa es la razón por la cual Dios permite esas limitaciones, para que no se nos "suban los humos"; para que no nos creamos autosuficientes; para que no nos vanagloriemos; y nos mantengamos humildes. Y esta lección Pablo la aprendió muy bien.

Cuando Pablo estaba de camino a Roma en un barco (preso por predicar el evangelio, de hecho), Dios le dice que viene una tormenta y se va a perder todo menos la tripulación. Lo único que Pablo tenía para meditar era esa Palabra que Dios le dijo. El resto de los tripulantes, que estaban ajenos a lo que Dios dijo, entraron en pánico, sin saber qué hacer, mientras Pablo estaba sentado tranquilamente comiendo pan. Y por eso le reclaman, "¿Cómo tú puedes estar tan tranquilo comiendo pan? ¿No ves que esta barca se va a hundir y estamos tratando de sobrevivir?" ¿Saben por qué Pablo estaba tan tranquilo? Porque ya Dios había hablado.

Ya Pablo sabía cuál era la promesa de Dios; y él tenía mucha experiencia en este asunto de poner la confianza en Dios. Por eso Pablo se sentó y descansó en lo que Dios dijo; porque sabía que Dios tenía todo el control. Eso es madurar en la fe. Pablo había aprendido que **las explicaciones no son necesarias cuando tú conoces a Dios y confías plenamente en Él.** El simple hecho de reconocer que Dios ha prometido estar contigo todos los días, hasta el fin (Mateo 28:20), es más que suficiente. De lo demás, se encargará Él. En este proceso, Dios no necesariamente te va a revelar todos los pasos de principio a fin. Él simplemente te irá dando las instrucciones, paso a paso, para que las sigas al pie de la letra. Como dijera una vez Martin Luther King Jr.: **"Yo no necesito ver la escalera completa, solamente necesito ver el próximo escalón."**

Uno a veces en su humanidad se aflige porque no sabe cómo, ni cuándo, Dios lo va a hacer; pero por eso es que este camino es por FE. Tiene que ser por fe, porque llegan esos momentos cuando parece que Dios se ha escondido de nosotros, que no nos escucha, que nos ha olvidado.

A todos nos llegan momentos en nuestras vidas cuando sentimos desaliento y no vemos la luz al final del túnel. Estos son los tiempos de prueba, los silencios de Dios. Todos los hemos pasado en algún momento, y al final, hemos visto la evidencia irrefutable del amor, la protección y el cuidado de Dios. Todos hemos visto en algún momento que, de repente, Dios ha hecho aquello que parecía imposible. Dios lo hizo una vez, y lo hará otra vez, porque es, y siempre ha sido, FIEL.

"Mantengamos firme, sin fluctuar, la profesión de nuestra esperanza, porque fiel es el que prometió"
(Hebreos 10:23)

Tal vez Dios no te dará una explicación de la prueba, ni la hora de salida, pero ten la confianza de que un propósito específico tiene Dios con cada prueba. **Lo más importante es que en la hora de la prueba no te enfoques en encontrar las explicaciones, sino en Sus promesas.** No te preguntes: "¿Por qué a mí? ¿Por qué tuvo que morir mi esposo? ¿Por qué tuvo que morir mi hijo? ¿Hay alguien allá arriba? ¿Alguien puede oírme?" No te enfoques en las explicaciones ni los "por qué". Enfócate en las promesas de Dios. Eso es todo lo que importa. ¿En qué te estás enfocando hoy? ¿Qué te prometió Dios? Él ha prometido estar contigo hasta el fin (Mateo 28:20). Él ha prometido que aunque pases por el fuego no te quemarás, y aunque pases por las aguas no te ahogarás (Isaías 43:2). Aunque parezca que te mueres en medio de la prueba, no te morirás. Aunque parezca el fin del mundo, Dios no te dejará. Porque Dios mismo prometió que estará contigo hasta el final.

Así que escucha bien, enemigo mentiroso, ¿cómo te atreves tú a decirme que yo estoy sola? Mentira del enemigo. Dios dijo que estará conmigo hasta el final. Óyeme, es que uno tiene que aprender a pararse firme en la Palabra y en sus promesas. ¡Qué sola, ni abandonada, si Dios está conmigo! Y el enemigo vuelve y lanza otro dardo, y te dice, "Oh, pero, por lo que tú estás pasando ¿tú estás segura que Dios está contigo?" Y tú le refutas: "No me importa lo que yo estoy pasando, porque yo sé que Dios está conmigo. Dios lo prometió. Aunque mis emociones están por el piso, sí, están por el piso; pero Dios está conmigo y aún del polvo me levantará." Aunque te duela el alma y el corazón. Aunque no puedas ni abrir tu boca para cantar, porque lo único que quieres hacer es llorar. Sin embargo, aunque tus emociones estén por el piso, te tengo una noticia. Graba esto en tu mente y corazón: Yo no vivo por lo que yo siento, yo vivo por FE. La Palabra dice que **el justo por la FE vivirá** (Hebreos 10:38). Y la FE es la CERTEZA, la seguridad, de las cosas que se esperan (Hebreos 11:1), que no han llegado todavía, pero que tengo la garantía de que llegarán; porque FIEL es el que prometió.

Por eso es que no podemos vivir por las emociones, porque las emociones a veces son opuestas a la fe y te arrastran en el sentido contrario de tu fe. Yo reconozco que las primeras pruebas que pueden venir a tu vida pueden ser bien difíciles. Tú lloras. Tú sientes que se te derrumba el mundo. Pero cuando tú maduras en el Señor y te pones a pensar en lo que tú llorabas antes, tú dices, "¡ay, qué tontería! Dios mío, Padre Santo, por lo que yo lloraba antes." ¿A cuántos les ha pasado? O sea, según vas madurando, vas creciendo, van cambiando tus sentimientos y tu mentalidad. Empiezas a ver que el propósito de Dios es mucho más grande que todo lo que puedas haber pasado hasta ahora.

A PROPÓSITO

Dios, **a propósito,** esperó 25 años para enviarle a Abraham el hijo de la promesa. Fue adrede y con toda la intención. Dios, **a propósito,** permitió la prueba de Job por diez años.

El ejemplo más impresionante de lo que es una verdadera prueba lo encontramos en el libro de Job. Todo empieza cuando Dios se estaba jactando ante el diablo de su siervo Job. Le está diciendo al diablo, "Mira a este que me sirve, para que lo sepas." ¿Sabes que Dios se está jactando contigo en medio de tu prueba? "Este me sirve de corazón". Y satanás peleando, "Ah, sí, claro que te sirve, tiene la nevera llena y tiene trabajo, así cualquiera te sirve. Déjame sacarlo del trabajo y déjame vaciarle la nevera a ver si te va a adorar". Y Dios le dice, "vete y hazlo".

Cuando Job no reniega de su fe, entonces el diablo cambia la estrategia y dice, "No, no, no... lo que pasa es que ese hombre ama a sus hijos. Mira, todos esos hijos preciosos que tiene. Te adora porque tú le has dado unos hijos hermosos. Quítale los hijos y verás." Y Dios vuelve y le contesta, "Hazlo". Finalmente, lo único que no pudo tocar fue su alma, porque Dios se lo prohibió. Todo lo demás se lo quitó, y como quiera Job no negó a su Dios. Ni siquiera cuando lo único que le quedó al lado fue su esposa, quien le recriminaba como un aguijón, "Maldice a tu Dios y muérete." ¡Qué clase de prueba!

Pero, ¿cuál fue el propósito real de toda esta prueba, que Job sufriera, maldijera y se quejara? No. Eso era lo que quería el diablo; pero el propósito de Dios era otro muy diferente: que al final, después que todo hubiese acabado, Job pudiera decir, *De oídas te había oído, mas ahora mis ojos te ven*" (Job 42:5). ¡Esa debe haber sido la experiencia más increíble que Job tuvo en toda su vida! Que ahora, después de la prueba, después de la crisis, pueda decir: Ahora Te veo. Ahora sé Quién eres y te conozco. Toda mi vida había escuchado hablar de Ti, pero por primera vez en mi vida, Te veo. Y es que el verdadero propósito de la prueba de Job, igual que muchas de nuestras pruebas, fue revelarle una realidad de Dios que él no conocía. Job había escuchado reportes de un Dios, le habían dicho que existía un Dios, pero no lo conocía en persona, hasta que pasó por la prueba.

Estoy segura de que si tuviésemos a Job hoy de frente, nos diría que no se arrepiente jamás de haber atravesado por su prueba; porque a través de ella se encontró cara a cara con su Dios. El propósito de Dios se cumplió, que fue mostrarle a Job Su poder y Su gloria. El diablo puede haber tenido su propósito con la prueba de Job, que era lograr que negara a Dios, pero el propósito que se cumplió fue el de Dios, que es mucho más glorioso.

PARA QUE DIOS SEA GLORIFICADO

¿Cuántas veces han sucedido cosas en tu vida, a propósito, simplemente para que Dios sea glorificado y tú no lo sabías? Mira qué historia tan interesante aparece en la Biblia sobre un hombre ciego. ¿Conocen este pasaje en Juan 9? Este pobre hombre está ciego y los discípulos se atreven a preguntarle a Jesús frente a todo el mundo que quién pecó para que este hombre naciera ciego, él o sus padres. Pero Jesús simplemente les contestó, "ni este pecó, ni sus padres, esto es para que la gloria de Dios sea manifestada". Nada más. Gloria a Dios. Les estaba diciendo, "Esto no es por lo que tú ves, ni por lo que tú crees o piensas; esto es solamente para que la gloria de Dios sea manifestada."

Toda su vida los demás habían estado juzgando a este pobre hombre, como nos juzgan a veces a ti y a mí, pero Jesús conocía la verdad. ¿Cuántas cosas Dios habrá puesto en tu vida que tú dices "Señor, ¿por qué esto me pasa a mí?" Y caemos en la fosa profunda de "pobrecito de mí", cuando Dios solamente quiere glorificarse en medio de esa situación. Permíteselo...

Yo te quiero decir algo este día y es en serio. Si no estás pasando por pruebas en este momento, alaba a Dios, pero lo que estás leyendo este día te va a servir más adelante. Nos va a servir a todos, porque, tarde o temprano, vamos a pasar por esto. Quiero que entiendas algo, que cuando Job está en medio de la prueba; y están Dios y satanás allá arriba hablando, nadie consultó a Job, ni nadie le pidió permiso. Job no sabía absolutamente nada. A él se le quitó prácticamente todo; y nunca negó a Dios.

Ahí es que vemos que lo más importante en la prueba es cómo nosotros reaccionamos a la misma. Lo que va a determinar cuán rápido vas a salir de la situación, o cuánto va a durar, es cómo reaccionas a la prueba. Si la resistes, si estás constantemente quejándote, si te la pasas cuestionando a Dios, la prueba probablemente va a durar mucho más de lo necesario. Recuerda: la prueba es para evaluarte. La prueba es para llevarte a otro nivel de fe. La prueba es para mostrar Su poder. No es para destruirte. Es para formarte. Y para sacar a la luz esas áreas en las que necesitas mejorar.

NO HAY NADA OCULTO

Hay un texto que mucha gente cita fuera de contexto, que dice que no hay nada oculto que no haya de salir a la luz (Marcos 4:22). ¿Cuántos han oído decir eso? Cuando la gente lo cita en forma distorsionada, lo que quieren decir es que Dios va a sacar a la luz todos tus trapos sucios y todos tus pecados, frente a todo el mundo, para avergonzarte. Muy lejos de eso, lo que quiere decir ese texto es que **Dios va a permitir situaciones en tu vida que van a sacar a la luz la realidad de tu vida, de tu carácter, y de tu relación con Dios.**

Y la única intención de este proceso es que te des cuenta de las áreas en las que necesitas trabajar. Por ejemplo, tú dices, "Yo sí que tengo paciencia. Yo tengo la paciencia de Job". Hasta que alguien te dio un empujón en la iglesia; y se te salió lo peor de "la vieja criatura". ¿Y dónde está la supuesta paciencia que tanto decías tener? ¿Te ha pasado alguna vez? Tal vez dirás, "No, hermana, a mí no, yo soy un santo." Pues, podrás decir todo lo que quieras; pero, a la hora de la verdad, las circunstancias, específicamente la prueba, te van a delatar. Podrás decir, "Hermana, ¡yo sí que es verdad que le sirvo a ese Cristo de poder, aleluya!" Pero cuando viene el problema, dices, "Ay, hermana, no, yo no voy a ir a la iglesia hoy porque la hermana Fulana no me saludó el domingo." ¿Entonces de qué estamos hablando?

Estamos viendo gente que con la boca dice una cosa, pero con sus acciones dicen otra. Por lo tanto, cuando el texto dice que todo lo que está oculto sale a la luz, a lo que se refiere es que **tarde o temprano, va a venir una situación a tu vida que te va a revelar quién verdaderamente eres tú;** quién verdaderamente soy yo. Yo he vivido tantas malas experiencias con personas que dicen ser una cosa, pero en medio de la crisis resultan ser otra cosa completamente diferente. Me da pena decirlo, pero ese es el momento donde Dios nos dice, "Mírate bien en el espejo. Fíjate en lo que tú crees ser, y mira bien lo que eres en realidad."

Y esta evaluación no es para Dios; Dios nos conoce mejor que nosotros mismos. Es para que nosotros nos conozcamos a nosotros mismos. El detalle de todo esto es que Dios quiere que tú y yo nos veamos como realmente somos. Y cuando nosotros nos miramos por dentro, decimos, "¡Oh! ¡Qué horror, Señor! Yo que me creía ser un gigante espiritual, pero soy un enano". Es como cuando alguien no se da cuenta de que está mal vestido hasta que se mira en el espejo, porque el espejo nos delata. Si estás despeinado, si la camisa está manchada, todo se ve cuando te miras en el espejo. El espejo no miente. La Palabra de Dios es ese espejo que te hace verte a ti mismo tal y como realmente eres; y cuando nos vemos a través de ese espejo, es entonces que podemos cambiar.

Por esa razón es que el diablo trata de impedir que la Palabra de Dios sea comunicada, porque cuando Dios es revelado, no solamente vemos la grandeza de Dios, si no que nos vemos a nosotros mismos tal cual somos. Me explico: el libro de Isaías comienza diciendo, "En el día que murió el rey Uzías, yo vi al Señor, era alto y sublime y sus faldas llenaban el templo", El profeta estaba mirando la gloria de Dios, pero cuando vio esa gloria tan grande, lo que hizo esa sublime gloria fue llevarlo a verse él mismo. Sus defectos. Su impureza.

Por eso Isaías dice, acto seguido, "ay de mí, que soy hombre muerto; que soy de labios impuros". Porque cuando ves la majestad de Dios, automáticamente ves que tus debilidades y tus faltas contrastan con la pureza y perfección de Dios. Entonces vemos lo inadecuados que somos; vemos lo limitados que somos. Cuando Dios nos pasa por la prueba de los Rayos X de Su Palabra, y nos examina, es entonces que nos vemos tal cual somos, con todos nuestros defectos.

Cuando Dios me dijo en 1993 que yo iba para San Tomas, yo estaba cruzando por un horrible divorcio. Tenía dos hijos, estaba sola, estaba en un ministerio; pero en ese momento estaba en crisis. Y en medio de esa crisis, cuando yo me sentía como un fracaso, es que el Señor me dice, "Yo no he terminado contigo; y vas a ir a San Tomas". Y yo, ni corta ni perezosa, le dije, "A mí no se me perdió nada en San Tomas. Yo no voy para allá". Pero Dios permitió que sucedieran unas circunstancias que no eran lo mejor para mí; y tengo que confesar que yo no fui a San Tomas, a mí me llevaron para San Tomas.

Dios me dijo, "Luisa, te voy a procesar porque lo que quiero sacar de ti es lo que está en tu carácter. Yo no quiero que vean la naturaleza tuya, quiero que vean la Mía". Porque yo tenía el problema que si algo no me gustaba, yo me levantaba y me iba sin pensarlo dos veces. Y por eso estuve 18 años en San Tomas siendo pulida por Dios. Aprendí que tú no te levantas y te vas porque tienes problemas. Tú te vas porque Dios te mueve; porque es Su voluntad, Su plan y no el tuyo. Dios no hizo cristianos para huir de los problemas; y me di cuenta que yo estaba huyendo de los procesos de Dios. Dios me estaba tratando de decir, "Luisa, quiero subirte a otro nivel espiritual, pero cada vez que hay una situación sales huyendo, y eso no puede ser".

¿Ustedes se fijan? Díganle a su alma en este día: No puedes huir de los procesos de Dios. **No podemos evitar los procesos de Dios.** Nosotros queremos atajar por otro camino más fácil, como Jonás; el problema es que, como quiera, vas a terminar en Nínive. ¿Cuántos saben que a nosotros los seres humanos no nos gusta pasar por el dolor? Pero a veces ese dolor es lo que nos hace más fuertes, más resistentes. Nos hace darnos cuenta de que somos mucho más fuertes de lo que pensamos ser. Mientras yo estaba escribiendo este libro, yo estaba con un dolor en el ojo muy terrible; y aun así Dios me decía que no había excusa, que tenía que compartir esto. Y así lo hice, con la ayuda de Dios, a pesar del dolor; y ese proceso rindió el fruto que hoy sostienes en tu mano. Sin ese proceso, este libro jamás hubiera sido escrito. Gracias, mi amado Dios, porque Tú no te rindes, nunca nos sueltas; y porque Tu paciencia es eterna.

REPROGRAMA TU MENTE

Así que, cuando te encuentres en medio de una prueba, la prioridad es reprogramar tu mente para cambiar lo que sale por tu boca, y lo que permites hacer nido en tu mente. Todo en tu entorno se tiene que alinear con la Palabra de Dios y Sus promesas. **Las promesas de Dios tienen que ser la realidad tuya, por encima de lo que vean tus ojos.** En medio de mi prueba, cuando mi ojo estaba rechazando el trasplante de córnea, yo solamente le decía a Dios, "Señor, yo sé que Tú estás conmigo. Yo sé que Tú puedes hacer un milagro. Yo no sé cómo, pero lo creo." Aún con lágrimas en mis ojos, yo lo repetía una y otra vez.

A veces es necesario reprogramar tu mente y tus emociones, porque tus sentimientos y tus pensamientos te dicen una cosa, pero Dios te dice otra. Cuando tú conoces la Palabra de Dios, tienes la autoridad para hablarle a tu alma y decirle, "alma, aquiétate".

Cuando el Salmista habló a su alma, le dijo, *"Alma mía ¿por qué te angustias dentro de mí? Espera en Dios porque aun he de alabarle, Salvación mía y Dios mío." (Salmo 42:5-11)* ¿Por qué? Porque tuvo momentos depresivos, como todo el mundo; pero siempre tuvo presente que tenía que cambiar su pensamiento, de lo que él veía a lo que Dios decía: que Dios es fiel y que Dios estaba con él. Busca en los Salmos para que veas cómo David de repente recapacita y cambia de sentimiento. Comienza algunos Salmos diciendo que se quería morir, que el sufrimiento era tanto que se le secaban hasta los huesos; pero de repente le habla a su alma y le dice, "Tranquilízate porque Dios es fiel, Dios está conmigo, y si Dios obró ayer, Él va a obrar hoy, y obrará mañana. Porque Dios es el mismo ayer, hoy y por todos los siglos."

Cuando estamos en una prueba, la mejor actitud dentro de la prueba es confiar en esas promesas de Dios. ¿Por qué? Porque dentro de la prueba no vas a tener ganas de alabar. ¿Quién quiere dentro de la prueba cantar? ¿Quién quiere adorar? Por eso es necesario darle instrucciones a tu alma, que por encima de las circunstancias y de la prueba, alabe a Dios. Y esa alabanza va a quitar tu mirada de la prueba para ponerla en Dios y en Sus promesas. Esa confianza en las promesas de Dios, esa fe, es lo que te lleva a descansar dentro de la prueba para que puedas alabar a Dios por Su fidelidad. Él siempre ha sido fiel, y Su amor es eterno.

¿QUIÉN NOS SEPARARÁ?

Una de esas promesas en las que podemos descansar en medio de la prueba es que **nada ni nadie, nos puede separar del amor de Dios.** Pablo dice, en medio de su prueba, "¿Quién nos separará del amor de Cristo? No hay angustia, tribulación, hambre, persecución, espada, muerte, NADA que nos separe del amor de Dios, que es en Cristo Jesús, Señor nuestro" (Romanos 8:35-39). ¿Dime qué o quién, me podrá separar del amor de Dios? NADA. Y Pablo no estaba hablando hipotéticamente. Pablo había pasado por lo que tú no te imaginas, y por lo que tal vez nadie más aguantaría; pero para él llegar a esa conclusión, y desarrollar esa convicción, tuvo que tener una experiencia única y personal con Dios. Esto no es teoría de un libro.

Por eso es que la prueba llega a tu vida, no es para destruirte, es para hacerte un cristiano mucho más sólido, íntegro, de una sola pieza. Es para salir del nivel de "cristiano débil" al nivel de "cristiano fuerte y maduro". Un cristiano que dice: "no me rindo por nada de este mundo, porque yo sé en quién yo he creído." Te sientes como la palma en medio de la tormenta, que no hay tormenta que la mueva, porque tiene raíces profundas. Se podrá doblar en medio de la tormenta, puede parecer como si los vientos la fuesen a arrancar, pero no lo logran, porque sus raíces están bien arraigadas a la roca. Nada la mueve.

¿CUÁNDO DEBO ADORAR A DIOS?

Yo reconozco que una de las cosas más difíciles de hacer es adorar a Dios en medio de la prueba. Créeme que lo sé. Por eso es que David constantemente le daba instrucciones a su alma de que alabara a Jehová, porque su alma no tenía las más mínimas ganas de alabar en medio de la prueba. Pero David aprendió que en los momentos en que nuestra alma no quiere alabar, son los momentos en que más necesitamos hacerlo. Por eso tenemos que someterla firmemente para enfocarla en Dios, en Sus muchas misericordias, en lo bueno que Dios ha sido. Una vez nuestro enfoque esté centrado en Dios, el resto de nuestro ser sigue el paso.

Nuestra adoración nos eleva por encima de nuestras emociones, nuestro estado de ánimo, y aún nuestro estado físico. Por eso puedo adorar aún si estoy cansada o triste, porque instruyo mi alma a adorar por encima de todo esto. Nuestro cuerpo se tiene que someter, porque nuestra voluntad es más fuerte que nuestro cuerpo. Nuestra adoración tiene que salir independientemente de lo que esté sucediendo alrededor nuestro. Hay personas que quieren esperar a ver un milagro de Dios, o esperar a "sentir algo", para entonces adorar a Dios, pero ese no es el modelo de la adoración.

Imagínate si David hubiese pensado así, nunca hubiese escrito los Salmos que escribió, nunca hubiese adorado a Dios. David adoraba a Dios todos los días, sin importar su estado de ánimo o la crisis del día. David no esperaba a llegar a la iglesia el domingo. Lo adoraba en todo tiempo. David no esperaba a ganar la batalla, lo adoraba antes de salir a la batalla. David no esperaba a que todo le saliera bien para entonces adorar, adoraba aun en medio de la persecución. David adoraba siempre, en todo lugar y en todo momento. No había que estarle suplicando que adorara a Dios, porque él constantemente estaba adorando a Dios. Él no necesitaba un culto especial para adorar a Dios. El culto lo seguía a él donde quiera que iba. No necesitaba un líder de adoración que estuviese constantemente invitándolo a adorar a Dios, porque él entraba por Sus puertas con acción de gracias y desde los atrios venía trayendo su alabanza (Salmos 100:4). Su vida pública era un simple reflejo de su adoración en privado.

No esperes maravillas en el culto del domingo, si no tuviste tiempo para adorar a Dios entre el lunes y el sábado. **Tu adoración privada**

es la que llena de poder y autoridad tu adoración pública. Por eso es que David pudo confrontar a Goliat, porque en privado se había preparado para enfrentarse con cualquier cosa que apareciese en público. Muchos no pueden confiar en Dios en medio de la prueba porque no aprendieron a adorar a Dios, y a confiar en Dios, en privado. Por eso, no conocen a Dios y no pueden confiar en Él. Si tuviésemos esa perspectiva de adoración y dependencia constante, veríamos las pruebas desde un ángulo totalmente diferente.

La próxima vez que te encuentres en medio de una prueba, intenta adorar a Dios antes de hacer cualquier otra cosa, y verás la diferencia. En las mañanas, antes de salir a trabajar, dedícale a Dios Su tiempo, en vez de ponerte a escuchar las noticias, que en nada te edifican, y verás lo totalmente diferente que será tu día. Comienza tu día y termina tu día en adoración. Verás que tu vida cambiará por completo. ¿Cuántas veces Dios ha querido ayudarte con situaciones del diario vivir pero no le has dejado el espacio para hacerlo? ¿Cuántas veces Dios ha anhelado manifestarse en tu vida, pero no puede, porque no le has hecho el espacio con tu adoración?

Por eso dicen que **solamente hay dos momentos en tu vida que tienes que adorar a Dios: Cuando tienes deseos de adorarlo, y cuando no tienes deseos de adorarlo.** Son los únicos dos momentos en que tienes que adorar a Dios. O sea, hay que adorar a Dios en todo tiempo, aunque sientas o no sientas las ganas de hacerlo.

" Bendeciré a Jehová en todo tiempo;
Su alabanza estará de continuo en mi boca"
(Salmo 34:1)

La alabanza y la adoración deben ser parte de cada día de tu vida, no un evento especial, porque **la adoración mantiene tu enfoque en Dios a pesar de lo que pueda estar sucediendo en tu vida.** En los momentos fáciles, adora a Dios. En los momentos difíciles, adora a Dios. En todo tiempo, adora a Dios. Si Pablo y Silas fueron capaces de adorar a Dios en el fondo del peor calabozo, nosotros podemos adorarlo en medio de cualquier situación. ¿Cuál es el nombre de tu calabozo? ¿Depresión? ¿Ansiedad? ¿Enfermedad? **Pues si adoras a Dios en medio de tu calabozo, la presencia de Dios se hará manifiesta porque lo estás invitando a entrar a tu calabozo por medio de**

tu adoración. La adoración te lleva a mirar más allá de tus circunstancias y a centrar tu mirada en Dios.

Cuando enfocas tu mirada en Dios por medio de tu alabanza, de repente el problema no se ve tan enorme. En vez de ver el problema, empiezas a ver al Dios que está por encima del problema. En vez de enfocarte en todo lo que te falta, empiezas a enfocarte en todo lo que Dios ha hecho y todo lo que te ha dado. En vez de mirar tu dolor, te enfocas en la esperanza de que todo esto pronto pasará. Confía en Dios, en Sus bondades. Dios se hará presente en medio de tu crisis para mostrarte Su amor y Su poder. Él quebrará tus cadenas, los yugos caerán, las puertas de tu prisión se abrirán y la oscuridad se disipará. No porque Dios repentinamente te saque de tu situación, sino porque tu enfoque en medio de la situación cambiará por completo. Tu visión y tu actitud cambiarán. La presencia de Dios se hará manifiesta y en Su presencia siempre hay plenitud de gozo, y paz que sobrepasa todo entendimiento. **Tu adoración crea el espacio perfecto para que Dios se haga presente y habite contigo.** ¡Las cosas que sucederán te sorprenderán!

Por eso, hoy te invito a que no mires la prueba como que Dios te abandonó. "Ay, a Dios no le interesa mi vida", "A Dios no le importa lo que me pase". Mentiras del diablo. Te voy a decir una cosa: cuando viene una prueba, lo primero que el enemigo quiere inyectar en tu mente es una mentira. Cuando él inyecta esa mentira, él quiere que tú creas esa mentira. Te desenfoca bien insistentemente.

Entonces, ¿cómo vamos a procesar las cosas en nuestra mente? Recordando las promesas de Dios. Recordando que Dios está conmigo. Que Dios dijo en Josué 1:5, "...No te dejaré..." ¿Sabes lo que descubrí hace poco? Que la Biblia Amplificada lo dice tres veces porque el Padre dice, "No te dejaré". El Hijo dice, "No te dejaré". Y el Espíritu Santo dice: "No te dejaré". Por eso yo dejé de decir que yo me estoy aguantando de Dios, que yo me estoy sujetando de Dios. Porque yo como humana me canso, pero Dios no se cansa. Es Dios quien me tiene sujetada a mí. Dios es el que me está llevando. Por eso no puedo dejar de adorarle.

Yo sé que todavía Dios no ha terminado de procesarme, aunque me ha procesado de muchas maneras. He llorado mucho; pero dentro de todo este proceso, tengo que reconocer que Dios siempre ha estado ahí. Eso no lo puedo negar. Lo sienta o no, yo sé que siempre ha estado presente. He aprendido, en la hora de la prueba, a no enfocarme en las explicaciones sino en Sus promesas. ¿Tú crees que yo no sé cómo uno se siente cuando Dios no le da una explicación clara? Seguro que sí. Pero me he dado cuenta que cada vez que me pregunto, "¿Por qué esto me pasa a mí?", termino frustrada y deprimida. Así que aprendí simplemente a seguir las instrucciones de Dios y a confiar en Sus promesas. En esa confianza he encontrado Su paz y he visto Su gloria.

¿ESTO ES UNA PRUEBA O TENTACIÓN?

Cuentan que un anciano del campo quiso un día vender su casa. Era una casita humilde, de madera, con mucho terreno sembrado de árboles hermosos. Vino una joven pareja a ver la casa, y aunque la encontraron pequeña, el precio que el anciano pedía era demasiado bueno como para rechazarlo. Sorprendidos por el precio tan bajo, la pareja le pregunta al anciano por qué la está vendiendo en tan bajo precio. El anciano caminó hasta el centro de la casa, donde se encontraba la viga principal que sostenía toda la casa. Y les dijo lo siguiente, "Yo les vendo la casa bien económica con una condición: este clavito que se encuentra en esta viga sigue siendo mío. Todo el resto de la casa es de ustedes, pero este clavito es mío." La pareja se miró perpleja, porque nunca habían escuchado cosa igual. Como la casa estaba en tan buen precio, simplemente pensaron que el anciano estaba loco y cerraron el trato para comprar la casa. Al cabo de una semana, cuando estaban tranquilamente cenando en su nueva casa, de repente aparece el anciano sin avisar. Entra como si fuera su casa y camina hacia la viga principal de la casa. La pareja da un salto del susto. Cuando el esposo le empieza a reclamar molesto al anciano que él no tiene ningún derecho de entrar en esa casa porque ya no era suya, el anciano muy tranquilamente engancha su sombrero del clavito en la viga y le contesta, "La casa será suya, pero este clavito es mío." Y salió tan tranquilamente como entró.

Así es que entra el diablo. Cuando le permitimos dejar un "clavito" en nuestra alma, le estamos dejando un lugar para que entre a colgar su "sombrero". Es cierto que la tentación viene del diablo, pero nuestra propia concupiscencia es lo que le abre la puerta. Concupiscencia quiere decir malos deseos que hay en nuestros corazones que no están alineados con la Palabra de Dios. A eso yo le llamo oscuridad, ese espacio que le dejamos al diablo y que no le entregamos por completo a Dios. La Biblia dice en Santiago 1:13 que Dios no tienta a nadie ni puede ser tentado. Dios puede permitir la prueba, pero nunca nos tienta. ¿Por qué razón traigo este punto? Porque hay personas que no tienen clara la diferencia entre la tentación y la prueba, se confunden. Piensan que algo proviene de Dios, cuando proviene del diablo o piensan que algo proviene del diablo cuando proviene de Dios. Por eso tengo que aclarar que la prueba y la tentación no son lo mismo. Y quiero de una vez presentarles varios puntos importantes en cuanto a la prueba y la tentación.

"Hermanos míos, tened por sumo gozo cuando os halléis en diversas pruebas, sabiendo que la prueba de vuestra fe produce paciencia"
(Santiago 1:2-3)

El primer punto es que la prueba es una buena noticia. La buena noticia es que Dios usa las pruebas para llevar a cabo Su propósito especial en nuestras vidas. Dios tiene propósitos especiales en tu vida, y sólo los puede realizar a través de un proceso de prueba. Eso quiere decir que cuando te encuentres en diversas situaciones que están fuera de tu control, de esas que vienen de repente y te sorprenden, podrías estar atravesando una prueba. Recuerda: "Esto es sólo una prueba." Dios es el único que puede hacer funcionar esta extraña ecuación, que sólo funciona en el mundo espiritual y va más allá de lógica humana: **Dios puede sacar algo positivo de lo negativo.** El capítulo ocho de la carta a los Romanos nos indica que todas las cosas obran para bien para los que aman a Dios. Ese es el propósito de la prueba.

Por el contrario, la tentación proviene de nuestros deseos pecaminosos y su único propósito es alejarnos de Dios. En Santiago 1:13-14 nos explica que, *"Cuando alguno es tentado, no diga que es tentado de parte de Dios; porque Dios no puede ser tentado por el mal, ni él tienta a nadie sino que cada uno es tentado, cuando de su propia concupiscencia es atraído y seducido".* Esto significa que hay una parte de nuestras vidas que aún no ha sido sometida a Dios y nos traiciona; pues esa área que no ha sido rendida a Él es la que nos atrae hacia el pecado. ¿Me están entendiendo? Nos atrae. Nadie más lo sabe, pero Dios lo sabe, y el diablo también lo sabe. Se supone que si tenemos la naturaleza de Dios en nosotros, la vida de Dios que está en nosotros repele toda oscuridad, toda tiniebla. El creyente que tiene la nueva vida, la nueva naturaleza, la nueva mente, obviamente no se puede acomodar al pecado.

En 1 de Juan 3:9 nos dice que el que es nacido de Dios no practica el pecado. Hay otra versión que dice que el que es nacido de Dios no peca deliberadamente, quiere decir, que no lo hace adrede, a propósito, premeditadamente. Porque la naturaleza que está dentro de él no se lo permite. Así que satanás utiliza la tentación si ve en nosotros alguna oscuridad, si hay algo dentro de nosotros que hemos permitido entrar, que no hemos entregado. Por eso es que podemos ver una persona que no le atrae para nada el alcohol, pero podemos ver a otra que de solamente ver una botella de licor le tiemblan las manos. Y ahí es donde el enemigo se aprovecha para traer su oferta.

Fíjate que dice que la tentación viene de nuestros deseos pecaminosos. Por esa razón el Espíritu Santo tiene que escudriñarnos. Cantamos mucho un himno que dice, "examíname." ¿Por qué? Porque sólo Dios puede examinar mi mente y corazón. Sólo Dios puede corregir lo que está mal. ¿Usted no ha visto cuando la madre entra en el cuarto de los niños y los ordena recoger el cuarto? Los niños van corriendo y lo meten todo debajo de la cama. Listo. Ya está todo recogido. Para el niño eso está bien hasta que llega la madre a examinar. Y la madre, como conoce a sus hijos, donde primero busca es debajo de la cama. Porque no es debajo de la cama donde va la ropa, es en el armario. Aunque por fuera parezca estar bien, está mal.

Pues así mismo nos examina el Espíritu Santo, porque sólo Él puede ver lo que más nadie ve, y decirnos cuáles son las áreas que necesitamos someter. Si pasas todo el día entreteniendo pensamientos impuros, eventualmente esos pensamientos se van a convertir en hechos. Y ahí es que la tentación se convierte en pecado. Martin Luther King, Jr. decía que **tú no puedes evitar que las aves vuelen por encima de tu cabeza, pero sí puedes evitar que hagan un nido sobre tu cabeza.** Ahí es que viene la muerte espiritual, cuando les permites hacer un nido. Por eso es que el Espíritu Santo tiene que examinarlo todo dentro de nosotros para identificar si hay algo, una oscuridad, un área sin entregar, que pueda abrir paso a la tentación.

Es lo que hablamos de la ilustración del clavito. "La casa es tuya pero este clavito es mío, así que yo puedo entrar a poner mi sombrero en ese clavo, porque aunque el contrato dice que la casa es tuya, pero ese clavo en la pared es mío". Hay cristianos que tienen ese "clavito" adentro y no lo saben, pero el diablo lo sabe, y por eso llega confiadamente con el "sombrero", las tentaciones, a tratar de engancharlas ahí.

Por esto es que Dios tiene que escudriñarme, examinarme, diariamente. Dios quiere que nosotros los creyentes vivamos vidas transparentes, y que entendamos por donde vienen las tentaciones. Las tentaciones no vienen de golpe, de la nada. Toda persona que ha caído de la gracia de Dios en alguna cosa, es porque lleva tiempo dándole vueltas en su mente, buscando justificarlo. ¿Sabes por qué te digo esto? Porque primero vino una trayectoria de pensamientos que entraron, cosas en que se entretuvo, situaciones que permitió y cuando vino a caer en la tentación, ya hacía rato que estaba entreteniendo la idea. Lo que pasa es que se estaba cocinando adentro hasta que finalmente salió a la luz. Sólo Dios conoce esos pensamientos, pero el enemigo también lo sabe porque te está vigilando constantemente.

¿Cuántos saben que el enemigo te conoce y sabe quién tú eres? No puedes esconderte de eso por más que lo intentes. En Hechos 19:13-18 nos cuenta de los hijos de un sacerdote que quisieron imitar el don de echar fuera demonios y trataron de echar fuera un demonio "por Jesús, el que predica Pablo." Hasta que se toparon con un espíritu malo que les dijo. "A Jesús conozco y sé quién es Pablo; pero ustedes, ¿quiénes son?" Si no salen corriendo, salen hechos pedazos.

Y conozco otra historia de una hermana que en una iglesia, en medio de una manifestación de demonios, quiso reprenderlos; y el demonio le dijo, "tú no me puedes reprender a mí". Cuando la mujer se sorprendió, el demonio le dijo, "tú fumas", y le dijo hasta la marca del cigarrillo. El demonio le dijo a la cara, "¿Quién eres tú para reprenderme a mí?" Y esa mujer pasó la vergüenza más grande de su vida, porque si en la iglesia no sabían que ella fumaba, todos se enteraron ese día. Creo que ha quedado claramente demostrado que el diablo sabe quién eres tú y quién soy yo, por eso tenemos que examinar nuestras vidas cada día frente al espejo de Su Palabra y permitirle al Espíritu Santo sacar lo que tenga que sacar, y transformar lo que tenga que transformar, en nosotros. Gracias a Dios porque no estamos solos, Su Espíritu nos ayuda y nos guía en todas las áreas de nuestra vida.

El segundo punto es que el diablo se vale de la tentación para sacar lo peor de nosotros, mientras que Dios usa las pruebas para sacar lo mejor de nosotros. Job 23:10 aclara, *"pero él conoce mi camino, cuando me haya probado saldré como el oro"*. Esta es una de las más grandes declaraciones de fe hechas en toda la Palabra de Dios. En efecto, Job está diciendo: "aunque yo no lo vea, y parezca que Él se esconde de mí, yo estoy seguro de que Dios me conoce. Él sabe exactamente lo que me acontece, y no tengo duda de que esta prueba algún día terminará, y cuando termine saldré al otro lado brillando como el oro."

Sé que hay momentos cuando parece que Dios se ha escondido de nosotros, que no nos escucha, y que nos ha olvidado. Sé que hay momentos en nuestras vidas cuando sentimos desaliento y no vemos la luz al final del túnel. Estos son los tiempos de prueba. Acuérdate del maestro en la parte de atrás del salón en silencio mientras los estudiantes toman el examen. El maestro no se fue, está presente, solamente está en silencio. Créeme que a todos nos va a tocar vivir esos momentos, tarde o temprano. Son pasos en el proceso que no podemos evitar. Pero confía en que, cuando todo este proceso haya terminado, valdrás mucho más que el oro. Cada prueba produce en tu vida un cada vez más excelente y eterno peso de gloria (2 Corintios 4:17). Dios lo ha prometido y así será. Descansa en esa promesa.

Como tercer punto, la tentación parece ser algo lógico, mientras que las pruebas, en su mayoría, no parecen hacer sentido ninguno. Una manera fácil de identificar si lo que estás atravesando es una tentación o una prueba es que **la tentación parecer ser lógica mientras que las pruebas parecen no tener ningún razonamiento.** ¿Quién se puede identificar con eso? Cuando es tentación, mírelo bien, la tentación susurra a tu oído, "No te van a atrapar. Eres demasiado listo. Vas a ver que todo va a salir bien". ¿Cuántos muchachos se van a robar, a hacer las fechorías, pensando que todo va a salir bien y nada va a fallar? Porque viene el razonamiento de la tentación: "Esto es una buena idea. Esto está bien".

Eso fue lo que le pasó a Eva, "Eso de parecerme a Dios se ve bien, me suena bien". La lógica. Fíjate que el diablo utiliza persuasivamente la tentación para que pienses que suena bien, se ve bien y se siente bien, pero lo que no te dice es la consecuencia, que realmente su resultado es muerte. La prueba, sin embargo, no tiene lógica. Así que si estás pasando por alguna crisis, y piensas que no tiene lógica, lo más probable es una prueba. Si piensas, "¿Cómo esto puede pasarme a mí?", probablemente es una prueba. **¿A dónde nos lleva la prueba? A una total dependencia de Dios.** No dependo de mi lógica, no dependo de mi raciocinio, no dependo de mis recursos ni talentos; estoy dependiendo total y enteramente de Dios.

No sabes cuántas personas me han dicho, "Luisa, ¿cómo esto puede pasarte a ti? Dieciocho cirugías, los ojos reventados hasta lo último y Dios te llama a escribir un libro. No lo entiendo." Eso no tiene lógica para el ser humano. Lo que está pasando Abraham tampoco tiene lógica para el ser humano. Abraham estaba esperando por un hijo, el hijo de la promesa, y precisamente, ese hijo es el que Dios le está pidiendo en sacrificio. ¿Tiene lógica eso? No. Pero tengo buenas noticias para ti este día. Aunque no tenga lógica, proviene de Dios. Y al final saldrás brillando como el oro.

Cuarto punto: la prueba es un evento diseñado para evaluarte. ¡Aleluya! Dios nos va a evaluar. Pero sabe que la evaluación no es para Dios, porque Dios conoce lo que nosotros somos. La evaluación es para nosotros ver dónde estamos, en qué nivel nos encontramos, para que nos demos cuenta de que aún hay mucho más por alcanzar. Dios quiere sacarte del nivel donde estás. Quiere sacarte del letargo, la complacencia, del conformismo, de tu zona de comodidad (sí, otra vez con lo de la zona de comodidad). ¿Sabes a lo que me refiero?

El conformismo es como una planicie, un sitio llano y cómodo que encuentras cuando vas escalando una montaña donde por un momento te sientas a mirar lo que ya has recorrido, pero dejas de ver todo lo que te falta por recorrer. Es muy fácil llegar a esa planicie y quedarnos ahí, complacidos con que hemos llegado bastante lejos, pero sin darnos cuenta de todo lo que aún nos falta por recorrer. En Jueces 3:1-4 tenemos un perfecto ejemplo de las cosas que Dios deja a propósito en nuestras vidas para sacarnos de esa planicie, de ese conformismo, para probarnos. Este evento a mí me viró la cabeza al revés. Cuando puedas lo lees con detenimiento.

Dice que Dios dejó una lista de naciones en la tierra que Su pueblo iba a poseer. En otras palabras, Dios le dice a Israel, "entra y posee"; pero no quitó todos los enemigos. ¿Por qué? Aquí está el por qué: dice que fue para probar las nuevas generaciones. Ellos no habían vivido el proceso de sus padres, no habían visto los milagros de Egipto, no habían luchado en ninguna batalla. Estos eran novatos que iban a entrar a poseer la tierra, pero Dios tenía que ponerlos a prueba con los enemigos en la tierra. Jehová quería darle una oportunidad a los jóvenes de Israel de ejercer su fe y dependencia de Dios para vencer a sus enemigos. Estos pueblos quedaron además para probar si esta nueva generación de Israel obedecería los mandamientos que Jehová les había dado por medio de Moisés. Dios necesitaba llevar al pueblo de Israel a una total dependencia de Él. Obedecer a Dios y confiar en Él es la clave para el éxito y la bendición en la vida cristiana, por eso son un elemento importante en medio de toda prueba.

Pensemos en esto por un momento: **cada prueba examina y saca a la luz tu obediencia y tu fe, porque en cada prueba tú puedes escoger obedecer y creer; o desobedecer y hacer las cosas a tu manera.** Detengámonos aquí por un segundo. ¿Estás confiando, descansando, dependiendo de Él? ¿Cuántas cosas Dios ha permitido a propósito en tu vida, solamente para que aprendas a depender de Él? ¿Cuántos problemas o situaciones Dios habrá permitido que te han llevado a cuestionar por qué Dios no los ha quitado todavía? Porque **a Dios no le interesa sacarte de la prueba, a Él le interesa cambiarte a ti dentro de la prueba.**

El interés de Dios es cambiarte a ti en medio de las circunstancias, no necesariamente cambiar las circunstancias. Por lo tanto, hoy tú escoges creer o no creer, obedecer o desobedecer, teniendo en mente que el propósito de esa prueba es pulir algo en ti, o sacar algo de ti, que solamente la prueba lo puede lograr. ¿Cómo te evaluaría Dios hoy en medio de tu prueba? ¿En qué áreas crees que Dios te está procesando hoy?

¿PRUEBA O CONSECUENCIA?

Ahora, hay otra cosa muy importante que necesito explicar, ya que estamos en el tema de lo que es, y lo que no es, una prueba. Y es que una cosa es una prueba, y otra cosa es una consecuencia. La prueba es algo que Dios permite para subirte a otro nivel, sea espiritual, emocional, o físico. Pero, es muy diferente a un problema que uno mismo se buscó. ¿Por qué digo esto? Porque una vez Dios me dio un sueño, y me dio la interpretación del sueño inmediatamente. Yo me veo andando por un camino que había lodo, había piedras, me caía, me levantaba, era incómodo, era angosto; y yo decía, "este tiene que ser el camino del Señor".

Así que yo seguí caminando fielmente por ese camino, tropezando y cayéndome en el lodo; pero creyendo que, "cuando llegue al final, voy a ver la gloria de Dios." Y como yo iba con esa expectación, yo seguía empujándome por ese camino. Pero cuando llego al final, lo que encuentro es un sitio vacío, solitario, nada significativo. Después de haber pasado todo ese trabajo, y ver que no había nada meritorio, me frustré. Yo era una jovencita, y camino de la escuela a mi casa, yo le cuestiono al Señor, "Señor, yo no entiendo ese sueño, ¿por qué yo soñé eso?" Y Dios me contesta, "eso es la gente que se meten ellos mismos en problemas, y en seguida dicen que es el Señor que los está probando; pero fueron ellos mismos que se metieron en los problemas. Y después están esperando milagros, a pesar de que fueron ellos mismos que se metieron en el problema".

Miren, muchas veces nosotros nos metemos en problemas por malas decisiones que tomamos. Aunque Dios siempre tiene la misericordia de volvernos a encaminar, no siempre vamos a poder evitar las consecuencias nefastas que producen nuestras malas decisiones. ¿Cuántos saben que eso es así? Son decisiones que yo tomé que no fueron las correctas. Por ejemplo, yo me enamoro de una persona que no es creyente, y me caso en un yugo desigual. Eso es un problema que yo misma me busqué porque, obviamente, la Biblia me dice bien claro que no hagamos yugo desigual, porque la luz no puede tener comunión con las tinieblas (2 Corintios 6:14). Pero yo, con todo y eso, decidí casarme en un yugo desigual porque lo amo, y él es bien bueno, y me dijo que iba a ir conmigo a la iglesia. Cuando empiezan los problemas, yo no puedo echarle la culpa a Dios, porque Dios ya me habló bien claro en Su Palabra de las consecuencias del yugo desigual.

Así mismo hay personas andando en desobediencia a la Palabra de Dios, y luego quieren la bendición de Dios en sus vidas. Es imposible. En desobediencia no hay bendición. **Fuera de la voluntad de Dios, no hay bendición**. Y esa es una de las mayores tentaciones del diablo, invitarte a hacer las cosas en desobediencia, fuera de la voluntad de Dios, precisamente porque sabe que eso significa la ruina para tu vida espiritual. Claro que Dios me perdona. Claro que Dios restaura, pero todas las consecuencias que vienen por causa de un matrimonio en yugo desigual fueron buscadas. Dios te ayuda, pero las consecuencias tienes que enfrentarlas el resto de tu vida. Estas son situaciones que uno mismo se busca, pero no necesariamente fue Dios quien las puso, sino fueron nuestras propias malas decisiones que nos llevaron a eso.

Y a veces te encuentras con personas diciendo que Dios los está probando, pero fueron ellos los que se metieron en el problema. Se meten en un préstamo de 75 mil dólares sin consultar a Dios, y cuando no lo pueden pagar, llegan llorando a la iglesia que oren por ellos porque están pasando por "una prueba". Eso no es una prueba. Las pruebas son cosas que uno no provoca, vienen porque Dios las permite, vienen en el camino, y siempre tienen un propósito. Como por ejemplo, Dios llamando a Abraham para decirle, "toma a tu muchacho, vete a aquel monte, y sacrifícalo". ¿Abraham estaba buscando eso? No. Pero Dios quería subirlo a otro nivel de experiencia y de fe. Igual que quiere subirte a ti a otro nivel. ¿Estás listo?

Este capítulo es bien importante porque yo no sé qué Dios quiere sacar de ti, qué Dios quiere pulir en ti, y puede venir una situación en la que tú digas, "Esto es demasiado difícil; yo no puedo." Pero, repite conmigo, *"TODO lo puedo en Cristo que me fortalece" (Filipenses 4:13).* No olvides que aun esa situación tiene un propósito, y es que Dios sea glorificado.

¿Cuántos pueden adorar a Dios conmigo? Por un breve momento, decir juntos, "Gracias, Dios, porque en esta jornada no vamos solos, en esta jornada Tú vas con nosotros. Pasaremos por el fuego, pasaremos por la crisis, pasaremos por las situaciones, pero no andamos solos, Tú estás con nosotros. Gracias porque lo que se va a cumplir en mi vida es Tu propósito. Amén."

MI ORACIÓN

Padre te damos gracias, que cada prueba que se presenta no es otra cosa que una oportunidad para ver Tu gloria, para cumplir Tu propósito en nuestras vidas. Señor, gracias, porque en medio de la prueba Tú siempre estás presente. Tú no nos dejas solos ni por un segundo. Tu Palabra dice que pasaremos por el fuego de la prueba pero no nos quemará. Este es el tiempo donde tenemos que tener una visión más clara que nunca de Tus planes y propósitos, porque los tiempos que vivimos son peligrosos. Esa visión va a contrarrestar las cosas negativas que nos rodean, y las mentiras que se están comunicando. Necesitamos afirmar nuestros valores y nuestra fe.

Permite que lo que hemos aprendido quede grabado en nuestras mentes y corazones, y se convierta en una experiencia real en nuestras vidas. Y que Tú nos ayudes, Señor amado, para que, sin importar las circunstancias, podamos brillar, podamos crecer, podamos reflejar Tu carácter. Ayúdanos a ser de bendición, que podamos dar testimonio de que somos Tus hijos, donde quiera que Tú nos lleves. En el nombre de Jesús. Amén.

CAPÍTULO 4

Adoración es relación íntima

Empequeñecemos a Dios cuando llevamos
a cabo el acto externo de adoración pero no
disfrutamos Su Persona.

–John Piper

La adoración es la clave para la presencia
manifiesta de Dios. La adoración es lo que
te ayuda a salir adelante en los momentos más
difíciles de tu vida porque cambia tu enfoque del
problema al que puede resolver el problema.

–Desconocido

ADORACIÓN ES
RELACIÓN ÍNTIMA

Hace muchos años trabajé en un jardín de niños con aproximadamente sesenta y cinco niños. Cada día me preparaba para ser parte de la interesante aventura de todos los chicos. En esa etapa, todo es una aventura. Un día, una de las madres vino para ver el progreso de su hija en el salón de clases. Ya era tiempo para salir al recreo y mis compañeras de trabajo sacaban los niños al patio, como de costumbre, a jugar y divertirse. Afuera se escuchaba la algarabía de los niños en todo su apogeo, mientras yo me sentaba a conversar con la madre visitante. Al cabo de unos minutos, en plena conversación, la madre de repente sale corriendo hacia el patio sin ninguna explicación. Me fui detrás de ella, sorprendida y sin saber qué había pasado.

Al llegar al patio, pude verla abrazando su hija que estaba llorando porque se había caído. Todavía sorprendida, le pregunto a la madre, "¿Qué pasó? ¿Cómo supiste?" Ella simplemente me respondió: "Aún en este mar de voces, yo conozco la voz de mi hija y la puedo distinguir de todas las demás. Pude escucharla, y sabía que algo le había pasado". ¿Cómo no podría conocerla? La Ciencia Médica asegura que desde que el niño está en el vientre de su madre, tan temprano como a los seis meses, ya comienza a escuchar y reconocer la voz de su madre. Igualmente, la madre aprende a reconocer la voz de su hijo. El tiempo que pasan unidos hace que ambos se entrelacen tanto que los lleva a conocerse cada vez más.

Igualmente, mientras más tiempo tú pasas con Dios, mejor lo conoces. Conoces Su voz. Conoces Sus obras. Conoces Su carácter. Conoces Su corazón. Cuando nadie más entiende lo que Dios está haciendo, tú estás en paz porque reconoces Su forma particular de obrar.

"Aconteció después de estas cosas, que probó Dios a Abraham; y le dijo: ¡Abraham! Y él respondió: Heme aquí"
(Génesis 22:1)

Abraham había comenzado su jornada con Dios desde antes de ser llamado a salir de su tierra y su parentela. Aunque la Biblia no lo registra, por las palabras de Abraham podemos entender que en algún momento de su vida se había topado con Dios y que reconocía la voz de Dios. Fíjate que cuando Dios llamó a Abraham, Abraham no respondió, "¿Quién es? ¿Quién me habla?" No. Él sólo se puso a Su disposición y respondió, "Aquí estoy." Tal vez no lo diga explícitamente, pero aparenta ser que a través de los años Abraham fue conociendo a Dios cada día más. Fue conociendo Su carácter, Su forma de obrar, Sus palabras. Y cuando llegó el momento de escuchar y obedecer, Abraham tenía bien claro a quién estaba escuchando, y a quién estaba obedeciendo. Abraham tenía una relación con Dios directa; y, por lo tanto, esta relación lo dirigía en todo lo que hacía. Lo dirigía hacia el propósito, al destino, a lo que Dios quería hacer con él.

MIS OVEJAS

La razón principal por la cual muchos cristianos sufren frustraciones, decepciones, y se desvían de la verdad es simplemente por no haber aprendido a escuchar y a distinguir la voz de Dios. Y cuando tú no has aprendido a distinguir la voz de Dios, cualquier voz te confunde. Cualquier voz se parece a la de Dios. Por eso Jesús enfatiza en el libro de Juan: *"mis ovejas oyen Mi voz, y yo las conozco, y me siguen" (Juan 10:27)*. Para los que nunca hemos criado ovejas, tal vez esto no haga mucho sentido, pero yo lo comprobé hace varios años con un vecino que tenía varias ovejas. Quiero aclarar una particularidad de las ovejas, y es que el sentido de dirección de las ovejas es realmente pésimo. En serio, no estoy exagerando. Ellas no se saben guiar por sí mismas ni siquiera estando al lado del redil. No pueden encontrar el camino a casa por sí solas.

Por eso las ovejas necesitan un pastor, porque si no, se pierden y jamás encuentran el camino de regreso a casa. De hecho, el otro día me topé con una foto de una oveja que llevaba seis años perdida; parecía un oso de lo lanuda que se había puesto. Como no encontró el camino de vuelta al redil, y no tuvo quien la cuidara, estaba desaliñada, enferma, y no podía casi caminar. (¿Cuántas personas hoy en día se encontrarán así por falta de pastor?) Sin embargo, hay que reconocer que, aunque el sentido de dirección de las ovejas es pésimo, su sentido auditivo es excelente. Tienen la habilidad de reconocer la voz de su pastor en medio de un mar de voces, identificar de dónde proviene, y rápidamente caminar hacia él sin titubear.

Las ovejas tienen una cualidad muy particular y es que no siguen a cualquiera. Las ovejas siguen solamente a su pastor. Volviendo a la historia de mi vecino, tenía como ocho ovejas que compró cuando ya grandes, y tuvo que empezar a entrenar sus oídos para que reconocieran su voz. Él hacía un sonido raro muy particular... *¨chuuuu.....eeeeeee¨*. Según las ovejas aprendieron a reconocer ese sonido, podían estar tres casas más abajo, y cuando escuchaban: *¨chuuuu.....eeeeee¨*, levantaban inmediatamente la cabeza de donde estaban comiendo y buscaban su voz. Eso lo vi yo. Estuvo mucho tiempo para que las ovejas se familiarizaran con su voz hasta llegar al punto que cuando decía *¨chuuuu..... eeeeee¨* no importaba si estaban dos calles más abajo, esas ovejas salían a buscar la voz para seguirla.

Quienes lo han visto dicen que es bien interesante ver varios rebaños juntos y observar cómo cada pastor llama sus ovejas y ellas son las únicas que levantan su cabeza y salen caminando. Las demás se quedan comiendo como si nada. Por eso es que mi vecino hacía ese sonido tan raro a mis oídos cada vez que llamaba a sus ovejas. Porque, por raro que me pareciera a mí, sus ovejas lo reconocían. Yo intenté una vez imitar aquel sonido para ver la reacción de las ovejas, pero fue en vano. Para mi decepción, me ignoraron por completo. Ni siquiera levantaron su cabeza para mirar quién era. ¿Por qué? Porque no reconocían mi voz. Yo era una extraña para ellas, y ellas no tenían ni la menor intención de seguirme.

Es por eso que Jesús comparó Sus discípulos con ovejas, porque se supone que Sus ovejas no escuchan la voz de ningún extraño. Solamente escuchan Su voz porque es la única voz que reconocen. Cabe aquí preguntar: ¿Qué voz estás escuchando? ¿A quién estás siguiendo? ¿Reconoces Su voz en medio del mar de voces de este mundo? Para quien tiene una relación íntima con Dios, hablar con Dios es algo normal, común y corriente. No es nada extraño escuchar Su voz y obedecerla, aunque todo el mundo te diga que estás loco.

¿QUIERES CONOCERME?

Para poder llegar a ese punto de reconocer Su voz por encima de todas las demás voces, es necesario pasar tiempo con Dios para llegar a conocerlo bien. No es posible conocer una persona sin pasar tiempo con ella. No es posible reconocer la voz de una persona con la que nunca hablas. **Adoración es relación íntima porque no puede haber adoración sin relación**. Es imposible. La razón por la cual es imposible es porque **yo no puedo adorar lo que no conozco**. Tal vez pueda imitar la adoración. Tal vez pueda aparentar adoración. Hasta podría engañar a otros con mi disfraz de "adoración", pero nunca podré engañar a Dios. Dios reconoce la adoración genuina que nace de un corazón que lo adora porque lo conoce y lo ama. Todo lo demás, a Sus oídos, es mero ruido.

Adoración es relación íntima porque voy conociéndolo mucho más a Él, y según lo voy conociendo, quiero caminar de acuerdo a Su voluntad, al palpitar de Su corazón. Y la importancia de tener esa relación íntima con Dios es que **si mi relación con Dios está torcida, todo lo demás en mi vida está torcido: mi perspectiva, mi visión de Dios, mi visión del mundo. Mi relación con Dios es la que crea mi enfoque.** Mi relación con Dios debe ser lo más importante en mi vida; y mi adoración debe fluir naturalmente de esa relación.

Cuando hay una buena relación con Dios, no puede haber otra cosa que no sea adoración. Su mera presencia produce adoración, aunque no salgan las palabras; y mi mayor anhelo es pasar todo el tiempo posible en esa gloriosa presencia. Entonces es que mi tiempo con Dios se convierte en el momento más valioso de todo mi día. Es en ese momento que me doy cuenta que, **si no saco tiempo para desarrollar mi relación con Dios, todo lo demás que haga, por mucho que me esfuerce, no vale nada.**

A SOLAS CON DIOS

Cuando te hablo de pasar tiempo con Dios no solamente estoy hablando de pasar tiempo dentro de la iglesia. Estoy hablando de pasar tiempo de calidad en Su presencia. Son dos cosas diferentes. Nada sustituye el pasar un tiempo individual y personal a solas con Dios. Tiempo entre tú y Dios y nadie más. Esto va mucho más allá de aparecer en el registro de asistencia de la iglesia, es cuestión de aparecer en el registro de asistencia del cielo. Lamentablemente, hay personas que llevan toda una vida asistiendo a la iglesia pero nunca han pasado ni media hora a solas con Dios. No conocen a Dios.

Eso fue lo que le sucedió a Felipe cuando le pidió a Jesús: "Muéstranos al Padre y nos basta". Un hombre religioso que llevaba toda su vida en la iglesia, pero no conocía a Dios. Yo me imagino el tono de tristeza en la respuesta de Jesús cuando le contestó: "Felipe, hace tanto tiempo que estoy con ustedes y ¿todavía no me conoces? El que me ha visto a mí, ha visto al Padre; ¿Por qué me pides que les deje ver al Padre?" (Juan 14:9). Todo este tiempo estuvo a Su lado, viendo Sus milagros, pero nunca lo conoció a Él. De frente a Dios pero no veía a Dios. Felipe estaba viendo a un hombre, no al Hijo de Dios.

Me imagino que Jesús lo que le quiso decir fue, "Felipe, ¿dónde tú has estado todos estos años? ¿En qué "canal" tú estabas?" ¡Ay, Felipe, tanto tiempo perdido! Más triste todavía es que ahora mismo dentro de nuestras iglesias puede haber muchas personas en esa misma condición y no se dan ni cuenta. Dios puede estar moviéndose en medio de Su pueblo, hasta le pasó por el lado y la persona no lo vio. Hermanos, eso es lamentable. ¡Qué triste darnos cuenta que estuvimos toda una vida metidos en una iglesia y nunca conocimos a Dios!

Yo he estado en lugares donde ha habido una presencia de Dios tremenda, pero unos cuantos han estado en otro canal. Una presencia tan hermosa para Dios trabajar y hacer milagros; y algunos hermanos estaban mirando el celular, escribiendo textos, mirando el reloj. Después se atreven a decir que el culto estuvo frío, cuando ni siquiera saben de qué se predicó. ¿Cuántos han tenido esa experiencia? Esto es serio. Y esto sucede porque no hay una relación íntima con Dios; y sin esa relación, no puede haber adoración.

Entonces te pregunto: Si no llegamos a la casa de Dios para conocer a Dios, ¿para qué llegamos? ¿Cuál es el punto de venir a la iglesia domingo tras domingo? ¿Cantar? ¿Danzar? ¿Ser entretenidos? NO. El propósito de ir a la iglesia no es recopilar información acerca de Dios, es conocer a Dios. **No es lo mismo oír hablar de Dios que conocer a Dios.** Yo he oído hablar del Presidente de los Estados Unidos, pero no lo conozco. Sé quién es, pero nunca he pasado tiempo con él; nunca he hablado con él. Lo he visto por televisión, pero nunca lo he visto en persona. No es lo mismo saber quién es él, que conocerlo personalmente. Por lo tanto, yo no puedo decir que lo conozco, porque no es cierto. Igualmente, por más que yo escuche hablar de Dios, tengo que tener un encuentro personal con Él para poder adorarlo. Si no, cualquier cosa que yo haga NO es adoración.

Lamentablemente, eso mismo le pasó a Job (aunque tuvo un final feliz). Estuvo toda una vida escuchando hablar de Dios, pero fue en medio de la prueba que tuvo que reconocer que no conocía a Dios. Tuvo que aceptar que había escuchado hablar mucho acerca de Dios, por décadas, pero no fue hasta el final de la prueba que verdaderamente conoció a Dios. Lo vio. Lo escuchó. Lo reconoció. Job tuvo que decir, después de todo, *"De oídas te había oído; más ahora mis ojos te ven" (Job 42:5)*. Lo que Job descubrió a través de su prueba fue que no es lo mismo escuchar hablar de Dios, ni tener información acerca de Dios, que tener una experiencia personal con Dios, una relación íntima. ¿Por qué razón? Porque sólo a través de una relación íntima con Dios es que vas a conocer plenamente a Dios.

Nadie te puede contar quién es Dios, lo tienes que conocer por ti mismo. Y lo necesitamos conocer, porque necesitamos conocer a Quién estamos adorando y sirviendo. Necesitamos conocer el carácter de Dios. Necesitamos saber cómo es Dios. Y de la única manera que lo vamos a lograr es estableciendo una relación profunda con Él. Y esa relación te cambia la perspectiva por completo. De repente te das cuenta que todo lo que sabías de Dios estaba incorrecto. Créeme. Me pasó a mí, como también le pasó a Samuel.

EL MOMENTO DE DIOS

Samuel vivía en el templo porque fue dedicado a Dios desde antes de nacer. En esos tiempos no era común oír palabra de Dios, ni eran frecuentes las visiones. Lo que había era un desorden total en el pueblo. La gente estaba desviada de Dios, desenfocada. Hasta los hijos del sacerdote, los que se suponía que hicieran lo correcto, hacían lo que les daba la gana. Les digo que lo que había era un completo desorden, como lo existe en el día de hoy en muchos lugares donde a Dios no se le toma en cuenta, y cada cual hace lo que bien le parece.

Pero este muchacho llamado Samuel estaba en el templo todos los días; y hacía su rutina todos los días. Conocía de memoria el protocolo de llegar temprano a abrir las puertas, encender la luz, mantener las lámparas encendidas. Sabía cuándo echar el aceite y cómo asistir a los levitas. Yo le llamo a eso liturgia religiosa. Conocía la rutina. Conocía los rudimentos. Pero no conocía la voz de Dios… todavía. Samuel conocía todo el protocolo, como mucha gente pueden conocer todo ese protocolo en la iglesia. Llegar temprano, cantar los coros, leer la Biblia, oír el mensaje, irse para su casa. Era lo común, lo rutinario, hasta que llegó el momento de Dios.

¿Cuántos saben que Dios tiene un momento específico en que llega y lo cambia todo? Tal vez tú has estado tanto tiempo buscando, esperando, tratando de entender. Has estado tanto tiempo en el rudimento y las costumbres, pero reconociendo que falta algo, aunque no sabes qué es. Tal vez llevas toda una vida enfocado en lo que siempre se ha hecho, en la tradición de papi, de mami, de mi familia, de la iglesia; en esa costumbre de estar yendo y viniendo del templo sin escuchar la voz de Dios. Pero Dios tiene marcado en Su calendario un momento particular cuando el Espíritu de Dios va a revelarse, y, cuando ese momento llega, nadie lo puede detener. Puede ser que ese momento llegue en medio de tu crisis. Es posible que sea en medio de esa situación difícil en que te encuentras ahora mismo. Tal vez, como Samuel, estás frustrado con lo que ves en el templo, pero no sabes qué hacer. Tranquilo, Dios tiene Su momento perfecto. Y cuando llega ese momento, todo cambia.

Samuel se fue a acostar un buen día, como todos los días. Hizo toda su rutina, como todos los días. Apagó las lámparas, verificó el aceite. Hasta que llegó el "de repente" de Dios. Sí, ese "de repente" de Dios que lo sacude todo. Y de repente, escucha la voz de Dios que le dice: "Samuel. Samuel." Aquel no era nada más ni nada menos que el Espíritu mismo que lo estaba llamando por su nombre. No dijo, "Psst.... Oye, tú... sí, tú mismo... el de la sotana.... ven acá." No. Dios no llama así. Cuando Dios te llama, te llama por tu nombre. ¡Qué maravilloso nuestro Dios! Pero, de primera instancia, Samuel no reconoce la voz de Dios, porque nunca la había escuchado. Así que Dios lo llama y ¿a dónde corre? Corre donde Elí, porque es la voz que conoce. Y le pregunta a Elí, "¿Elí, me llamaste?" Elí le contesta que no.

¡Qué lamentable cuando Dios está llamando a uno y corre para el lugar incorrecto! Tan trágico cuando Dios está llamando a uno para mostrarle Su propósito, y uno está en otro canal porque no estamos conectados con Él. No lo conocemos. Gracias a Dios porque nunca se cansa de llamarnos hasta que escuchemos Su llamado. Dios nunca se rinde. Nunca se da por vencido. Así que Dios, en Su inmensa misericordia, lo llama por segunda vez; pero Samuel vuelve y corre donde Elí. Elí, que sí conocía la voz de Dios, por fin se dio cuenta que era Dios quien estaba llamando a Samuel; y le dice, "si te vuelve a llamar, contéstale: heme aquí". Y el resto es historia.

Ese es el momento en que Dios llama a Samuel como profeta en medio de Su pueblo. Esa fue la noche en que Dios se le reveló a Samuel, porque él estaba dispuesto a escuchar Su voz. Y nosotros, ¿estamos dispuestos a escuchar Su voz? Porque Dios solamente le habla a quien está dispuesto a escuchar.

¿CÓMO RECONOCER SU VOZ?

Entonces, ¿cómo podemos aprender a escuchar y conocer la voz de Dios? Sencillo. A través de Su Palabra. La mejor manera de conocer la voz de Dios, el carácter de Dios, es a través de esa carta de amor que fue escrita para nosotros. En ella está todo lo que necesitamos para encaminarnos a nuestra meta y entrar en esa vida abundante. Allí podemos encontrar todos Sus planes, promesas y propósitos que tiene reservados para los que le buscan y obedecen.

Hay quienes leen las Escrituras solamente buscando información, y la encuentran. Sin embargo, aquellos que las leen buscando conocer a Dios, encuentran en ella no solamente a Dios, sino una transformación absoluta de espíritu, alma, y cuerpo. Por eso Jesús dijo, *"Escudriñad las Escrituras; porque a vosotros os parece que en ellas tenéis la vida eterna; y ellas son las que dan testimonio de mí..." (Juan 5:39-40).* La Palabra escrita (*logos*) tiene que encarnarse en tu vida (*rhema*) para ver cambios que transciendan más allá de lo posible. Es en la Escritura que Dios te muestra Su identidad, tu identidad en Él, y Su propósito.

Nunca fue idea de Dios permanecer como un ser inalcanzable. Al contrario, desde el Edén, Él se ha querido acercar a nosotros. Ha querido mostrarse a nosotros. Él nos dice en Su Palabra que nos acerquemos a Él y Él se acercará a nosotros (Santiago 4:7). Dios se quiere acercar. Queda de tu parte que tú te quieras acercar a Él. ¿Tú crees que es posible servir a Dios a la distancia, de lejos? ¿Se conformará Dios con eso? NO. Dios no quiere que tú te sientes por allá, lejos, al cruzar la avenida. "Señor, yo acá y tú allá porque yo necesito mi espacio". NO. Lo que Dios anhela, más que cualquier otra cosa, es una relación cercana, profunda, íntima, y personal, donde lo más importante para nosotros sea Dios. Si entendiésemos que Dios anhela encontrarse con nosotros, nuestra vida sería totalmente diferente. Pero nosotros tenemos que querer buscarlo. Y en esto no hay atajos. Te toca a ti.

MI PROPIA JORNADA

Con esta jornada hay un sólo problema. No se la puedes encargar a otro. Otro no puede caminar el camino por ti. Nadie puede escuchar la voz de Dios por ti, ni establecer una relación íntima con Dios por ti. Tienes que ser tú. Esto sí que es algo que definitivamente no puedes delegar. Muchas veces queremos oír a Dios por medio de otras personas que conocen a Dios, porque eso es lo más fácil. Es más fácil que otro pase el trabajo de buscar el rostro de Dios, y luego venga el domingo a decirme lo que Dios le dijo.

Pero quien tiene una relación íntima con Dios, y está dispuesto a pasar tiempo con Dios para escuchar Su voz, no tiene que estar buscando a nadie que le diga lo que piensa Dios, porque Dios mismo le habla. No tiene que andar buscando un "médium", como practican los espiritistas. Y quiero hacer la salvedad: yo no descarto que Dios use ministros para traer una palabra; porque en el Nuevo Testamento Dios demanda personas con palabra de ciencia y profecía para edificar el pueblo.

A lo que me refiero es que se ha metido esta modalidad en la iglesia de que "yo vivo como me parezca, hago lo que me parezca, vivo a la distancia con Dios y después voy a preguntarle a otro qué dice Dios." Eso es como decir que yo tengo a mi esposo y que yo le vaya a preguntar al vecino, qué es lo que mi esposo piensa de mí. ¿Verdad que eso no tiene sentido? ¿Por qué yo no voy donde mi esposo, para que él me hable todo lo que siente por mí, lo que piensa de mí? Que me lo diga a mí. Pues, en el pueblo de Dios se ha metido esta modalidad porque la gente quiere los atajos, quieren las cosas fáciles tipo microondas. Aprieto los botones, y Dios me tiene que responder YA.

Hace un tiempo escuché un predicador decir que vamos a tener que dejar de leer la Biblia los domingos en las iglesias. Yo por poco me muero de un infarto, hasta que él aclaró, que era la única manera de obligar la gente a leer la Biblia en sus casas, porque muchos no la leen en su casa dependiendo de que se la lean en la iglesia domingo tras domingo. Yo no quiero creer que eso sea cierto. No quiero creer que sacamos tiempo para desperdiciarlo en tantas otras cosas triviales, pero no para leer la Palabra de Dios, que es eterna. No quiero aceptar que queremos llegar a la iglesia domingo tras domingo, que nos den el alimento masticado y digerido, como la comida de bebé, para no pasar trabajo. El problema con esa actitud está en que nuestra relación con Dios no funciona así. Dios no trabaja de esa manera. Dios no es un microondas que produce lo que nosotros queramos en treinta segundos.

Este testimonio es un ejemplo del colmo donde es capaz de llegar la gente con tal de no pasar trabajo para escuchar la voz de Dios: en una ocasión Dios me mostró una hermana de la iglesia que estaba leyéndose las palmas con las cartas de Tarot. Esta mujer estaba jugando con fuego. Dios me la pone en el camino un día, y yo le digo, "¿Qué tú haces buscando el futuro en las cartas de Tarot?" Ella me abre los ojos bien grande y me dice, "¿Cómo tú sabes eso?" Yo le contesté, "¿Acaso tú no sabes que Dios está en el cielo y te está viendo?" Miren lo que ella me reclama: "Es que Dios no me contesta, y como Dios no me contesta, yo me fui a que me leyeran las cartas." Yo le contesté, "¿Quién te dijo a ti que el diablo puede decirte tu futuro?" Ten mucho cuidado con dónde tú te estás metiendo y qué puertas estás abriendo. El único que te puede decir tu futuro no es nada más ni nada menos que el Creador del cielo y la tierra; El que dice que Suya es la tierra y su plenitud, el mundo y los que en él habitan. Él te puede decir tu futuro porque tiene tu futuro en Sus manos. Nadie más.

Pero hay gente que no quieren pasar tiempo para descubrirlo en oración porque toma "demasiado" tiempo; y una parte importante de este asunto de relación íntima es la calidad de tiempo con Dios. Calidad de tiempo es cuando tú apagas el celular, apagas el televisor, te desconectas de todo y de todos para encontrar un momento de calidad donde no haya distracción. Esto es lo más difícil, pero lo más importante. Es tomar la firme decisión de dejar todo a un lado para poner tus ojos, tus oídos y todo tu empeño en encontrarte con tu Amado. Tome el tiempo que tome. Todo lo demás desaparece y pasa a un segundo plano. Solamente existe Dios.

NO HAY ADORACIÓN SIN RELACIÓN

Por eso es que no hay adoración sin relación. No puede haberla. Tú puedes ir a la iglesia, cantar todos los coritos, tocar todos los instrumentos, pero si no hay relación, no te creas que lo que hiciste fue adoración. Fue un espectáculo. Nada más. Yo tenía un señor en mi iglesia que era un artista tremendo. Ese hombre tocaba los instrumentos de una manera espectacular. A cada rato me decía, "Luisa, yo vengo a la iglesia para tocar contigo." Y yo le decía, "Qué bien. Dios está buscando adoradores, gente que le sirva en espíritu y...." Pero él me interrumpía, "No, no, no.... yo vengo a la iglesia a tocar solamente". Él solamente quería tocar, porque lo de él era el espectáculo, el protagonismo y la emoción. Nada más. Te digo que ese hombre tocaba increíblemente espectacular; y como ese conozco muchos, pero Dios no está buscando tus talentos, lo que Dios está buscando es a TI.

Por eso la Biblia compara la relación con Jesús con la relación entre un esposo y una esposa, no entre un director de orquesta y los músicos. ¿Por qué? Porque la relación es completamente diferente y especial, es la relación más íntima y profunda en el mundo. Yo a veces le pregunto a mi esposo si él me está estudiando. Él me dice que sí. Yo le digo, "¿y por dónde tú vas?" Y me dice, "Ya yo tengo una maestría." Yo me echo a reír y le digo, "Papi, pues yo estoy en el bachillerato todavía. Yo todavía te estoy estudiando." En 2018 ya cumplimos siete años de casados, pero ¿por qué yo le pregunto a él si me está estudiando todavía? Porque hay gente que después que se casa, piensa, "pues, ya yo luché y llegué a la meta. Ya no queda nada más. Ahora me siento a descansar." Tal vez al principio hacían como los gallos, que le dan la vuelta a la gallinita para conquistarla; empezaron con sus monerías; pero después que la conquistaron, ya se acabó. ¡Pues no! Después de casados es que se empieza a estudiar mejor a la persona, hasta llegar al punto que nos conocemos de tal manera que yo sé lo que le gusta, y lo que no le gusta. ¿Cuánto más con Dios?

¿Cómo podemos llegar a creernos que ya conocemos todo lo que hay por conocer de Dios, que no hay nada más por conocer? ¿Cuándo llegamos al punto de saberlo todo de Dios? Nunca. Cuando estamos hablando de que no hay adoración sin una relación, estamos hablando de que, para tú adorarlo a Él, tienes que conocerlo como aquel perrito que hablamos en el principio, que dijo, "¡Wow! Me metió en el bolsillo, cerca de su corazón. Me puso en la almohadita a sus pies. Este señor me ama; no es como la gente mala que me pusieron las latas en la cola."

Así mismo es Dios. Es como esa persona que tiene ese cariño especial para cuidarte. Cuando tú sabes que alguien te ama, tú te rindes en sus brazos sin dudar. Tú tienes una confianza plena en él. Tu mayor anhelo es agradarlo en todo. Y por ese amor, entonces tú eres recíproco a él. Tú le correspondes ese amor con tu amor. De hecho, de eso es que se trata la adoración. **Adoración es reciprocarle a Dios Su amor.** Reciprocarle a Dios con mi amor. Yo voy a contestar a ese amor tan profundo, yo voy a reciprocar ese amor, con mi amor. Yo voy a responder con mi adoración. Por eso es que no hay adoración sin relación. No puede haberla.

LA ATMÓSFERA IDEAL

Pero, para que pueda haber relación, primero tiene que haber presencia; por lo tanto, primero necesitamos entender lo que realmente es la presencia de Dios, porque es única y especial. Cuando hablamos de presencia, estamos hablando de mucho más que el simple acto de aparecerse en un lugar determinado. Inclusive, el Dr. Myles Munroe predicaba que uno de los significados de la palabra Edén en Hebreo es "presencia de Dios". De hecho, él enfatiza que lo que hacía el Jardín del Edén un lugar tan especial no eran los ríos, ni los árboles, era la presencia de Dios. Por eso los arqueólogos han encontrado todos los demás lugares bíblicos, pero no han podido encontrar el Edén, porque más que un lugar físico, era una atmósfera sacada directamente del cielo para que el ser humano pudiese habitar en ella.

Esa es la razón por la cual Dios tuvo que crear el Edén primero, para luego poder poner al hombre en el Edén (Génesis 2:8), igual que primero tuvo que crear el agua para poder poner el pez, el aire para poder poner las aves, y la tierra para poder poner los animales. Sin esa atmósfera ideal para su funcionamiento, ninguno de ellos puede funcionar, mueren inmediatamente. Igualmente, el ser humano **no puede funcionar eficientemente fuera de la presencia de Dios, porque no fue diseñado para vivir fuera de la presencia de Dios.** Igual que el pez fuera del agua muere, el ser humano fuera de la presencia de Dios muere. Tal vez no sea una muerte física, pero igualmente es muerte.

Y Dios se los advirtió cuando les dijo que si comían del árbol de la ciencia del bien y del mal, morirían (Génesis 2:16-17). Esa muerte vino al ser echados de la presencia de Dios, del Edén. Porque el pecado no puede habitar en la presencia de Dios, y Edén significa presencia de Dios. Por más que a Dios le doliera, ya no podían permanecer en Su presencia. Por esa misma razón, cuídate mucho del pecado, porque para Dios es sumamente importante que tengamos una relación íntima con Él; y eso no puede suceder cuando hay pecado. **El pecado te separa de Dios, de Su presencia.** Y Dios no te creó para el pecado, te creó para Su presencia, para esa relación íntima. Por eso lo primero que hizo fue crearnos a Su imagen y semejanza, para que pudiésemos comunicarnos con Él y entenderlo. Luego nos colocó en el centro de Su presencia, para que estuviésemos constantemente con Él.

Esa era Su prioridad. No era crear una estructura religiosa, ni una rutina; era que tuviésemos constante comunión con Él en Su presencia. Eso le interesa más que cualquier actividad, costumbre, o rito que nosotros podamos llevar a cabo. **Lo que Dios quiso establecer con nosotros desde un principio, más que cualquier otra cosa, es una profunda relación en intimidad y amor.** Lamentablemente, lo que Dios estableció, y lo que nosotros vivimos actualmente, son dos cosas totalmente diferentes. ¿Por qué? Porque, igual que Adán y Eva, hemos escogido echar a un lado los principios establecidos por Dios para buscar nuestro propio rumbo; y el resultado ha sido el mismo: separación de Dios y de Su presencia.

Desde el principio, el plan de Dios fue que viviésemos constantemente en Su presencia. Para eso nos diseñó, para conocerlo y establecer una íntima relación con Él. Tal vez esa sea la razón por la cual tanta gente vive una vida vacía y sin propósito; porque están tratando de vivir su vida sin el elemento más importante: la presencia de Dios.

Y es que **el elemento más esencial para una vida plena y llena de satisfacción es la presencia de Dios.** Vivir fuera de esa presencia, de esa relación íntima con Dios, te lleva a una vida vacía, sin propósito, y sin satisfacción. No importa cuántos logros y posesiones obtengas, nunca alcanzarás la plenitud fuera de esa gloriosa presencia. Por eso es que la humanidad busca llenar ese vacío con placeres pasajeros, relaciones superficiales, drogas, y posesiones materiales. Porque al remover lo más esencial para la vida del ser humano, la historia revela las consecuencias de esa separación: ahora tenemos que buscar llenar ese vacío, y luchar con nuestra naturaleza caída y un mundo corrupto para entrar en la presencia de Dios. Antes podíamos despertar cada mañana en Su presencia. Ahora tenemos que pedir la ayuda del Espíritu Santo para crear el ambiente correcto donde Su presencia pueda habitar libremente.

El anhelo de Dios era que pudiésemos despertar, trabajar, y vivir en Su presencia. ¡Cuán lejos hemos caído! Lo que antes era nuestro privilegio natural, ahora se ha convertido en una tarea. Por eso David, luego de pecar, se humilló delante de Dios rogando, *"Crea en mí, oh, Dios, un corazón limpio, y renueva un espíritu recto dentro de mí. No me eches de delante de ti (Tu presencia), y no quites de mí tu Santo Espíritu" (Salmo 51:10).* David reconocía en lo profundo de su corazón que sin la presencia de Dios era imposible vivir, pero igualmente reconocía que la presencia de Dios no puede habitar donde hay pecado. Es por esa razón que lo primero que pide es ser purificado, para entonces poder pedir que Su presencia no se aparte de él. Su presencia es lo que hace la diferencia. Es la que nos llena, nos completa. Es la que nos mantiene puros y santos. Podemos tener todo el conocimiento del mundo, pero sin presencia de Dios, es letra muerta.

Cuando te encuentras con personas que no pueden dejar de pecar, que los ves cayendo en el mismo pecado una y otra vez, es porque, a pesar de tener mucho conocimiento, no habitan en la presencia de Dios. No es posible mantenernos en la presencia de Dios y pecar a la misma vez. Por esta razón es que necesitamos vivir en la presencia de Dios constantemente, no porque tienes que hacerlo, sino porque quieres hacerlo. ¿Cómo? En alabanza y adoración. En oración. En humillación. En agradecimiento. En Su Palabra. Todo eso te acerca a la presencia de Dios. El momento en que dejas de practicar todas estas cosas, te alejas; y le abres la puerta al pecado y a la carne para que tomen el control de tu vida.

La única manera de mantenernos conectados a la presencia de Dios es mantenernos diariamente en esa búsqueda, ese anhelo. Esto es lo que nos mantiene lejos del pecado y del mal. Porque la Biblia dice que una fuente no puede brotar dos aguas (Santiago 3:10-12). Mientras salga de tu boca alabanza y adoración, es bien difícil que salga queja, crítica, chismes, o malas palabras. Esa alabanza y adoración que salen de tu boca son lo que te llevarán de vuelta a la presencia de Dios y te llenarán de gozo y paz. Mejor dicho, son lo que traerán la presencia de Dios a tu vida al proveer las condiciones ideales para invitar a Dios a habitar en medio de nosotros. Lo invitan a ser parte integral de nuestra vida entera. No hay otro lugar donde un adorador desee estar más que en la presencia de Su Dios.

La razón por la cual Dios pronto creará un cielo nuevo y tierra nueva (Apocalipsis 21:1), es porque necesita crear un ambiente puro, sin contaminar, donde podamos habitar en Su presencia eternamente. Uno de los versículos más hermosos de Apocalipsis se encuentra en Apocalipsis 21:23: *La ciudad no tiene necesidad de sol, ni de luna que brille en ella, porque la gloria de Dios la ilumina y el Cordero es su lumbrera.* O sea, en la presencia de Dios no hace falta nada más, Su presencia será suficiente para todas nuestras necesidades. Así como Adán y Eva disfrutaron de la comunión continua con Dios en el Jardín del Edén, nosotros despertaremos día a día en la presencia eterna de Dios.

Pero no tenemos que esperar ese cielo nuevo y tierra nueva para habitar en la presencia de Dios; Dios quiere habitar contigo aquí y ahora. ¿Cómo? Invítalo a tu corazón, a tu casa, por medio de tu adoración. Invítalo a tu vida, y establecerá Su trono en ti. Ese es Su mayor anhelo. Ahora, la mayor pregunta es si nosotros anhelamos prepararle un lugar donde Él pueda venir a habitar en medio nuestro. La mejor manera es llenando tu casa, tu vida, tu corazón, tu mente, de adoración a Dios hasta que Él lo llene todo. Es así de sencillo. No hay que volverse loco gritando, ni saltando, ni luchando por encontrar Su presencia. Si hacemos un lugar para Su presencia, Su presencia se manifiesta naturalmente. Lo único que tienes que hacer es adorarle.

"En Su presencia hay plenitud de gozo;
delicias a Su diestra para siempre"
(Salmo 16:11b)

EN LA PROFUNDIDAD

Pudiera recalcarlo mil veces y no sería suficiente, **la profundidad de nuestra relación con Dios determina la calidad de nuestra adoración.** Si hemos construido una relación íntima profunda con Dios, esta relación llevará nuestra adoración a otro nivel de profundidad y excelencia. Nuestra adoración externa es simplemente un reflejo de esa relación interna. **Mientras más profunda sea tu relación con Dios, más profunda será tu adoración.**

Y es en esa profundidad que descubrirás un gozo y una paz que nunca antes habías sentido. Pero a esa profundidad se llega con esfuerzo. No nace de la noche a la mañana; no es solamente el resultado de pasar tiempo en la iglesia; es el resultado de pasar tiempo en Su presencia, en oración, en Su Palabra, en Su Casa. Es el resultado de atravesar muchas tormentas y desiertos, y darte cuenta que Dios siempre ha estado ahí, y siempre estará. Honestamente, a través de toda esta jornada he visto a Dios más de cerca en los desiertos, en las tormentas, y en las pruebas, que en los momentos de calma. Y es que en esos momentos de tormenta es que me he dado cuenta que mi relación con Dios es mi *GPS*.

¿CUÁL ES TU *GPS*?

Por si acaso nunca habías escuchado el término, permíteme explicarte lo que es un *GPS*. Un *GPS* es un sistema de navegación muy avanzado que contiene todos los mapas que existen, incluyendo estados, ciudades, carreteras, y lugares de interés. No sólo eso, sino que detecta instantáneamente tu localización, te pregunta hacia qué lugar te quieres dirigir, y automáticamente traza la ruta más corta entre tu localización actual y tu destino. Según vas manejando tu automóvil, te va indicando la ruta que debes tomar, dónde debes cambiar de rumbo, y cuántas millas te faltan para llegar a tu destino final.

Lo más interesante sucede cuando te desvías de la ruta trazada; porque cuando te sales de la ruta marcada por el *GPS*, te lo avisa inmediatamente, y comienza rápidamente a recalcular una ruta alterna para llegar al destino tomando en cuenta que te saliste de la ruta correcta. Esto es lo más impresionante. No tengo idea de quién se inventó esto del *GPS*, pero tiene que haber sido un genio porque esto costó mucho trabajo, tiempo y esfuerzo.

Un buen día, pensando en esto, me di cuenta de que, igualmente, tu relación con Dios es tu sistema de navegación en la vida, tu *GPS*. Si no tienes una relación íntima con Dios, no puedes tener una dirección clara, no tienes rumbo fijo. Es esa relación íntima con Dios la que te dice si debes continuar, si debes detenerte, si debes cambiar de rumbo, o si te saliste de la ruta correcta. Esto es bien importante para todas las tomas de decisiones en tu vida. Sin este sistema de navegación, tu rumbo es incierto; porque, si no tienes esa relación con Dios como tu *GPS*, entonces tus emociones se van a convertir en tu *GPS*.

Quiero enfatizar esto: **Si no estás siendo dirigido por el *GPS* de Dios, automáticamente vas a ser dirigido por tus emociones.** Tal vez alguna vez en la vida te ha sucedido; *Yo siento ganas de hacer esto, no tengo ganas de hacer aquello.* El problema con esto es que tus emociones son tan variables como las olas del mar. La Palabra de Dios nos dice que una persona de doble ánimo, que se deja arrastrar por sus emociones, es inconstante en todos sus caminos (Santiago 1:6-8). Un día siente una cosa y al otro día siente otra. Un día siente un inmenso anhelo por la obra de Dios, y al día siguiente no quiere ni ir a la iglesia. Son personas con las que no se puede contar para nada en la iglesia. No se puede depender de ellas porque un día dicen que sí, y al día siguiente se desaparecen y no cumplen con el compromiso.

Cuando las emociones toman el timón, el rumbo no es fijo, no es hacia la voluntad de Dios, es hacia el sentimiento del momento. No hay un enfoque ni una constancia. Y esa inconstancia es opuesta a la fe, porque fe es obedecer las instrucciones de Dios por encima de lo que yo sienta o deje de sentir. Fe es caminar por encima de mis sentimientos, emociones, o circunstancias hacia la meta trazada por Dios.

La intención de este libro es llevarte a encontrar ese sistema de navegación, ese *GPS*, para que puedas navegar con un rumbo fijo por esta vida hacia la meta que Dios trazó para ti; sin importar las tormentas o vientos contrarios que se levanten. Confía en que ese *GPS*, esa relación profunda con Dios, te llevará a puerto seguro, por más lejos que se vea, o por más imposible que parezca.

El que tiene una relación íntima con Dios, esté pasando por lo que esté pasando, su norte es Dios. Nada lo desvía ni lo desenfoca. Por más enorme que parezca la tormenta, su compás, su centro, su meta, es Dios. Un verdadero adorador puede estar pasando por la más difícil necesidad, por la más dura crisis, y no lo aparenta, porque su confianza está puesta en Dios. Puede que se le salgan las lágrimas, pero no se hunde en el mar de la depresión; porque su enfoque es la meta, no la crisis presente.

Por eso Pablo podía hablar de "esta leve tribulación momentánea", después de haber sido azotado y echado en medio del calabozo más profundo. Y para colmo, cantar salmos en el fondo del calabozo (eso sí que es ser un verdadero adorador). Por eso la gente seguía a Pablo, y seguía a Jesús; porque tenía algo diferente. No repetía las mismas palabras huecas que hablaban los fariseos. La gente quería escucharlo, querían tocarlo, porque virtud salía de Él. Porque cuando hay una relación íntima con Dios, lo que está dentro de ti sale, tiene que salir, y de alguna manera impacta los que te rodean, aunque tal vez tú estés pasando por una situación difícil. Algo tiene que demostrarle al mundo que hay esperanza. Y ese "algo" está dentro de ti.

¿CÓMO CONOCER LA VOZ DE DIOS?

Le voy a dar las tres luces, como si fueran tres faros, para aprender a conocer la voz de Dios. Esto me ha ayudado mucho a identificar cuando algo es de Dios y cuando no lo es.

Número 1 – Es Dios quien pone el querer como el hacer, por Su buena voluntad (Filipenses 2:13). Ese texto está en la Biblia. Si tú estás en sintonía con Dios, buscando Su rostro, leyendo Su Palabra, Él deposita ese anhelo, esa inquietud, en tu corazón. O sea, Dios trabaja contigo de tal forma que tu voluntad, tu deseo, se va alineando con la voluntad de Dios.

Número 2 - Ese deseo se tiene que alinear con la Palabra de Dios. ¿Por qué? Dios nunca te va a mandar a hacer algo que no está de acuerdo con Su Palabra. Dios nunca se contradice. Por ejemplo, tienes un deseo de hacer algo y, cuando buscas la Palabra de Dios, lo condena o lo prohíbe, entonces no es de Dios.

Número 3 – Dios es quien da la provisión. Esto me ayudó tanto al orar por ciertas cosas en mi vida; porque entendí que, si Dios quiere que tú hagas algo, Dios te tiene que dar la provisión para hacerlo. ¿Entendieron? Un ejemplo: En julio de 2009, el Señor me dice que mi papá va a morir en poco tiempo. Yo veo en un sueño a toda mi familia parada en línea mirando, mientras la que está empacando las cosas de mi papá soy yo. Así que, yo veo que estoy metiendo las cosas en cajas, pero yo no lo tengo que mudar. Él se muda. Cuando yo despierto, yo rápido digo, "Señor, yo estoy en San Tomas y mi padre está en Santa

Cruz. Yo no sé cómo lo vas a hacer porque Tú no me has dado luz verde para salir". Yo estoy de Pastor Asociado en mi iglesia con todas las responsabilidades acá, mientras allá mi padre se va a morir. Dios me lo muestra. El deseo está en el corazón. ¿Cuál es el deseo? Cuidar a mi padre hasta que muera. Ese deseo no contradice la Palabra de Dios porque la Palabra dice que honres a tu padre y a tu madre. ¿Cuántos saben que ese es un mandamiento con promesa (Éxodo 20:12)?

La tercera luz, la que faltaba, era la provisión. Yo estoy en ese momento viviendo en una casita tan pequeña que ni la silla de ruedas de papi cabía en la casita. Mira cómo Dios hace las cosas. Primero yo le dije, "Señor, tienes que hablar con mami que está allá, y no va a querer salir de su casa." Allá mami está leyendo un libro, cuando de repente oye la voz de Dios que le dice, "Va a ir, va a morir y se va a enterrar en San Tomas." Mami comienza a decir, "El Señor reprenda al diablo. El Señor reprenda al diablo." La razón es porque mami no quería la muerte de su esposo. Así que, cuando yo la llamo y le digo, "Papi se nos va, y yo me lo tengo que traer para acá", ella muy tranquilamente me dijo, "No te voy a decir que no, porque Dios me habló."

¿Ustedes se fijan cómo las cosas van encajando? Ya tengo la segunda luz. ¿Cuál es la tercera luz? La provisión. Yo estoy más pelada que la calva de mi abuelo. Yo no tengo más que cien dólares en mi cuenta, y son para pagar la luz.

Esa misma semana me llamó una hermana para invitarme a un culto especial que hay en su iglesia. Como me sigue insistiendo que vaya, pues yo fui. De repente en medio del culto una hermana se levanta y dice, "aquí hay unas personas que van a dar un paso de fe." Y quiero hacer esta salvedad antes de continuar: yo no creo en las manipulaciones de la gente concerniente a las finanzas. No creo en eso de que tienes que dar una ofrenda de cierta cantidad para que Dios te bendiga; pero sí creo que hay ciertos momentos en que tenemos que dar un paso de fe; y eso es algo que solamente Dios puede poner en tu corazón. Son momentos en que Dios quiere hacer milagros, y esa es su forma de sacarte de lo natural para poder mostrarte lo sobrenatural.

Así que, esa hermana se levanta y dice, "Dios quiere hacer unos milagros aquí bien tremendos, espectaculares, pero van a tener que dar un paso de fe, y es una ofrenda especial de cien dólares para invertir en el ministerio de esta casa." Yo rápido pensé, "pero eso es todo lo que tengo en mi cuenta de banco." Y estoy ahí sentada en una lucha interna, "lo hago, no lo hago". El motivo de mi lucha interna era que yo estaba acostumbrada toda mi vida a depender de mí misma, de mis recursos, y de mis esfuerzos; pero en ese momento, Dios me estaba llevando a depender de Él y de Sus recursos.

La amiga que me invitó, que conoce mi situación, ve que yo voy a sacar los cien dólares y me dice, "No te atrevas". Metió la mano en mi cartera para darme los cien dólares, pero, tan rápido como lo hizo, sacó la mano de mi cartera, y se quedó quieta en la silla. Luego me contó que Dios le dijo que no me diera el dinero, porque esto era un paso de fe que yo tenía que dar. Entonces es que finalmente yo le digo a Dios, "Señor, Tú sabes que este dinero es todo lo que yo tengo, lo voy a poner en Tus manos, pero yo necesito un milagro. Porque si Tú me pones el deseo de traer a mi papá, Tú sabes que él no está en condiciones para viajar. Hay que traerlo para acá, y yo no tengo ni casa."

Yo les estoy contando esto para que vean que Dios está interesado en la vida de ustedes, en meterse en los asuntos de ustedes aunque sean cotidianos. Según tú creíste en Él para que te salvara, también necesitas confiar en Él para ayudarte en tu día a día. Dios no quiere estar a tiempo parcial en tu vida, Él quiere estar a tiempo completo. En todo. ¿Entonces, qué sucedió? Yo saqué la cartera. Puse el cheque dentro del sobre, y en ese momento ella dijo, "ponle nombre a tu semilla." ¿Cuántos saben que la Palabra es clara en que Dios da semilla al que siembra (2 Corintios 9:10)? La semilla son todas esas bendiciones que Dios nos da, y que nosotros decidimos si las sembramos para que rindan fruto, o nos las comemos, y nos perdemos la gran cosecha.

¿Pues, qué pasó? Que ese día yo decidí sembrar esa semilla en fe. Derramé mi corazón delante de Dios, y le dije, "Señor, yo necesito casa, y todo lo necesario para cuidar a mi padre. Suple, por favor." Una oración sencilla, pero que nació de lo más profundo de mi corazón. Y salí por fe a mirar casas. A mí no me daban una casa con mi salario; pero yo fui creyendo a la voz de Dios. Cuando tú tienes relación con Dios, aprendes a creerle, por más loco que parezca el asunto. Así que cuando yo iba mirando casas, la gente me decía, "Esta se ve bien buena", pero Dios me decía dentro de mí, "NO". Iba a otra casa y me decían, "Esta es perfecta", y Dios me decía que no. Hasta que llegué a una, y Dios me dijo, "Esta es". Y sentí la paz de Dios, que es la brújula por excelencia. En otras palabras, si tu corazón está peleando por dentro y tienes una incertidumbre, no tomes decisiones.

Dicen que el 99 por ciento de las personas que toman decisiones cuando están agitados toman malas decisiones. Tal vez te digan, "¡Hay que hacerlo ya!" Pues no. Aguanta, espérate. Deja que la paz de Dios sea tu brújula, tu compás. Así que, yo estaba mirando casas, pero sentía este torbellino por dentro, hasta que un día sentí la paz de Dios. Fue entonces que dije, "Ok. Esta es." ¿Sabes cuánto costaba? $1,250 mensuales. Y yo no tenía ni dónde caerme muerta. Y para colmo, pedían el primer mes, el último mes, y el depósito. Más de tres mil dólares de golpe. Pues, lo puse en las manos de Dios, y el lunes me fui temprano a trabajar.

De repente llega una mujer de negocios a mi trabajo y pregunta por Luisa Acevedo. Cuando ella entra a mi oficina, tiene los ojos hundidos con unas ojeras horribles. Parecía que hacía un mes que no dormía. Esta mujer viene y me dice, "yo no he dormido en toda la noche, pero tú tienes la culpa de eso. Yo sé que tú estás tratando de traer a tus padres, pero tienes escasos recursos. Y por eso te traigo algo para ayudarte a mudar a tus padres, y no me lo tienes que pagar". Y así, sin más palabras, me puso en la mano la suma de seis mil dólares, uno encima del otro. ¿Qué les quiero decir con eso? Dios me dio la primera luz, puso el deseo. Segunda luz, no contradice la Palabra. Tercera luz, me dio la provisión. Quiere decir que cuando la provisión llegó, yo envié a buscar a papi, a mami, y hasta los perros.

Lo que quiero enfatizar con esto es que Dios provee, así que no trates de forzar ni empujar los planes de Dios. Si la provisión no se ha dado, eso significa que todavía no es el momento. Continúa descansando en los propósitos de Dios y buscando Su rostro. El que hace camino es Dios. El que abre la puerta es Dios. Lo único que tú tienes que hacer es permitir que Dios vaya al frente de ti y seguir Sus pisadas, pero esa confianza viene según vas conociendo a Dios, y vas desarrollando una relación profunda con Dios. Eso es dependencia total de Dios. Esto no es un proceso fácil, pero si yo decido hacerlo, a pesar de la dificultad, voy a ver los milagros de Dios con mis propios ojos.

¿Por qué afanarnos? Dios no nos quiere a nosotros agitados ni afanados. ¿Cuándo vemos a Cristo en estrés en la Biblia? Cristo nunca conoció el estrés. Hasta el último momento, Cristo estaba tranquilo, mientras los discípulos estaban agitados: "¡Mira, vienen los soldados! Corran". Pero Cristo, en total calma, sólo dijo, "Aquí estoy" (Juan 18:1-11). Como si estuviese recordándole a Sus discípulos, "A Mí nadie me quita la vida, Yo la doy" (Juan 10:17-18). Cada vez que ellos estaban en un afán, Jesús de alguna manera les hablaba de una forma apacible para calmarlos. Cuando tú conoces a tu Dios, y tienes tu identidad firme en Dios, nada te roba esa calma.

A Jesús nada le causaba estrés. Tenía los mismos problemas, las mismas situaciones, que atravesamos nosotros, pero Dios quiso enseñarnos a través de la vida de Jesús a caminar en ese descanso total que sólo se encuentra en Su presencia. Por eso Jesús dijo, *"Venid a Mí todos los trabajados y cargados que Yo os haré descansar" (Mateo 11:28).* En el original, descansar quiere decir "darte quietud santa". Dios quiere darte quietud santa. ¿Qué es quietud santa? Lo que habla en los Salmos cuando dice, *"Estad quietos y reconoced que Yo soy Dios" (Salmos 46:10).* Eso es lo que Dios quiere compartirte este día.

Una de las herramientas más efectivas que el enemigo tiene es afanarte y drenarte. Dejarte sin energía hasta que no tengas fuerzas para hacer nada, especialmente orar y buscar de Dios. Pero cuando uno conoce a Dios, y confía en Dios, esa confianza te lleva a descansar en Dios. Al principio de su llamado, Moisés estaba preocupado porque Dios lo llamó a sacar un numeroso pueblo de Egipto; pero al final de la jornada, cuando ya conocía mejor a Dios, le dijo, "Si tú no vas, yo no voy". Y **Dios le contestó a Moisés, *"Mi presencia irá delante de ti y te daré descanso"*** (Éxodo 33:14).

Ahí está la clave. Su Presencia es igual a descanso. El problema está cuando la presencia de Dios no va al frente; entonces es que uno se llena de estrés, de afanes; y empieza a tirar piedras hacia el cielo reclamando, "Señor, ¿qué pasó?" Yo tenía una amiga que hizo así, del coraje que tenía con Dios empezó a tirar piedras para el cielo. A fin de cuentas, terminó entendiendo que lo mejor que podía hacer era descansar en Dios y esperar Su momento perfecto. Dios no quiere que nosotros vivamos afanados y cargados; Dios quiere que nosotros aprendamos a escuchar Su voz y a descansar en Él.

¿QUÉ IMPIDE?

Ahora, como siempre, hay factores que impiden que tú puedas escuchar la voz de Dios. Sabemos que la Palabra de Dios es lo primero que te indica Su voz. Conocemos la voluntad de Dios a través de Su Palabra. El problema está en que la gente no quiere estudiar la Palabra. Queremos dedicarle tiempo a todo menos a la lectura de la Palabra, pero es en la Palabra que encontramos la voluntad de Dios. La Palabra no es un libro para llenar tu intelecto de información. La Palabra es viva y eficaz y más cortante que una espada de dos filos (Hebreos 4:12-13), y penetra, para provocar cambios en nuestras vidas.

Sabes que me he encontrado con personas que están más enredados que un plato de espagueti en el pecado, y cuando los confronto con la Palabra, lo que me contestan es, "Yo lo sé. Yo sé eso." Esa respuesta a mí me molesta. ¿Sabes por qué? Porque, con todo lo que saben, ¿por qué están haciendo lo que están haciendo? O sea, tienen una tonelada de información en su cabeza, pero esa información no se ha convertido en revelación para transformar y cambiar su vida. Y es que el propósito de la Palabra de Dios es, y siempre ha sido, transformar vidas, mentes, corazones. No es dejarnos como estamos. Pero para que esa transformación suceda, la Palabra se tiene que hacer real y cobrar vida dentro de nosotros.

La Biblia utiliza dos vocablos diferentes para definir "Palabra" en su lenguaje original. En unas ocasiones utiliza *Rhema* y en otras utiliza *Logos*. *Logos* quiere decir palabra escrita, pero *Rhema* quiere decir palabra viva.

¿Cuántos de ustedes han tenido una experiencia donde las palabras se han salido de la Biblia y te han impactado de un sólo golpe? En un momento de crisis o un momento difícil, de repente abres la Palabra de Dios, y esa palabra escrita se volvió una palabra viva. Esa palabra te sacude, te estremece, y en un instante produce una transformación poderosa. No vuelves a ser igual.

¿Han tenido esa experiencia? Yo la he tenido muchas veces. Ese momento preciso y necesario en que esa Palabra se salió de las páginas para hacerse real en mi situación. Cuando se sale de las páginas es como si Dios te lo estuviera diciendo a ti personalmente, en vivo y a todo color. Todo lo que está escrito en esa Biblia, Dios quiere hacerlo real en nosotros por medio de una vivencia personal. Dios no quiere alguien que diga, "Yo sé. Yo lo leí," pero que su vida refleje lo contrario, seca, hueca, y vacía. NO. Dios quiere que tú tengas una vivencia personal por medio de esa Palabra. Recuerden esto: tarde o temprano, lo que predicamos lo vamos a tener que vivir. Eso siempre pasa. Tarde o temprano lo que predicamos nos va a perseguir. Porque Dios quiere sacarte de la teoría para moverte a una experiencia genuina en Él.

Para ilustrar el punto, les voy a contar una historia: Todo el mundo sabe que la Palabra dice que hay que amar a nuestros enemigos (Mateo 5:44-48). ¿Cuántos han leído eso? Amar al que te persigue. Amar al que te hace daño. Pues en una ocasión una hermana sintió el llamado de Dios, por primera vez en su vida, a retirarse por siete días en ayuno y oración. Durante ese retiro, el Señor empezó a decirle, "Yo soy tu fortaleza. Yo soy tu fortaleza. Yo soy tu fortaleza". Ya sabes que si Dios te lo está diciendo es porque lo vas a necesitar. Dios te está preparando porque viene una bomba para tu vida.

Al terminar el retiro, vienen a su casa unas hermanas de la iglesia, y le dicen, "te tenemos que decir esto con dolor en el alma. Tu esposo te está siendo infiel". Bomba. Qué clase de noticia para soltarle a una persona de golpe. Y le contaron una serie de cosas que era para volverse loca, tirarse al piso, y salir gritando. Cuántas reacciones no podrán venir, ¿verdad que sí? Así que ellas están esperando que esta mujer de Dios grite, explote, llore, y, acá entre nosotros, que vaya a la casa de esa otra mujer y le caiga a golpes. Ese tipo de cosa, tipo novela.

Pues no. En ese momento ella entendió por qué Dios la estuvo preparando en oración y ayuno. Así que ella simplemente bajó la cabeza, y les dijo, "Está bien. Yo entendí eso". Se quedaron boquiabiertas por su reacción, porque parecía como si Dios la hubiese anestesiado. Cuando esta hermana va de camino a la casa de esa otra mujer, pensando que iba a pelear y a reclamar, Dios la arrestó y tomó control de la situación. Cuando ella se encontró frente a esa mujer, lo que le dijo fue simplemente, "¿por qué tú haces lo que estás haciendo?" La mujer comenzó a llorar, porque el esposo de la hermana le había dado instrucciones que negara todo, pero ante la presencia de Dios, no pudo mentir.

Esta hermana, envuelta en esa hermosa presencia de Dios, terminó abrazándola, perdonándola, y orando por ella. En su humanidad, ella hubiese querido gritar y explotar; pero lo que terminó haciendo fue bendecir a esta mujer, perdonarla, y hablarle de restauración. Sí, es cierto que lloró, no lo niega, pero dentro de todo sintió una paz y una templanza increíbles. Ella misma se sorprendió de su reacción. ¿Sabes por qué? Porque cuando tú pasas tiempo en la presencia de Dios, **cuando intimas con Dios, esas cualidades hermosas de Dios se te pegan, se te transfieren.**

En ese tiempo especial con Dios, le entregas el control de tu alma, que quiere hacer muchas cosas que no debe. Cualquier otra persona hubiese sido capaz de cometer un crimen, pero cuando vives en esa intimidad con Dios, le cedes a Dios el control de tu vida. Dios se convierte en el conductor de tu vida, ya no eres tú. En ese momento, esa Palabra, ese *Rhema*, se hace real en tu vida y te transforma. Eso es lo que Dios puede hacer en nuestra vida cuando existe una relación íntima.

Otro de los varios factores que entorpecen el poder identificar la voz de Dios es el adormecimiento espiritual y la indiferencia. Te diría que son los factores principales. La Biblia nos habla de un joven profeta a quien Dios claramente le indicó que fuera a profetizar a un lugar y se regresara por otro camino; incluso le dijo que no se detuviera por toda aquella tierra. Sin embargo, a mitad de camino se cansó y se durmió. Cuando está dormido, de repente le sale al encuentro un viejo profeta contradiciendo lo que Dios le había dicho al joven que hiciera. Este joven no consultó a Dios. No analizó las palabras del anciano. Simplemente escuchó la voz de este anciano que no conocía y se desvió por completo del plan de Dios. De regreso a su casa, por el camino que Dios le advirtió que no fuera, un león lo atacó y lo mató.

Esta historia se encuentra en la Biblia (1 Reyes 13) para darnos una gran enseñanza: Espiritualmente no podemos darnos el lujo de vivir en adormecimiento espiritual. El adormecimiento espiritual no te permite discernir claramente la voz de Dios, porque no estás alerta. ¿Qué cosas pueden causar el adormecimiento espiritual? Descuido. Cualquier cosa que nos entretenga, que nos desenfoque, nos desvíe. Cuando nos dormimos espiritualmente, corremos ese mismo riesgo de caer en una trampa, pues no estamos alerta, despiertos, y vigilando. Sólo cuando hay descuido es que podemos recibir ataques sorpresa, porque no estamos vigilando. Pero cuando estamos vigilantes, no damos lugar al enemigo que tome ventaja sobre nosotros.

Muchos en el pueblo de Dios se han desviado de la verdad porque pensaban que estaban escuchando la voz de Dios pero era la voz del enemigo disfrazado de ángel de luz, y han terminado en una doctrina de error. Han terminado muy lejos de Dios por estar escuchando voces extrañas, y no saber discernir la voz de Dios. Cuando nosotros tenemos afinidad con el cielo, vamos a poder identificar la voz de Dios, aunque otros, que no tienen esa afinidad, no puedan escuchar lo mismo que nosotros. Igual que un campesino puede identificar los sonidos de la naturaleza, mientras que alguien de la ciudad ni siquiera los puede escuchar, quien está conectado con el cielo, escucha lo que se habla en el cielo por encima de lo que se habla en la tierra. El que tiene afinidad, dice, "¿Tú lo oíste? Yo lo oí". Pero el que no tiene su oído afinado, porque está apegado a las cosas terrenales, porque está enfocado en las cosas materiales, no lo va a oír. Va a decir, "¿De qué tú me estás hablando? Yo no oigo nada."

Otro factor que entorpece la capacidad de poder escuchar la voz de Dios es el dolor y la tristeza. ¿Recuerdan a los dos amigos camino a Emaús en Lucas 24:13-35? Estos dos iban por el camino con su esperanza apagada y su corazón cargado de dolor, porque su maestro Jesús había sido crucificado. Iban pensando que todo había llegado a su fin, "¡Mataron a Cristo! Y nosotros que pensábamos que Él era quien nos iba a libertar. ¡Ahora qué vamos a hacer!" Cuando de repente se les une este extraño que les pregunta, "¿Qué pasó? ¿De qué ustedes hablan?" Y ellos le contestan, "¿Dónde tú has estado que no te enteraste que a Jesús lo crucificaron?"

Y mientras ellos se enfocaban en su dolor, Jesús simplemente los acompañó en su camino, esperando a que se dieran cuenta de que era Él quien estaba allí con ellos. El dolor que embargaba sus corazones fue tal que no les permitió ver que tenían de frente al mismo Jesús por el cual lloraban. Parece increíble que anduvieron todo el camino llorando, sin darse cuenta que ya no tenían por qué llorar.

Nosotros podemos encontrarnos en esa misma jornada del camino de Emaús en el día de hoy. A nuestros sentidos humanos les puede parecer que la crisis presente no tiene esperanza, y la tristeza puede nublar nuestra vista y corazón...y hasta nuestra fe. ¿Cuántos han sido cegados por el dolor de tal manera que no han podido ver, ni entender los propósitos de Dios? En medio de nuestro dolor, podemos pensar que Dios nos abandonó, cuando Dios prometió estar con nosotros todos los días hasta el fin. Nunca nos ha abandonado, y nunca nos abandonará.

¿Tú sabes lo que eso quiere decir? Que Dios está con nosotros en medio de toda situación, estemos bien o estemos mal, pasen cosas trágicas o no. No importa como se llame tu crisis: enfermedad, divorcio, finanzas. Dios está contigo. Sí, tal vez llegó un momento de dolor, pero Dios nunca dijo que nos iba a dejar solos cuando el dolor llegara. Al contrario, Él dijo que estará con nosotros todos los días hasta el fin. **No permitas que la presencia del sufrimiento te haga dudar de la presencia de Dios. Dios sigue siendo fiel.**

INJERTADOS

Esa relación íntima con Dios nos da una identidad; y esa identidad en Dios nos lleva al perfecto propósito de Dios. Por eso es tan importante esa relación íntima, cercana, con Dios. Dios no puede trabajar con nosotros a distancia, por fax, ni por correo. No. "Déjame enviarle un correo electrónico a Dios." No. Dios no puede trabajar con tu vida a la distancia. Dios tiene que estar cerca, donde puedas conocerlo a Él, para que puedas descubrir todo lo que Dios tiene preparado para ti.

Jesús dice que separados de Él nada podemos hacer (Juan 15:4-5). ¿Por qué? Porque cuando aceptamos a Cristo, somos injertados en Cristo. ¡Qué increíble! El texto Reina Valera dice en 2 Corintios 5:17 que, "si alguno está en Cristo...." Y eso suena simple, pero el original dice, "*si alguno está injertado en Cristo, es una nueva creación en su totalidad, las cosas viejas pasaron, y he aquí todas son hechas nuevas*". Si tú has sido injertado en Cristo, eso quiere decir que la vida de Dios, la savia de Dios, esa esencia que produce el tronco, toda la vida de Dios corre a través de ese tronco para llegar a tu vida. Eso no viene separado, eso viene a través de una relación personal con Cristo. Si tú tienes la savia de Dios corriendo dentro de ti, y la vida de Dios corre en ti, algo extraordinario tiene que suceder porque la vida de Dios viene para cambiar, para transformar. Y a medida que esa savia sigue corriendo, te va saturando más, te vas impregnando más de Su esencia, Su presencia, por medio del Espíritu Santo. Y esa presencia te va transformando.

Dios está buscando establecer una relación personal con Sus hijos, y no que lo sirvan a la distancia como hizo Pedro cuando Cristo iba a ser crucificado, que el temor lo marcó de tal manera que seguía a Jesús de lejos. Pero Dios no quiere que tú le sirvas de lejos. "Yo acá y tú allá". Él quiere mantener una relación bien íntima. Íntima quiere decir que no caben terceras personas. Repite conmigo, "**en mi relación con Dios no cabe una tercera persona**". Yo tengo una relación con mi esposo donde no cabe un tercero tampoco. Así de íntimo tiene que ser, porque en la intimidad es donde Dios se comunica contigo, y la Biblia dice que al que Dios recibe como amigo le habla sus cosas secretas. Eso sólo puede suceder en el lugar secreto, en la intimidad. Esa intimidad con Dios va echando fuera todo lo que a Dios no le agrada: indiferencia, duda, temor.

A la medida que vamos depositando nuestra confianza en Dios, el temor tiene que irse, porque el temor no permite que tú confíes. Así que si tú tienes temor, necesitas el perfecto amor que echa fuera el temor (1 Juan 4:18). El perfecto amor es Cristo mismo, pero el temor no permite que tú deposites tu confianza en el Señor. Lo hermoso es que una vez tú pasas esa etapa, entras dentro de una confianza con el Señor que tú sabes, sin lugar a dudas, que Dios está velando por la vida tuya. Y estás a ojo cerrado confiando en Dios y diciendo, "Señor, estoy pasando por esta situación, no sé qué voy a hacer, pero descanso en Ti y confío en Tus promesas".

VERDADERO DESCANSO

Dios está buscando, anhela, desea, pasar tiempo a solas contigo. Así mismo como enfatizamos que no es solamente la cantidad de tiempo con tu familia, sino que es la calidad de tiempo, igualmente es en el tiempo con el Señor. Yo no te puedo decir cómo, ni cuándo, ni dónde, pero sí te puedo decir que necesitas urgentemente sacar ese tiempo a solas con Dios. Sea de noche, de día, por la tarde, cuando sea. Dios está buscando ese tiempo de calidad donde tú estás en silencio, en calma, para poder darte ese verdadero descanso.

Sé que no es fácil porque nuestra alma quiere estar por todos lados menos en la oración. Y tú, literalmente, tienes que estar peleando contigo mismo para poder mantener la concentración. ¿Sabes por qué? Porque la mente está aturdida por tantas cosas, problemas, situaciones, etc. Y necesitamos aprender a escuchar la voz de Dios que nos dice, "Suelta tus cargas aunque sea un momento, y descansa en Mí".

Si ustedes supieran que Dios les facilita todo su día cuando sacan ese tiempo. Cuando nosotros sacamos ese tiempo de calidad con el Señor, Dios va delante de nosotros facilitando. Pero cuando decimos, "Yo no tengo tiempo para dedicarle al Señor", lo que en realidad estamos diciéndole a Dios es, "Yo no dependo de Ti, yo dependo de mí, y tengo mucho que hacer". Estamos echándonos toda la carga encima. Cuando le decimos eso a Dios, Dios dice, "Ni modo, no me montaste en tu carro, no me incluiste en el día de hoy, pues Yo espero aquí". Así que Dios se sienta en silencio en una esquina, y te deja correr tu día sólo.

Por eso es tan importante que nosotros saquemos ese tiempo con Dios; porque le estamos diciendo, "Señor, yo no sé lo que viene en este día. Yo no sé lo que va a pasar hoy, pero sea lo que sea, en este día yo quiero que Tú estés conmigo en mi vida, en mi trabajo, en mi familia. Te necesito". ¿Sabes lo que Dios va a hacer? Va a empezar a dirigirte, "No entres por ahí. Haz esto así". Y Dios te va a ir ayudando en tu día, paso a paso. Tu día será completamente diferente.

Una vez entrevistaron a uno de los evangelistas más impactantes en la historia, Billy Graham, y le preguntaron a qué se debe el éxito de sus campañas. Porque, si no lo conoces, sus campañas son de estadios llenos y miles de personas convirtiéndose. ¿Y sabes cuál fue su contestación? Billy Graham simplemente le respondió: "Oración. Oración. Oración". Eso fue lo que dijo. Él era el primero que debería estar ajetreado y en estrés; pero no, su fórmula era "Oración. Oración. Oración". ¿Sabes por qué? **Oración quiere decir dependencia total de Dios**.

Esta increíble jornada a la que Dios nos llama tiene como propósito acercarnos más a Él. A nosotros nos toca echar a un lado la tristeza, el dolor, el desánimo, y el sueño espiritual, para poder escuchar Su voz y seguirlo. ¿Quieres conocerlo íntimamente? Pues te tengo buenas noticias: Dios quiere que lo conozcas. Es Su mayor deseo, pero eso solamente se produce en el camino, en la jornada. En esta jornada, el Señor quiere que descubras que **adoración es relación íntima con Él para llevarte a conocerlo mejor**. Y esa relación íntima te va a dar un descanso, una paz, y un temple, sobrenaturales, a pesar de las circunstancias.

Lo interesante de esta jornada es que nunca podremos decir que hemos llegado a conocer a Dios completamente. Cada día que pasa me doy cuenta de que hay más por conocer, hay más por descubrir. Eso ha sido lo más impresionante, porque cuando me creo que ya conozco lo suficiente, llega Dios y me sorprende una vez más, como jamás pensé. En esta jornada te vas a reír, vas a llorar, vas a sentir muchas cosas, pero lo cierto es que nunca te vas a aburrir. Dios te invita a ir en esta jornada con Él para que le conozcas mejor. Vamos juntos...

MI ORACIÓN

Señor, Te necesitamos. Por favor, abre nuestros oídos para que aprendamos a escuchar Tu voz, para que seamos más sensibles a Tu dulce voz. Estamos viviendo en un mundo lleno de ruido. Dios mío, hasta en la iglesia se ha metido ese ruido que no proviene de Tu presencia. Y no estamos escuchando lo que se habla en el trono. No estamos escuchando lo que habla Tu corazón.

Te pido que nos ayudes a cerrar nuestros oídos a las cosas de esta tierra. Si hay una realidad que dice Tu Palabra es que busquemos las cosas de arriba que son eternas, y no las de la tierra, pero necesitamos la ayuda de Tu Espíritu Santo. En esta hora, Señor Jesús, abre nuestros oídos espirituales para oír lo que el Espíritu Santo le dice a la iglesia. Espíritu Santo en esta hora, en el nombre de Jesús, quita toda distracción de Tu pueblo para que puedan entrar en una relación íntima contigo. Que puedan escuchar Tu llamado a una mayor profundidad en Tu presencia, a una relación íntima contigo, con el Amado.

Señor, yo sé que Tu Espíritu Santo en muchos lugares está contristado. Se ve mucho mover, pero no hay profundidad. ¡Cuánto Tú lo deseas, Señor! Este tiempo de silencio en Tu presencia donde podemos hablar contigo. Donde podemos vaciar nuestros corazones y que Tú derrames Tu corazón en el nuestro. Es donde podemos sentir Tus latidos, donde podemos conocer el deseo de Tu corazón. Es ahí donde Tú puedes mostrarte, Señor, a nuestras vidas. Señor, en esta hora que Tu Espíritu Santo tome residencia en el corazón de cada creyente. Atráenos a Tu presencia.

Señor, en estos momentos permite que esta palabra se grabe en nosotros. Que no simplemente sea información recibida, sino que pueda encaminarnos en esta jornada para vivir bien cerca de Tu presencia hasta estar conscientes en nuestro diario vivir de que Tú estás presente en todo. Señor, perdónanos por distraernos, por envolvernos en tantas cosas que no hemos podido darte la calidad de tiempo que Tú te mereces. Permite que este día tomemos la decisión de buscar ese lugar especial donde podamos pasar ese tiempo en Tu presencia. Señor, te damos gracias por esta palabra. Aceptamos la invitación de acercamiento hacia Ti. Atráenos a ti, Señor. En el nombre de Jesús. Amén.

NOTAS

Preparación: creando una morada para Dios

Con toda seguridad puedo decir, basado en
la autoridad de todo lo que ha sido revelado en
la Palabra de Dios, que cualquier hombre
o mujer en esta tierra que se aburre con la
adoración no está listo para el cielo.

–A.W. Tozer

"Y dijo David: Salomón mi hijo es
muchacho y de tierna edad, y la casa que se ha
de edificar a Jehová ha de ser magnífica por
excelencia, para renombre y honra en todas
las tierras; ahora, pues, yo le prepararé lo
necesario. Y David antes de su muerte hizo
preparativos en gran abundancia"

(1 Crónicas 22:4,5)

PREPARACIÓN: CREANDO UNA MORADA PARA DIOS

SIN PREPARACIÓN, NO TE VISTAS QUE NO VAS

Sin preparación no se puede lograr NADA importante en esta vida, por más que quieras. Esa es una gran verdad que aplica a todas las áreas de la vida. Imagínate un violinista que llegue a un concierto sin haberse preparado. Imagínate un baloncelista que llegue a un juego sin haber practicado. No va a llegar muy lejos. Bueno, en realidad sí va a llegar bien lejos... bien lejos de la orquesta o bien lejos del equipo. Igualmente, cuando Dios te llama al ministerio, se requiere una preparación particular y específica para cumplir con ese ministerio. No es tomar el micrófono en las manos y ya. Si Dios te llama a predicar, para poder predicar necesitas estudiar la Palabra de Dios. No puedes pararte en el púlpito a decir lo primero que se te ocurra. Si Dios te llama a tocar guitarra, necesitas practicar frecuentemente. O sea, si no te preparas para ejecutar tu ministerio, por más llamado que tengas, no lo vas a poder ejecutar eficientemente.

El llamado es simplemente el comienzo del proceso. El resto del proceso te toca a ti. Hay un largo tramo, una larga jornada, que necesitas recorrer desde el llamado hasta el cumplimiento de ese llamado. Si no me crees, pregúntale a David cuántos años pasaron desde que el profeta Samuel lo ungió como rey hasta que finalmente se sentó en el trono. Fue un proceso largo y sufrido, pero valió la pena; y sobre todo, fue vital y necesario. Cuando llegó el momento de sentarse en el trono, ya David estaba listo para reinar.

Por eso una de las partes más importantes de cualquier jornada es la preparación. Ese proceso de preparación es lo que determina cuan exitosa va a ser tu jornada. ¿Por qué? Porque antes de salir, tenemos que tomar en cuenta primero el costo de la jornada, lo que tenemos que llevar, y lo que tenemos que dejar. Porque creo que estamos de acuerdo que en una jornada tenemos que dejar algo atrás; eso es parte integral de cualquier jornada. Creo que estamos de acuerdo que en una jornada escogemos lo más importante y seguimos adelante, dejando atrás lo que nos pueda estorbar en el camino. Pues esta jornada no es la excepción. La única diferencia es que en esta jornada, Dios es quien te da la instrucción, y tú te mueves basado en esa instrucción.

"Cuando entren en el tabernáculo de reunión, se lavarán con agua, para que no mueran; y cuando se acerquen al altar para ministrar, para quemar la ofrenda encendida para Jehová, se lavarán las manos y los pies, para que no mueran. Y lo tendrán por estatuto perpetuo él y su descendencia por sus generaciones"
(Éxodo 30:20-21)

TUS DEBERES CON DIOS

Dios siempre ha sido un Dios de instrucciones definidas y planes claros. Nunca vas a encontrar a Dios diciendo: Yo creo.... A mí me parece.... Tal vez.... No sé... Esas palabras nunca van a salir de la boca de Dios. Y como Sus planes y propósitos son definidos y exactos, por eso Sus instrucciones tienen que ser definidas y exactas. Aun antes de la construcción del templo, Dios mismo emitió unas instrucciones muy específicas para dirigir la adoración de Su pueblo, sin dejar lugar para variaciones ni para improvisación. Y cuando seguimos las instrucciones de Dios, no hay confusión; no hay espacio para errores. Aunque no nos haga sentido, el plan de Dios es perfecto y tiene un propósito; y **el propósito de la preparación es llevarte a desarrollar tus deberes con Dios**.

Todos tenemos deberes con Dios. Son esas tareas, asignaciones, y responsabilidades, que son parte de nuestro ministerio, o vida cristiana. Son aquellas cosas que haces cuando nadie te está mirando, y son las que te preparan para hacer las cosas cuando todos te están mirando. Y para poder ejecutarlas a la perfección, requiere preparación. El mejor ejemplo de esto fue las instrucciones para la preparación del Tabernáculo.

"Jehová habló a Moisés, diciendo: Di a los hijos de Is-rael que tomen para mí ofrenda; de todo varón que la diere de su voluntad, de corazón, tomaréis mi ofrenda. Ésta es la ofrenda que tomaréis de ellos: oro, plata, cobre.... Y harán un santuario para mí, y habitaré en medio de ellos"
(Éxodo 25: 1-3, 8)

UN SANTUARIO PARA JEHOVÁ

Los altares que construyeron Noé, Abraham, Moisés, y David, fueron simplemente el anticipo, el reflejo, de los altares que serían construidos en el Tabernáculo y el Templo. Sin embargo, su propósito a través de los siglos permaneció constante e inmutable. **El propósito de todos y cada uno de estos altares era preparar un lugar para que el ser humano se encontrase con la presencia de Dios.** A pesar de que, con la construcción del templo, la adoración a Dios se volvió más estructurada; la intención seguía siendo la misma.

Como vemos en Éxodo 25:8, el propósito de construir el Templo no era tener un lugar bonito para reunirse con sillas acojinadas, luces, y sonido. El propósito de construir el Templo era crear un santuario, un lugar santo, donde la misma presencia de Dios pudiese habitar en medio de Su pueblo. Porque no era suficiente para Dios presentarse sólo ante Moisés en el monte, Dios quería acercarse a Su pueblo. Y, en ese momento de la historia, eso solamente podía ocurrir en el santuario.

La verdad es que lo que hacía que el santuario fuera un santuario era únicamente la presencia de Dios, no era el oro, los utensilios, la plata, ni el bronce. En realidad no importa cuán lujoso sea el edificio, no importa si es la iglesia más espectacular en toda la región, sin la presencia de Dios, es un edificio más. Aunque parezca una iglesia, no lo es. Construir un templo para Dios es más que crear un edificio impresionante o conseguir el mejor equipo de sonido y luces. **Lo que hace de cualquier edificio un templo es una sola cosa: la presencia de Dios.**

Si la presencia de Dios no se hace manifiesta, no importa cuán espectacular sea el edificio, cuan capacitado esté el equipo de trabajo, cuan cuidadosamente planifiquen la "adoración", ni siquiera cuan impresionante sea la predicación. Todo esto, sin la presencia de Dios, se reduce a un club lleno de gente. Nada más. Por el contrario, puedes tener el salón más pequeño e insignificante, con un grupo de personas sencillas, el equipo de adoración menos talentoso, y un predicador sin experiencia, pero unas reuniones llenas del poder y gloria de Dios. ¿La diferencia? La presencia de Dios.

Verás, **la presencia de Dios y Su Palabra son el único elemento esencial en nuestros servicios,** todo lo demás es adornos, como la decoración encima del pastel. Se ve bonito, pero no es absolutamente necesario. Nuestra adoración, y todos los demás elementos en cada una de nuestras reuniones, deben ser simples instrumentos para llevarnos a la presencia de Dios. Si no, no cumplen su propósito, sin importar cuán bien nos hagan sentir, o cuán bonitos se vean. Cualquier cosa que no contribuya a acercarnos a la presencia de Dios es entretenimiento, es innecesario. **La presencia de Dios debe ser nuestra principal finalidad en todas nuestras reuniones.** Esta fue la intención de Dios al instruir a Moisés que construyese el Tabernáculo. Dios quería acercarse a Su pueblo, pero quería que el pueblo tuviese claro que la presencia de Dios no es algo que se toma livianamente, ni ligeramente. Entrar en la presencia de Dios requería pureza y santidad, y por eso Dios estableció las instrucciones para los sacrificios.

Cada preparativo y cada sacrificio era un recordatorio de la santidad de Dios y la impureza del ser humano.

> *"Y dijo Moisés a Aarón: Acércate al altar, y haz tu expiación y tu holocausto, y haz la reconciliación por ti y por el pueblo; haz también la ofrenda del pueblo, y haz la reconciliación por ellos, como ha mandado Jehová"*
> *(Levítico 9:7)*

Todo lo que había dentro del Tabernáculo, y del Templo, fue diseñado por estrictas especificaciones de Dios. Cada utensilio, cada plato, cada altar, cumplía un propósito particular. El centro de todo este detallado ensamblaje era el Arca del Pacto, el lugar donde la presencia de Dios habitaba en medio de los querubines dentro del lugar santísimo. Desde el altar de bronce, donde los sacrificios eran presentados para la expiación de los pecados (Éxodo 27:1-8), hasta la fuente de bronce, la mesa de los panes, el candelero, el arca, el propiciatorio, aun los querubines, todo tenía su propósito. Cada pieza revelaba un aspecto de Dios. Cada pieza era un recordatorio de la presencia y la santidad de Dios, y una proclamación de la necesidad de un Salvador, Cristo.

Al llegar Cristo, el pueblo judío comenzó a entender la relación entre cada parte del Tabernáculo y la redención obtenida a través de Cristo. El Tabernáculo representaba el Santuario para Dios, representando a la iglesia, el lugar de la habitación de Dios. Los panes representaban el cuerpo de Cristo, partido por nosotros, quien se hizo carne para redimir la humanidad. El candelero, siempre encendido, representaba la Palabra de Dios y Su Espíritu Santo. El altar con sus sacrificios continuos representa los sacrificios de adoración que continuamente debe ofrecer el pueblo de Dios. Aun los artículos que se encontraban dentro del arca del pacto representaban algo importante para Dios. La vara de Aarón representaba la muerte del viejo hombre de pecado, y el nuevo nacimiento que recibimos a través de Cristo, quien también murió y resucitó. El maná representa la gracia de Dios, recibida libremente, no por esfuerzo humano. Y las tablas que contenían los diez mandamientos representaban nuestra inhabilidad para cumplir la ley de Dios, y nuestra necesidad de ser justificados delante de Él.

Así que, cada vez que los sacerdotes derramaban sangre sobre el Arca del Pacto, estaban cubriendo con sangre todos esos elementos que representaban nuestra debilidad, nuestro pecado, y nuestra necesidad de la gracia de Dios. Entonces, en vez de mirar nuestro pecado, Dios veía la sangre que cubría nuestras imperfecciones. Por tal razón, los sacerdotes podían entrar en el Santuario sin ser consumidos, y Dios podía habitar en Su Santuario, por la sangre que era vertida continuamente por el pecado del pueblo. La ley que nos condenaba había sido cubierta por la sangre de la gracia.

Y así cada artículo que se encontraba dentro del Tabernáculo representaba algún elemento de Dios. Nada fue puesto al azar, ni para decorar, ni para rellenar un espacio. Nada fue improvisado. Todo tenía la función de llevarnos hacia Cristo, de mostrarnos que es solamente a través de Cristo que tenemos libre acceso a la presencia santa y sublime de Dios. Él se hizo por nosotros el sacrificio, la sangre, la gracia, el perdón, y la misma presencia de Dios encarnada sobre la tierra. Ahora todo ser humano sobre la faz de la tierra tiene acceso a Dios; todo aquel que quiera aceptar ese regalo de pura gracia que nos fue hecho disponible por la vida, muerte y resurrección de Jesús.

Y dos mil años después, Él sigue siendo el único camino. No hay otro. No hay ningún otro Salvador. No hay ninguna otra sangre. El único Salvador siempre ha sido, y siempre será, Cristo; y Su sangre es el único sacrificio suficiente y aceptable para la expiación de nuestros pecados. Nosotros nos enfocamos en buscar lo "nuevo y mejorado", la moda, lo "último en la avenida", pero Dios no. Dios no necesita mejorar lo que ya Él mismo perfeccionó. **No necesitamos buscar "nuevas y mejoradas" técnicas ni estrategias de adoración; necesitamos convertirnos en verdaderos adoradores.** Eso es lo que busca Dios, verdaderos adoradores dispuestos a seguir Sus instrucciones al acercarse a Su presencia; de todo lo demás se encarga Él. Nosotros somos los que siempre andamos buscando cambios, porque nos gusta "lo nuevo", pero Dios no cambia. Él es el mismo ayer, hoy, y por los siglos (Hebreos 13:8). Su plan y Su propósito siempre han sido los mismos: traer Su presencia de vuelta a la raza humana. Pero para lograr esto, primero era necesario remover el pecado. Por eso Dios tuvo que primero enviar a Cristo como expiación por nuestros pecados, para que entonces pudiésemos convertirnos en el templo donde el Espíritu Santo pueda habitar (1 Corintios 3:16; 6:19). Es por el Espíritu Santo que tenemos libre entrada a la presencia de Dios; y es Él quien Único puede enseñarnos lo que Dios requiere de nosotros (Juan 14:26).

Lamentablemente, muchos cristianos pierden totalmente de vista que la presencia de Dios vive con nosotros hoy y ahora; y viven esperando algún día allá en el cielo disfrutar Su presencia. No se han dado cuenta que Dios quiere que vivamos en Su presencia hoy, no que esperemos a disfrutar de Su presencia cuando estemos en el cielo. Y esto es vital para poder funcionar en el mundo en que vivimos hoy en día. **Necesitamos entender que Su presencia se encuentra con nosotros siempre, y que esa presencia es todo lo que necesitamos.** Ese ha sido el plan de Dios desde un principio, que Su presencia se encuentre con nosotros donde quiera que nosotros estemos. El propósito de la ley, los profetas, y Cristo, ha sido llevarnos de vuelta a ese ambiente tan glorioso de Su presencia. En Cristo finalmente se cumplió lo que el Padre siempre anheló, que no es habitar en casa hecha de manos, sino en nuestro corazón. ¡Aleluya!

EL ALTAR

No podemos hablar de santuarios ni templos sin hablar del altar. El altar es la parte central y más importante de cualquier santuario o templo, y significa "**el lugar de sacrificio**". Es el punto donde lo divino y lo humano se encuentran. Dios respondía activamente a cualquier ofrenda presentada en un altar, pero el altar tenía que ser preparado conforme a las especificaciones de Dios.

Todo sacrificio a Jehová requiere una preparación especial. No puede haber sacrificio sin ella. Tiene que haber una decisión, una intención, una determinación, que va mucho más allá de la mera improvisación. Por esa misma razón, el capítulo primero del libro de Levítico presenta una detallada instrucción para los sacerdotes sobre cómo se deben presentar las ofrendas delante de Jehová. Si la intención del altar es atraer la presencia de Dios para adorarle, entonces el altar tiene que cumplir con los requisitos.

Encontré que el primer altar que aparece en la Biblia lo edificó Noé al salir del arca. Aun cuando todo alrededor estaba destruido, lo primero que hizo, luego de un año encerrado en el arca, fue construir un altar para invocar la presencia de Dios. El segundo altar lo edificó Abraham, como un recordatorio de la promesa que Dios le había hecho. Luego de ellos, encontramos que edificaron altares Jacob, Moisés (quien recibió las instrucciones para edificar los dos altares del Tabernáculo), Gedeón, Samuel, Saúl, y David. En el periodo de los patriarcas, los altares eran además un memorial, conmemorando un encuentro con Dios (Génesis 12:7).

Y es que, desde sus comienzos, la raza humana ha intentado volver a encontrarse con Dios. Estos esfuerzos de traer la presencia de Dios al plano humano se encuentran detallados a través de todo el Antiguo Testamento. Encontramos muchas historias del pueblo de Dios construyendo altares en un esfuerzo por preparar un lugar donde la presencia de Dios pueda habitar. Lo encontramos desde Abel, Noé.... Y Abraham.

Después de Noé, no fue hasta Abraham que se construyó el siguiente altar a Jehová, el primero de sólo cuatro altares que Abraham construiría en toda su vida. Y cada altar representaba una transición, una nueva etapa, un nuevo escalón en su relación con Dios. El primer altar, el altar de la promesa, lo construyó cuando Dios se le apareció y le prometió que le daría la tierra de Canaán a su descendencia (Génesis 12:7). El segundo altar fue el altar de intimidad con Dios porque allí invocó a Dios (Génesis 12:8); el tercer altar fue el altar de la restauración, donde restauró el antiguo altar en su regreso de Egipto, para no dar marcha atrás (Génesis 13:3-4); y el último altar, el altar de la entrega total, lo construyó en el Monte Moriah para sacrificar su promesa, su hijo. El altar más difícil de construir en toda su vida. Abraham fue un verdadero adorador y padre de la fe, evidenciado no sólo por la cantidad de altares que construyó en su vida, sino por su confianza, compromiso, y fe en Dios, a tal grado que estuvo dispuesto a entregarle aun el hijo de la promesa. Creyó que Dios era capaz de proveer, sin saber que ya Dios había provisto.

"Acercándoos a él, piedra viva, desechada ciertamente por los hombres, mas para Dios escogida y preciosa, vosotros también, como piedras vivas, sed edificados como casa espiritual y sacerdocio santo, para ofrecer sacrificios espirituales aceptables a Dios por medio de Jesucristo"
(1 Pedro 2:4-5)

PIEDRAS VIVAS

No podemos hablar del altar sin hablar de la manera correcta de construir un altar, y de los materiales requeridos para construirlo. El altar tenía que ser construido con piedras, porque ningún otro material era capaz de resistir el fuego. Pero no podía ser cualquier tipo de piedra, tenía que ser una piedra especialmente diseñada para ser usada en la construcción de un altar. Por eso la construcción de un altar tomaba tanto tiempo, porque tenían que primero encontrar cada piedra que iba a ser utilizada, y eso no era tarea fácil.

Jesucristo, reconociendo que nosotros por nuestra propia capacidad no podíamos cumplir con los requisitos, se convirtió Él mismo en piedra viva, para que nosotros, por medio de Él, pudiésemos convertirnos también en piedras vivas. Ahora podemos ser parte de esa impresionante edificación que es el cuerpo de Cristo. Ahora, por medio de Su vida fluyendo en nuestra vida, podemos presentar sacrificios espirituales aceptables a Dios, porque ahora somos piedras vivas en Él. ¡Gloria a Dios!

MI CORAZÓN.... MI ALTAR

Lo que más me impactó de todo este estudio sobre los altares fue darme cuenta que, si el altar es el lugar de encuentro entre Dios y el hombre, y yo soy templo del Espíritu Santo, **¡entonces mi corazón es mi altar!** ¡Increíble! Eso quiere decir que mi corazón es el lugar de mi encuentro con Dios, el lugar donde tengo que presentar mi sacrificio. Pero eso también significa que mi corazón tiene que estar en condiciones óptimas para agradar a Dios. Necesito convertir mi corazón en ese altar que agrada a Dios. Porque descubrí algo en la Biblia muy importante sobre los altares: aunque existen varios tipos de altares, sólo uno agrada a Dios.

Por lo tanto, te invito, con toda sinceridad, a que analices cada uno de estos altares que te presento a continuación, y los utilices como un espejo para que puedas evaluar en qué condición se encuentra el altar de tu corazón en este día. ¿Con cuál altar te identificas hoy? ¿Cuál quisieras ser?

"Entonces dijo Elías a todo el pueblo: Acercaos a mí. Y todo el pueblo se le acercó; y él arregló el altar de Jehová que estaba arruinado. Y tomando Elías doce piedras, conforme al número de las tribus de los hijos de Jacob, al cual había sido dada palabra de Jehová diciendo, Israel será tu nombre, edificó con las piedras un altar en el nombre de Jehová; después hizo una zanja alrededor del altar, en que cupieran dos medidas de grano. Preparó luego la leña, y cortó el buey en pedazos, y lo puso sobre la leña"
(1 Reyes 18:30-33).

EL ALTAR ARRUINADO

¡Qué lamentable es ver algo en ruinas! Cualquier cosa, lo que sea. Qué triste toparse con un edificio en ruinas. O con una casa que antes era hermosa, pero ahora sólo quedan rastros de lo que fue. Lamentablemente, el descuido y la dejadez pueden llevar cualquier objeto a llegar a la ruina, y un altar no es la excepción. Esto fue lo que sucedió con el pueblo de Israel. Se enfocaron en sus propias vidas, en sus asuntos; y dejaron a un lado el altar de Jehová. Por eso cuando llega el profeta Elías, se encuentra con un altar completamente arruinado. Y **no se podía ofrecer sacrificio en un altar arruinado**; por lo tanto, antes que cualquier otra cosa, era necesario reparar el altar.

Había que pasar el trabajo de restaurar el altar a su estado original para que pudiese ser usado. Por eso es que, luego del exilio del pueblo de Israel, lo primero en ser reconstruido fue el altar; el Templo fue reconstruido luego de la reconstrucción del altar. Esto daba a entender que el Templo era secundario al altar, porque era en el altar que el intercambio entre lo humano y lo divino se consumaba.

¿Cuál fue el resultado de esa restauración? Que Jehová respondió con fuego que consumió el holocausto, la leña, las piedras, el polvo, y aun el agua que estaba en la zanja (1 Reyes 18:36-39). El pueblo solamente pudo postrarse y proclamar: ¡Jehová es el Dios, Jehová es el Dios!

"Y habiendo tenido consejo, hizo el rey dos becerros de oro, y dijo al pueblo: Bastante habéis subido a Jerusalén; he aquí tus dioses, oh Israel, los cuales te hicieron subir de la tierra de Egipto. ...... Sacrificó, pues, sobre el altar que él había hecho en Bet-el, a los quince días del mes octavo, el mes que él había inventado de su propio corazón; e hizo fiesta a los hijos de Israel, y subió al altar para quemar incienso"
(1 Reyes 12:28,33)

MI ALTAR A MI MANERA

Existe otro grande peligro en esto de la preparación para la jornada, y es que se adentre en nuestra mente y corazón el "espíritu" de hacer las cosas "a mi manera". ¡Y qué mucho se ha metido en la iglesia ese espíritu de "a mi manera"! Yo canto a mi manera. Yo adoro a mi manera. Yo no quiero hacerlo así, yo quiero hacerlo de esta otra manera. Si no lo hacen a MI manera, no cuenten conmigo. Si te fijas, el protagonista principal en cada una de esas oraciones es el YO, y ese es el mayor peligro. Cuando el YO toma el control de mis acciones, entonces ya le quité a Dios el volante de las manos, y yo tomé las riendas de mi vida. Y algo que Dios no acepta es el asiento de pasajero. En tu vida, o le permites a Dios ser el conductor, o Dios te deja seguir tu camino sin Su ayuda.

El primer ejemplo de alguien que quiso hacerlo a "su manera" se encuentra en Génesis 4:3-4, cuando Caín trajo una ofrenda a Dios, a su manera, y Abel trajo de lo mejor de su ganado. Los dos trajeron su ofrenda, pero sólo una agradó a Dios. Verás, **esto no es cuestión de hacer las cosas por hacerlas, ni de cumplir por cumplir; tiene que ser a la manera de Dios, o ninguna.**

¿Por qué? Porque Dios conoce lo que nosotros no conocemos. Porque cada vez que hacemos algo a nuestra manera, no lo estamos haciendo a la manera de Dios. No le estamos permitiendo a Dios obrar; le estamos cerrando las puertas al poder restaurador, transformador, de Su Espíritu Santo. Hacer algo a mi manera implica que me quedo dentro de mi zona de comodidad, y no le permito a Dios cambiar lo que tenga que cambiar en mí. Implica, aunque no nos guste admitirlo, orgullo. Me creo que yo tengo la razón, y todos los demás están mal. Me creo que mi manera es la única y es la correcta. No me doblego, no me someto, y no crezco. Y eso NO es lo que Dios quiere para mi vida.

Yo sé que lo más fácil es llevar a cabo un ritual rutinario y vacío, a mi manera. También sé que cuesta trabajo someterme y buscar el rostro de Dios hasta descubrir Su voluntad, Su manera. Lo sé porque lo he intentado hacer de ambas maneras, y me he dado cuenta que sólo una funciona. Aunque al principio cueste trabajo hacer las cosas a Su manera, te aseguro que descubrirás que a fin de cuentas es mucho mejor. Su manera siempre rinde mejores resultados; y verás la gloria de Dios como nunca.

¿Cuál fue la consecuencia de la desobediencia de Jeroboam y su altar "a su manera" en 1 Reyes 12? Que, en 1 Reyes 13, Dios envió, desde Judá, un profeta que profetizó juicio contra ese mismo altar que Jeroboam en desobediencia construyó. Se quebró el altar, se derramó la ceniza, y la mano que Jeroboam extendió en contra del profeta se le secó. Mira la verdadera raíz del problema aquí: Jeroboam le suplicó al profeta que rogara a "SU" Dios para que lo sanara. Fíjate que Jeroboam no dijo, "Ruega a NUESTRO Dios." Sino que dijo, "Ruega a TU Dios." Aquí descubrimos cuál fue el verdadero problema. El altar que Jeroboam construyó no era para honrar a Dios, porque no era SU Dios. Un altar a "mi" manera no es para honrar a Dios porque esa no es su intención. La intención de un altar a "mi" manera es honrarme a mí. Por eso Dios condena el altar a "mi" manera, porque no es, ni nunca será, para honrar a Dios. Es para honrar el YO.

"Después fue el rey Acaz a encontrar a Tiglat-pileser rey de Asiria en Damasco; y cuando vio el rey Acaz el altar que estaba en Damasco, envió al sacerdote Urías el diseño y la descripción del altar, conforme a toda su hechura. Y el sacerdote Urías edificó el altar; conforme a todo lo que el rey Acaz había enviado de Damasco, así lo hizo el sacerdote Urías, entre tanto que el rey Acaz venía de Damasco"

(2 Reyes 16:11-12).

EL ALTAR AJENO

Al ser humano siempre le ha gustado imitar, y este caso no es la excepción. Imitar no es malo; siempre y cuando imitemos lo bueno. Y siempre y cuando imitar a otros no sustituya seguir las instrucciones de Dios. Ese es otro peligro al que nos enfrentamos dentro de nuestro proceso de preparación; porque **Dios no nos llamó a imitar los altares de los demás; Dios nos llamó a seguir Sus instrucciones.** Lo he visto por experiencia propia, el resultado de imitar otros altares es una catástrofe segura. Así que cuando alguien te diga, "es que en aquella iglesia lo hacen de esta otra manera," diles, "Muy bien, pero ¿cuál es la manera en que Dios quiere que nosotros lo hagamos? Eso es lo que importa". Enfócate en seguir las instrucciones de Dios, y Dios te sorprenderá.

"Voluntariamente sacrificaré a ti; Alabaré tu nombre, oh Jehová, porque es bueno"
(Salmo 54:6)

EL ALTAR VOLUNTARIO

Para que mi altar, mi adoración, sea agradable a Dios, necesita ser, antes que cualquier otra cosa, un acto voluntario. No puede ser obligado, ni forzado, ni impuesto. No puede ser por agradar a otros, ni a mis padres, ni al pastor, ni a nadie. Necesita ser una ofrenda consciente y sincera que nazca de lo más profundo de mi corazón con el único deseo de agradar y glorificar a Dios. Por lo tanto, no es algo basado en mis emociones o sentimientos. No necesito esperar a sentirme bien para adorar a Dios. No necesito que todo en mi vida sea perfecto para entonces adorar a Dios, porque si espero a ese momento, ese momento nunca va a llegar.

Mi adoración reconoce que Él sigue siendo Dios y que tiene un plan, aunque yo no lo vea. Mi adoración pone todo en Sus manos y espera. Cuando tienes una relación profunda con Dios, puedes confiar en Él y puedes dejar de preocuparte para simplemente adorar.

Un hermoso ejemplo de esto lo fue el Salmista. En el Salmo 42, se lamenta porque su vida ya no es lo que era antes, tal vez porque ya estaba enfermo, tal vez porque se sentía solo; pero de repente recapacita y dice: ¿Por qué te abates, oh alma mía, y te turbas dentro de mí? Espera en Dios; porque aún he de alabarle, Salvación mía y Dios mío. A pesar de sus lágrimas, su desesperación, el Salmista le ordenó a su alma a esperar en Dios. Él decidió voluntariamente recordar las muchas misericordias de Dios, y confiar en Dios. Escogió decirle a su alma: ¡No te rindas! ¡Espera en Dios! Deja de enfocarte en lo que ves, en lo que anda mal, y empieza a enfocarte en Dios. Recuerda Sus bondades, Sus muchos beneficios, Su amor, y de repente verás Su salvación.

> *"Esfuérzate, pues, y cobra ánimo; no temas, ni desmayes. He aquí, yo con grandes esfuerzos he preparado para la casa de Jehová cien mil talentos de oro, y un millón de talentos de plata, y bronce y hierro sin medida, porque es mucho. Levántate, y manos a la obra; y Jehová esté contigo"*
> *(1 Crónicas 22:13, 14, 16)*

EL ALTAR ESFORZADO

Tal vez recuerdes personas que comenzaron esta jornada contigo, emocionadas y dispuestas; pero de repente, al primer problema, se decepcionaron y se rindieron. Ya no quieren trabajar más para Dios. Lo he visto pasar tantas veces a través de los años, especialmente en los grupos de adoración. A la más mínima crisis, engancharon los guantes, ya se acabó todo, no van más. La verdadera adoración no se puede rendir tan fácilmente, requiere un esfuerzo de tu parte. O sea, no va a ser fácil.

Aunque quiero aclarar que el Espíritu Santo es quien nos ayuda y nos da las fuerzas, pero eso no significa que todo va a ir viento en popa, o que puedes delegarlo en otra persona. El anhelo tiene que nacer de ti. Puedes llegar al culto esa noche sin ganas de adorar, y puedes salir igual que como llegaste, a menos que tú mismo hagas el esfuerzo voluntario de abrir tu boca y adorar a Dios por encima de lo que estés sintiendo en ese momento. Cuántas noches he llegado al servicio casi arrastrándome del cansancio o del dolor, he levantado mis manos para adorar a Dios a pesar de mi dolor, y he salido con un gozo y unas nuevas fuerzas asombrosas. Te repito, Dios te sorprenderá.

"Entonces dijo David a Ornán: Dame este lugar de la era, para que edifique un altar a Jehová; dámelo por su cabal precio, para que cese la mortandad en el pueblo. Y Ornán respondió a David: Tómala para ti, y haga mi señor el rey lo que bien le parezca; y aun los bueyes daré para el holocausto, y los trillos para leña, y trigo para la ofrenda; yo lo doy todo. Entonces el rey David dijo a Ornán: No, sino que efectivamente la compraré por su justo precio; porque no tomaré para Jehová lo que es tuyo, ni sacrificaré holocausto que nada me cueste"

(1 Crónicas 21:22-24)

EL ALTAR MÁS COSTOSO

Uno de los mejores ejemplos que encontramos en la Palabra de un verdadero adorador fue David. Con todo y sus defectos, David le fue fiel a Dios, fue sincero con Dios. En 1 Crónicas 21, David había cometido un pecado, y Dios le dio a escoger la consecuencia. David escogió ponerse en manos de Dios, pero, al ver la destrucción en el pueblo, salió corriendo al encuentro del ángel para pedir misericordia. El lugar donde el ángel se detuvo fue la era de Ornan.

Así que el rey le pidió a este humilde campesino que le vendiera lo necesario para presentar una ofrenda de sacrificio delante de Jehová. Imagínese esa conversación: "El rey en mi humilde granja, ¿Cómo yo le voy a cobrar por eso? No, mi Señor. Mi rey, tome lo que usted necesite, y no me tiene que pagar nada". Pero, ¿qué clase de sacrificio hubiese sido si a David no le hubiese costado nada? ¿Cómo podía ser un sacrificio sin ningún costo, ningún esfuerzo? El rey David no aceptó el regalo. De ninguna manera. Al contrario le pagó su justo precio por todo lo que utilizó para el sacrificio. Esto agradó a Dios, y la mortandad se detuvo.

David tenía bien claro que un sacrificio te tiene que costar para ser sacrificio. **Si no te cuesta, no es sacrificio.** Puede ser que te cueste dinero. Puede ser que te cueste tiempo. Sólo tú y Dios saben lo que te va a costar servir a Dios, pero ese sacrificio a fin de cuentas rendirá frutos eternos.

> *"Y el fuego encendido sobre el altar no se apagará, sino que el sacerdote pondrá en él leña cada mañana, y acomodará el holocausto sobre él, y quemará sobre él las grosuras de los sacrificios de paz"*
> *(Levítico 6:12)*

UN ALTAR ENCENDIDO PARA DIOS

Este es el altar que yo quiero ser: un altar encendido para Dios. Encendido para que el mundo vea la gloria de Dios en mi vida, para que los perdidos encuentren el camino a Dios, para que el nombre de Dios sea glorificado. Un altar encendido implica una constante relación con Dios para recibir de su unción diariamente, porque sin esa unción, sin ese aceite, el fuego se apaga.

Un altar encendido es un altar de búsqueda incesante del rostro de Dios, de Su corazón, de Su voz, de Sus propósitos. Un altar encendido no se apaga cuando sopla el viento de la tempestad, la duda, o la enfermedad. Este altar no lo apaga nada ni nadie, porque su fuego nace de adentro, no de afuera. Es un altar que alumbra todo lo que se encuentra a su alrededor, y que impacta todos los que lo rodean. Ayúdanos, Espíritu Santo, a convertirnos en ese altar. Lo necesitamos. Este mundo lo necesita. Amén.

> *"Así que, ofrezcamos siempre a Dios, por medio de él, sacrificio de alabanza, es decir, fruto de labios que confiesan su nombre"*
> *(Hebreos 13:15)*

LO MEJOR DE MÍ

Un altar encendido produce naturalmente sacrificio de alabanza, fruto de labios que confiesan Su nombre. Eso es lo que Dios busca. La palabra "Fruto" implica sacrificio, siembra, un periodo de espera, de crecimiento, de esfuerzo, para poder ver la cosecha. **Verdadera adoración es cuando sacrificas a Jehová lo mejor de ti, aunque te cueste.** Antes de Cristo, la única adoración aceptable era sacrificios de ovejas o machos cabríos. Antes de Cristo, tú no podías ni tan siquiera acercarte al Templo si no traías el sacrificio requerido. De hecho, **nadie podía presentarse delante de Jehová con las manos vacías** (Éxodo 23:15; 34:20). Hasta el más pobre tenía que traer una ofrenda dentro de su capacidad. No había ninguna excusa.

Y tenía que ser de lo mejor del ganado, las ovejas, lo que fuera. No podía ser el cojo, el enfermo, el que estaba más o menos regular, tenía que ser el mejor (Levítico 3:1; 9:2). Y es que Dios siempre nos ha pedido las primicias. Dios nunca ha aceptado menos, porque Él no se merece menos. Él lo dio todo por nosotros. Él nos dio todo lo que tenemos y somos; y por eso tiene el derecho de pedir el primado.

Gracias a Dios por Cristo; porque ya no tenemos que llegar al templo con una oveja ni un macho cabrío. Ahora el sacrificio requerido es nuestra adoración, pura y sincera. Ahora tenemos que llegar con nuestra mejor adoración, fruto de labios que confiesan Su nombre. Ese sacrificio de alabanza nace cuando, por encima de lo que sientas o pienses, tomas la decisión de obedecer a Dios y adorarle. Reconozco, porque me ha pasado, que no es fácil mirar por encima de tu situación para poder adorar a Dios; y tal vez al principio se sienta como forzado; pero según vas adorando, vas "entrando en calor", y de repente te das cuenta que estás vertiendo tu alma y corazón delante del Único que puede ayudarte.

De repente ese sacrificio rinde un hermoso "fruto de labios que confiesan" que Dios ha sido bueno, fiel, y misericordioso. Y ese fruto de labios rinde más fruto, y más fruto; porque ese fruto de labios nace de un corazón agradecido. **Fruto de labios va mucho más allá de palabras huecas y superficiales, mucho más allá de un mero espectáculo externo, es un sacrificio interno, del corazón.** No dice que tiene que ser mucho fruto. No dice que tiene que ser grande ni bonito, pero sí tiene que salir del corazón. Descansa en el hecho que Dios no te va a exigir más allá de lo que puedas dar en ese momento, así que, aunque tengas pocas fuerzas, con esas pocas fuerzas adora a Dios, y Dios se encargará de multiplicarlas. En Su Palabra lo ha prometido.

NADIE LO PUEDE HACER POR TI

Qué clase de fe tuvo que tener Abraham que Dios le habló, y Abraham no postergó, sino que inmediatamente se puso a hacer él mismo los preparativos para el sacrificio. Abraham se levantó muy de mañana, y enalbardó su asno, y tomó consigo sus siervos y su hijo; y cortó leña para el holocausto, y fue al lugar que Dios le dijo, sin cuestionar. Hizo todos los preparativos que le correspondía hacer, sin quejarse.

Una cosa tengo que advertir: esto de adorar no es para los cobardes, los débiles de ánimo, ni los indecisos. Adorar requiere una decisión firme y clara que nazca del corazón. Parte importante de esta jornada de adoración es reconocer que lo que Dios me llamó a hacer a mí, lo tengo que hacer yo, y nadie más lo puede hacer por mí. Nadie puede adorar a Dios por mí, ni leer la Biblia por mí, ni ayunar por mí, ni orar por mí. Lo que me corresponde hacer a mí, no lo puedo delegar, ni asignar a nadie más. Nadie puede hacer los preparativos por mí, por más que yo quisiera.

Algo que tenemos que entender es la historia de Abraham es que este hombre es el jefe, el patriarca de esta familia, y el único que podía decir, "Yo estoy muy ocupado, ustedes busquen la leña, preparen las cosas, y hagan el altar, que yo simplemente llego al sacrificio". Abraham estaba en todo su derecho de enviar a los criados a hacer los preparativos, pero no lo hizo. Tenía todo el derecho bajo la ley de delegar el "trabajo sucio" a sus siervos; sin embargo, la Palabra de Dios dice que él lo hizo TODO, sin pedirle ayuda a nadie. Porque quien iba a ofrendar era él. Quien iba a entregar era él. Por esa razón, adoración es preparación, porque **en tu vida de adoración tú no puedes esperar que otro adore por ti.** Tienes que hacerlo tú. Entender esto nos lleva no solamente a cantar, tocar, o danzar, sino que nos lleva a una etapa de preparación para darle lo mejor al Único que se lo merece.

Hay quienes quisieran que otros lo hicieran todo por ellos, oren por ellos, lean la Biblia por ellos, busquen la presencia de Dios por ellos;

pero la Biblia es bien clara. Podemos apoyarnos unos a otros, podemos orar unos por otros; pero no podemos hacer por otros lo que a otros les toca hacer. Hay quienes ni siquiera oran, y se las pasan pidiéndole a todo el mundo que ore por ellos. Siempre están en problemas y pidiéndole a Dios que los saque de los problemas; pero cuando buscas su vida de intimidad con Dios, no hay nada. Siempre están buscando que otros los carguen, los ayuden, les resuelvan los problemas.

Pero la vida con Dios se trata de una relación individual y personal. Yo tengo mi esposo conmigo, y nosotros estamos juntos todo el tiempo; pero cuando se trata de este asunto de una relación con Dios, es personal, individual, y única. Ni yo lo puedo cargar a él ni él me puede cargar a mí.

El Rey Saúl se apartó de la presencia de Dios y fue desechado por Dios. A causa de su alejamiento de Dios, un espíritu malo lo atormentaba (1 Samuel 13 en adelante). En vez de buscar a Dios, en vez de regresar a Dios, humillarse, y buscar Su rostro, Saúl decidió escoger el camino fácil: que otro lo hiciera por él. Y por eso envió a buscar a David para que tocase el arpa cuando el espíritu malo lo atormentaba; porque, aunque Saúl se había alejado de la presencia de Dios, reconocía que necesitaba la presencia de Dios.

Y es que cuando la presencia de Dios llega a nuestras vidas todo cambia; pero si nos alejamos de Él, todo vuelve a ser como era antes: vacío, sin propósito, sin vida. Eso es lo que le pasaba a Saúl; y por eso tenía que enviar a buscar a David para que trajera la presencia de Dios a su vida, porque la necesitaba, pero no estaba dispuesto a pasar el trabajo de buscarla. Entonces **David tenía que estar constantemente visitando el palacio para llevarle la presencia de Dios a Saúl; porque Saúl no quería pasar el trabajo de buscarla por su propia cuenta.** Le pido a Dios que ese nunca sea nuestro caso. Que nunca necesitemos de otra persona para que nos lleve a la presencia de Dios. Que nuestra práctica diaria sea buscar entrar en esa presencia cada día, todos los días. No esperemos a que llegue el día del servicio en la iglesia para que el director de adoración nos empuje a adorar a Dios, lleguemos al templo cargados de la presencia de Dios, y nuestros servicios serán gloriosos.

SENSIBLE A SU VOZ

Tuve una experiencia curiosa (como un sueño) hace unos años atrás donde estaba a campo libre, afuera, y de momento, Dios me levanta del piso, y me pone suspendida en el aire, flotando, como se ponen los astronautas. A mí eso me incomodó muchísimo porque no tenía el control, y a veces estaba de cabeza, y otras veces de lado. Así que empecé a luchar para tratar de poner mis pies en la tierra y recobrar el control. En esa lucha en el aire, me di cuenta de que estaba flotando al lado de un árbol. Y de momento veo como las hojas se desprendían del árbol y, mientras descendían, seguían meciéndose de lado a lado con el viento, como si estuvieran en un sillón de mecerse. Seguían de lado a lado descendiendo suavemente hasta llegar al suelo. Cuando yo vi eso, cesó la lucha en mí. Dejé de luchar, y permití que el mismo viento me meciera en el aire. Me siguió meciendo hasta que llegué a bajar lentamente como la hoja. No comencé a bajar hasta que dejé de luchar. Cuando yo decidí dejar que el viento me meciera, fue que comencé a bajar. Cuando me rendí, cuando solté mi voluntad, fue que pude poner los pies en la tierra. Fue entonces que escuché la voz de Dios desde el cielo como un trueno que retumbaba y me decía: Irás donde Yo te diga. Harás lo que Yo te diga. Dirás lo que Yo te diga.

En ese momento pude entender que este proceso es parte importante de la preparación, tenemos que aprender a ser sensibles a la voz de Dios, y para ser sensibles a Su voz, tenemos que dejarnos llevar. Necesitamos aprender a seguir las instrucciones de Dios, desarrollar ese oído que pueda escuchar esa voz potente pero calmada de la soberanía de Dios, el poder de Dios. Vas a poder poner los pies en el piso cuando seas dócil, manso, humilde. Abraham también tuvo que ser dócil, porque Dios le pidió que entregara algo que no era para nada fácil de entregar.

Si estamos dispuestos a escuchar Su voz, podemos descansar en el hecho de que esa preparación viene por la instrucción directa de Dios. Es el mismo Dios quien te guía, te dirige, te supervisa. Una versión muy hermosa de un Salmo dice, *"Yo te guiaré y te supervisaré personalmente" (Salmos 32:8)*. La versión Reina Valera dice: *"Te haré entender, y te enseñaré el camino en que debes andar; sobre ti fijaré mis ojos."* En ambas versiones, el centro, el foco principal es Dios. Dios es quien nos guía. Dios es quien nos enseña.

Lo que Dios te está diciendo es que es Él quien está forjando Su carácter en ti. Es Dios quien te está quitando el control. Cuando Dios te suspende en el aire, significa que llegan cosas a tu vida sobre las cuales tú no tienes el control, pero que Dios las permite con un propósito. Yo estoy viendo en ese sueño que Dios me quiere guiar, pero yo no quiero dejarme guiar. Cuando por fin me dejé llevar, entonces fui sensible a Su voz, y fue en ese momento cuando yo entendí que **yo no guiaba mis pasos, yo no dirigía mi vida, era Dios**. Fue sólo entonces que pude poner mis pies en la tierra, porque ahora mis pies iban a seguir Sus pasos.

El día que decidas seguir Sus pasos, el día que te sueltes en Sus manos, será el día que Dios te mostrará Su perfecto camino; y entonces comenzará una jornada gloriosa, llena de verdadero gozo, paz y descanso.

Tal vez mientras lees esto estás pensando que todo esto suena espectacular, pero que ya no tienes fuerzas ni para dar un sólo paso, mucho menos para adorar. Pero permíteme recordarte que hasta aquí Dios te ha ayudado. Hasta aquí Dios no te ha faltado. Tal vez sientes que tu carga es demasiado pesada; pues ahora es el momento de soltarla en las manos de Dios. Eso es lo hermoso de la adoración, que pone todo tu enfoque en Dios. Te lleva a soltar todo en las manos de Dios. No puedes levantar tus manos para adorar mientras tus manos estén llenas de cargas, problemas, y situaciones.

Así que, para poder adorar a Dios, tienes que soltar todo eso en Sus manos. Confía que Dios sabe exactamente qué hacer con todas las situaciones en tu vida. Así que aprovecha este momento y suéltalas en Sus manos para que Dios pueda obrar. Simplemente rinde tu voluntad en Sus manos, y adora, y prepárate para ver milagros donde pensaste que era imposible. Sólo Dios puede abrir caminos donde no hay. Gloria a Dios por eso.

MI ORACIÓN

Señor, yo anhelo que mi corazón se convierta en ese altar donde Tu presencia sea manifiesta cada día. Deseo que tu fuego purifique mi alma, mi mente, y mi corazón. Perdóname por todas las veces que mi altar ha estado arruinado, abandonado, descuidado. Me comprometo hoy a nunca más presentar mi ofrenda desde un altar descuidado. Quiero crear en mi corazón un altar digno de Ti, de Tu presencia.

Mi Dios, reconozco que la parte más difícil de todo esto es soltar, soltar mis metas, mi agenda, mis planes, para dejarme llevar por Tus planes, Tu propósito, Tu perfecta voluntad. Pongo sobre mi altar todos mis sueños, anhelos, y metas, para que hagas hoy de mi vida lo que Tú quieras. Ya no lo haré más a mi manera, de ahora en adelante lo haré a Tu manera. Llévame, Espíritu Santo, a la gloriosa presencia de Dios, al lugar que Tú tienes preparado para mí desde antes de la fundación del mundo. Lo único que quiero es agradarte. En el nombre de Jesús. Amén.

NOTAS

CAPÍTULO 6

*Un minuto
de obediencia*

Igual que la adoración comienza con una sublime expectativa, tiene que terminar con una sublime obediencia. Si la adoración no nos impulsa a mayor obediencia, no ha sido adoración.

–Richard J. Foster

UN MINUTO
DE OBEDIENCIA

Un pastor estaba predicando en una campaña muy concurrida. Una noche llegó una mujer al altar y esa mujer, por alguna razón, tocó su corazón. El día siguiente, en medio de los miles que llegaron, ubicó a la mujer. Ella llegó con tres o cuatro niños, una ropa muy sencilla, y el pastor asumió que era madre soltera. Ella viene llorando al altar y el pastor la llama por encima del enorme cordón de seguridad. El pastor logra que la permitan atravesar el cordón de seguridad y la dejen subir a la gigantesca tarima; entonces, apaga el micrófono, y se acerca al borde de la tarima. La mira a ella y le dice, "¿Qué le traes a Dios esta noche?"

Ella lo mira fijamente y le contesta, "Pastor, anoche el Señor me desafió, y me pidió que le entregara todo el dinero que yo tenía para darle de comer a mis hijos y la leche de hoy. Yo lo obedecí, y nunca en mi casa ha habido tanta abundancia de comida como la ha habido hoy. Pero esta tarde, yo me arrodillé y le dije a Dios, 'Me cansé de ser pobre. Me cansé de tanta necesidad. Me cansé de esta miseria que vivo. Dime qué tengo que hacer para mover Tu mano'. Y Dios me habló y me dijo, 'Entrégame tu casa'. Así que, aquí están las llaves de la casa." Las dejó caer en un recipiente que había en el altar.

El pastor levanta las llaves; la mira a ella y le pregunta, "¿Dónde dormirás esta noche?" y ella le contesta que debajo del Puente del Incienso. Las llaves se le caen de la mano al pastor porque él conoce del lugar, que está lleno de pandilleros y drogadictos; así que le dice que ella no puede hacer eso. Nadie más lo está escuchando porque el micrófono está apagado. De repente el pastor entra en una crisis emocional. Le pregunta, "un momentito, ¿cómo es tu casa?" Ella le contesta que es una casa hecha de adobe, de arcilla, de tierra. El piso es de tierra. El techo es de tierra. Cualquiera diría que esa casa no vale nada, pero, discúlpame, cuando es lo único que tienes, vale demasiado.

Y se le caen las llaves otra vez de la mano al pastor. El pastor le dice, "Usted no puede dejar a sus hijos dormir en ese lugar".

Este hombre está a punto de una taquicardia terrible. Se le caen las llaves otra vez y las vuelve a levantar, mientras le dice a esta mujer que lo mire a los ojos y le pregunta si está segura de lo que está haciendo. Ella le dice, "Pastor, el Señor me dijo a mí que si yo le obedecía esta noche, yo vería Su gloria. Y también me dijo que un minuto de obediencia tiene más poder que diez años de ayuno y oración sin obediencia. Que si yo le obedezco, mi vida cambiará esta noche para siempre."

Entonces ella lo mira, lo sacude y le dice, "No cuestione mi fe. Déjeme creerle a Dios." Las llaves se le cayeron al pastor una vez más. Sintió que su fe recibió una bofetada. La mujer sale caminando con sus hijos. Se detiene como a unos seis o siete metros. El pastor está en la tarima enorme y vuelve a encender el micrófono, mientras está tratando de buscar aire.

De repente en la última grada se escucha un grito ensordecedor. El pastor asumió que algo horrible había pasado. Y sale un hombre corriendo grada abajo. No se sabe cómo podía correr grada abajo, pero corría. Al llegar a la gravilla, se cae, y lo levantan. Sale corriendo entre la multitud abriéndose paso. Cuando llega frente al cordón de seguridad, se vuelve a caer, y lo levantan. El pastor pide que lo traigan a la tarima. El micrófono está amplificado. Cuando el hombre llega al frente, es un hombre elegantemente vestido. El tipo gritaba, zapateaba, hablaba en lenguas y lloraba. No sabía ni qué hacer.

El pastor lo mira y el hombre le dice, "Yo soy quizás uno de los hombres más ricos de este país. Tengo más de catorce pactos con el diablo. Nunca había oído la voz de Dios. Esta es la primera noche que oigo la voz de Dios allá arriba y todos los demonios que habían en mí comenzaron a huir como perros en jauría. Y un demonio enorme que tenía sus uñas clavadas en mis hombros como si fuera un murciélago gigante, cuando oyó la voz de Dios, me soltó; y por primera vez soy libre.

Y el Dios que me habló allá arriba... quiero que sepa Pastor que tengo un residencial ya terminado. La casa más barata vale $350,000 dólares, pero la casa modelo vale $415,000. Esa cantidad de dinero póngale exactamente el doble aquí en Panamá porque en Guatemala las cosas son mucho más baratas que aquí".

Y el hombre se vuelve al pastor pegando gritos y le dice, "Yo no sé si yo estoy loco, pero el Dios que me habló allá arriba me dijo que a esa mujer yo le entregue la casa modelo esta noche. No sólo eso.... que le de una ayuda mensual de mil dólares hasta que su hijo pequeño cumpla mayoría de edad." La mujer vino caminando. Ni siquiera lo miró a él; miró al pastor con sus ojos llenos de lágrimas y le dijo, "Yo se lo dije, Pastor, que no cuestionara mi fe. Que yo le estaba creyendo a Dios esta noche, porque Él me dijo a mí que **un minuto de obediencia tiene más poder que diez años de ayuno y oración sin obediencia.**"

"Bienaventurados los perfectos de camino, los que andan en la ley de Jehová. Bienaventurados los que guardan sus testimonios, y con todo el corazón le buscan; pues no hacen iniquidad los que andan en sus caminos. Tú encargaste que sean muy guardados tus mandamientos. ....
Con todo mi corazón te he buscado; no me dejes desviarme de tus mandamientos. En mi corazón he guardado tus dichos, para no pecar contra ti"
(Salmo 119:1-14)

¿QUÉ ES OBEDIENCIA?

Ya que vamos a hablar de la obediencia, es importante aclarar el término para asegurarme que todos estamos en la misma página. El término **obediencia** procede del latín *oboedientia*, palabra derivada del verbo *oboediere* (obedecer), formada por *ob* (enfrentamiento) y *audire* (escuchar). Esta definición me tomó totalmente por sorpresa. Jamás hubiese pensado que obedecer significaba ser confrontado por lo que escuchas. O sea, ser confrontado por el conocimiento o por la instrucción. En otras palabras, una vez tú escuchas una instrucción, y eres confrontado por ella, tienes que escoger obedecer o desobedecer. No hay otra opción. Porque toda moneda tiene dos caras. **Si no estás en obediencia, estás en desobediencia.**

Y quiero aclarar que eso de pensar que la obediencia es opcional, es desobediencia. Y eso de pensar que "yo obedezco en esto... pero en esto no" es desobediencia. Y esa nueva modalidad de "yo no estoy de acuerdo con la Biblia en esto, o en lo otro", también es desobediencia.

Obediencia parcial es lo mismo que desobediencia. Con la obediencia no hay términos medios, ni áreas grises, ni puntos intermedios. Es todo o nada. Entonces, recapitulando, ese "escuchar" es lo que te lleva a la acción de cumplir con la instrucción, orden, o mandato, sin dudar, sin cuestionar.

"Y Abraham se levantó muy de mañana, y enalbardó su asno, y tomó consigo dos siervos suyos, y a Isaac su hijo; y cortó leña para el holocausto, y se levantó, y fue al lugar que Dios le dijo"
(Génesis 22:3)

OBEDIENCIA INCONDICIONAL

Uno de los ejemplos más impresionantes de obediencia es, precisamente, la vida de Abraham. Por esa razón es el personaje principal en esta Jornada de un Adorador. Dios le pide a este hombre que entregue su único hijo, quien era además el hijo de la promesa, el cual habían esperado toda una vida. Sin embargo, Abraham no cuestionó a Dios, ni dudó. Simplemente obedeció.

Dios sabía muy bien lo que le estaba pidiendo a Abraham. Sabía que era el "hijo que amaba". Sabía que era el hijo de la promesa. Después de todo, Dios mismo había sido quien se lo había prometido y se lo había dado. Sin embargo, con su obediencia, Abraham demostró amar más a Dios que a ese hijo amado, porque escogió obedecer a Dios por encima de su amor por ese hijo. No solo amó a Dios más que a su hijo, sino que amó a Dios más que a su promesa, sus sueños, y su futuro. Sometió su voluntad a la de Dios, y obedeció. Tal vez con el corazón hecho pedazos, pero obedeció. Tal vez sin entender el por qué, pero obedeció. Sometió su voluntad por debajo de la de Dios, confiando en que Dios es fiel, y de alguna manera iba a cumplir lo prometido.

Y se levantó y se fue al lugar que Dios le dijo. No al lugar que él quería ir, sino al lugar que Dios estableció. Una vez allí, estuvo dispuesto a sacrificar su tesoro más preciado: su hijo Isaac. Pero Dios, siendo Dios, justo en el momento en que Abraham levantó su mano para cumplir con la orden de Dios, detuvo la mano de Abraham y de repente apareció un carnero enredado en una zarza. **No fue hasta que Abraham**

se movió en obediencia que Dios proveyó el sacrificio perfecto. Si Abraham no hubiese dado el primer paso de fe en obediencia, la provisión no hubiese aparecido.

Y es que **ese primer paso de fe en obediencia desata lo sobrenatural en tu vida.** Ese primer paso activa tu fe. Cuando caminas en obediencia, tu fe crece y echa alas. Cuando la Palabra dice que la fe sin obras está muerta (Santiago 2:26), es porque nuestra fe tiene que moverse en obediencia para ser real. Si no se mueve, se muere. Si buscas, encontrarás que la gran mayoría de los milagros en la Biblia requirieron primero un paso de fe. Te recomiendo que busques la historia de Naamán (2 Reyes 5), y de tantos ciegos y paralíticos a los que Jesús les dijo que se levantaran y caminaran antes de ser sanados. Eso requiere mucha fe cuando llevas toda tu vida postrado. Muchas veces Dios tiene nuestra bendición en la mano, lista para entregárnosla, pero está esperando nuestro paso de fe para poder darnos lo prometido. ¿Cuál es tu paso de fe hoy, de obediencia, hacia esa promesa que estás esperando de parte de Dios? ¿Tu fe va acompañada de tus obras? ¿Tus acciones demuestran tu fe que Dios cumplirá sus promesas porque es fiel y justo?

POR PURO AMOR

Hay tantos motivos, correctos e incorrectos, para obedecer a Dios. No sabes con cuántas personas me he encontrado que obedecen a Dios simplemente por miedo al infierno. Ninguna otra razón. Otras solamente obedecen por las bendiciones que piensan obtener. Otras obedecen por temor a lo que piensen los demás. Otras por costumbre. Pero **la verdadera obediencia nace de una sola motivación: Amor.** Sí. Puro Amor. Mira lo que sucede cuando tu motivación es el amor: Porque Dios te amó primero, tú lo amas. Porque lo amas, quieres buscarlo y conocerlo. Porque lo conoces, confías en Él. Y porque confías en Él, lo obedeces plenamente, sin dudar ni cuestionar, porque sabes que te ama. Sencillo, ¿no? **La única motivación genuina para la verdadera obediencia es el amor.** La obediencia que es motivada por cualquier otra cosa que no sea amor, no puede ser verdadera obediencia, y tarde o temprano termina convirtiéndose en desobediencia.

Y como ese perfecto amor echa fuera todo temor (1 Juan 4:18); sea temor de lo que puedan pensar los demás, temor de lo que pueda pasar, o cualquier otro temor, puedes obedecer en plena confianza porque sabes que Dios te ama y quiere lo mejor para ti. Y es que el temor tiene que ser echado fuera porque no te permite ver a Dios como Él es. El temor no te permite ver que Dios es bueno, no por lo que haga, sino por quien Él es. No porque haga cosas buenas, a nuestro parecer, sino porque ser bueno es Su naturaleza. Dios es Amor; y cuando ese amor va echando fuera todo nuestro temor, nuestra visión distorsionada de Dios va cambiando, y comenzamos a entender que en todo Dios tiene un plan y un propósito mucho más allá de lo que yo pueda entender o imaginar. ¡Gloria al Todopoderoso Dios!

EL MAYOR EJEMPLO

El mayor, y más perfecto, ejemplo de la obediencia que jamás haya existido lo encontramos en nuestro Salvador, Jesucristo. Si alguien en esta tierra dio cátedra sobre lo que es la genuina obediencia, fue Jesús.

"Haya, pues, en vosotros este sentir que hubo también en Cristo Jesús, el cual, siendo en forma de Dios, no estimó el ser igual a Dios como cosa a que aferrarse, sino que se despojó a sí mismo, tomando forma de siervo, hecho semejante a los hombres; y estando en la condición de hombre, se humilló a sí mismo, haciéndose obediente hasta la muerte, y muerte de cruz. Por lo cual Dios también le exaltó hasta lo sumo, y le dio un nombre que es sobre todo nombre, para que en el nombre de Jesús se doble toda rodilla de los que están en los cielos, y en la tierra, y debajo de la tierra; y toda lengua confiese que Jesucristo es el Señor, para gloria de Dios Padre"
(Filipenses 2:5-11)

Esto es verdadera y genuina obediencia. Tras que se despojó a Sí mismo, tomó forma de siervo. Encima de eso, se humilló hasta lo sumo y se sometió hasta la más horrenda muerte. Todo por amor. Por amor a un pueblo que lo despreciaba, lo rechazaba, y lo humillaba. ¿Qué mayor obediencia que esa?

Yo pienso que la más sublime expresión de lo que es verdadera obediencia lo fueron las palabras de Jesús en Mateo 26 cuando dijo, en dos ocasiones, **"No sea como Yo quiero, sino como Tú."** Esas deben ser nuestras palabras diarias. Ese mismo debe ser nuestro sentir. No como nosotros queramos, sino como quiera Dios. Esa es la clave de la obediencia. Es muy fácil obedecer cuando todo nos sale a pedir de boca; cuando Dios nos pide algo sencillo; cuando Dios nos concede todo anhelo de nuestro corazón; o cuando todo marcha bien en el trabajo, en casa, en las finanzas.

Sin embargo, ¿cómo reaccionamos cuando las cosas no nos salen como nosotros queremos? ¿Cómo reaccionamos cuando los planes del Señor son totalmente opuestos a los nuestros? Esa es la verdadera prueba de nuestra obediencia. Cuando puedo decir "hágase Tu voluntad," aunque no me guste. Hágase Tu voluntad, aunque me duela. Hágase Tu voluntad, aunque todo el mundo alrededor piense que estoy loco.

Esto es la verdadera obediencia: ir en contra de mi propia voluntad para cumplir la voluntad de Aquel a quien amo más que a mi propia vida; es someter mis planes, metas, y sueños a los pies de Aquel que me amó y Se entregó a Sí mismo por mí. Entonces, mi adoración ya no es cuestión de preferencia personal, es cuestión de obediencia. No es cuestión de gustos personales, es cuestión de obediencia. No es cuando yo quiera, como yo quiera, lo que yo quiera; sino que es cuando Él quiera, como Él quiera, lo que Él quiera. Sujeto mi voluntad a la Suya. Eso es obediencia. Cualquier otra cosa es desobediencia. Y en desobediencia no puede haber adoración.

MEJOR QUE MIL SACRIFICIOS

Si vamos a hablar de desobediencia, un perfecto ejemplo es la historia del rey Saúl. Saúl fue escogido por Dios para ser el primer rey de Israel. En el principio, todo marchaba muy bien. Saúl era humilde; de hecho, el día que lo proclamaron como rey de Israel se escondió del pueblo (1 Samuel 10:22). El problema estuvo en que su humildad duró muy poco. En vez de seguir los mandatos de Dios, comenzó a seguir los mandatos del pueblo (cualquier parecido con los "adoradores" actuales es pura coincidencia). En 1 de Samuel 13 detalla el comienzo de su rebelión: Saúl, junto con el pueblo, estaban esperando por el profeta Samuel para comenzar el sacrificio. Al otro lado de la escena, los filisteos estaban esperando para pelear contra el pueblo de Dios. La batalla estaba a punto de comenzar, y con toda la intención, Dios hizo que Samuel "se tardara". Esto provocó que Saúl se desesperara y tomara la ley en sus manos. La desesperación lo llevó a hacer lo que él sabía que no le correspondía hacer: ofreció él mismo el sacrificio a Dios.

Aquí es que se nota la marcada diferencia entre el que es obediente a Dios y el que no lo es. El obediente espera las instrucciones de Dios y el momento de Dios, aunque parezca que se tarda demasiado. El obediente se somete al mandamiento de Dios sin importar lo que le cueste, aunque le cueste el reino y la batalla. Sin embargo, **el desobediente solamente obedece cuando le conviene**. El desobediente solamente obedece cuando está de acuerdo con las instrucciones, y cuando obedecer sirve sus propios intereses. Tan pronto no está de acuerdo con las instrucciones, o piensa que obedecer no le conviene, entonces toma la ley en sus propias manos y hace lo que le da la gana; o sea, hace, lo que, a su propio juicio, es lo más beneficioso para él. Y para colmo, después busca todas las "justificaciones" habidas y por haber para explicarte por qué tuvo la razón en desobedecer.

El desobediente tiene su propio reloj y, si cree que ha esperado mucho, determina que tiene que hacer algo al respecto; y lo hace. Sin tomar en cuenta lo que Dios piense o diga. Saúl llevó a cabo el sacrificio según mejor le pareció hacerlo; y justo cuando estaba terminando el sacrificio, entró Samuel por la puerta. Y sus palabras no fueron de felicitaciones ni de elogio:

"Entonces Samuel dijo a Saúl: Locamente has hecho; no guardaste el mandamiento de Jehová tu Dios que él te había ordenado; pues ahora Jehová hubiera confirmado tu reino sobre Israel para siempre. Mas ahora tu reino no será duradero. Jehová se ha buscado un varón conforme a su corazón, al cual Jehová ha designado para que sea príncipe sobre su pueblo, por cuanto tú no has guardado lo que Jehová te mandó"
(1 de Samuel 13:13-14)

Esta fue la primera prueba de fuego para el reino de Saúl, y Saúl fracasó. Si simplemente hubiese obedecido el mandato de Dios, su reino hubiese sido establecido para siempre. Pero su desobediencia le costó el reino. Como se cansó de esperar por Samuel, escogió desobedecer las instrucciones de Dios y hacer lo que él entendía que era correcto. Lo peor es que esta no fue la única vez que Saúl desobedeció, porque un desobediente encuentra cualquier excusa para desobedecer, por cualquier razón, y en cualquier momento.

Por esa razón Dios no aprueba la desobediencia, porque la desobediencia no es un mero acto individual y pasajero, es una actitud arraigada en lo más profundo de tu ser que marca todo lo que haces. Así que cuando Dios le ordenó que destruyese todo en la tierra de Amalec (1 de Samuel 15:1-3), Saúl decidió no destruir lo que le dio la gana de reservar para "sacrificarlo a Dios". O sea, obedeció a medias, que es lo mismo que desobedecer. Obedeció solamente hasta el punto donde mejor le parecía a él y al pueblo. Por lo tanto, destruyeron lo que, a su parecer, era despreciable, pero salvaron lo que, a su parecer, no merecía ser destruido.

Obediencia es hacer exactamente lo que Dios ha ordenado, ya sea por medio de Su Palabra o mediante alguna revelación; hacer cualquier otra cosa, aún con las mejores intenciones, es desobediencia. Fíjate que, en ambos casos, la intención de Saúl era, supuestamente, buena: sacrificar lo mejor a Jehová. De acuerdo a él, sus intenciones eran las mejores. Tal vez hasta esperaba que Samuel lo felicitara por tomarse la iniciativa. Pero el problema estaba en que eso no fue lo que Dios instruyó. Dios dijo que lo destruyeran todo, y todo es TODO.

Aunque hagamos algo en el nombre del Señor, con la mejor intención del mundo, si va en contra de las instrucciones de Dios, sigue siendo desobediencia. A Dios no le interesa que te esfuerces en hacer cosas para Él. A Dios le interesa que lo obedezcas, porque tu obediencia vale más que mil sacrificios. Y eso mismo fue lo que Samuel le reclamó:

"Samuel respondió: ¿Qué le agrada más al Señor: que se le ofrezcan holocaustos y sacrificios, o que se obedezca lo que él dice? El obedecer vale más que el sacrificio, y el prestar atención, más que la grasa de carneros. La rebeldía es tan grave como la adivinación, y la arrogancia, como el pecado de la idolatría. Y como tú has rechazado la palabra del Señor, él te ha rechazado como rey"

(1 de Samuel 15:22-23)

No importa cuántos sacrificios hagas para el Señor, todos los sacrificios del mundo no sirven de nada si no hay obediencia. **El sacrificio más grande del mundo jamás podrá sustituir la obediencia.** Los únicos sacrificios que agradan a Dios son aquellos que nacen de un corazón puro, una vida entregada a Dios, y un deseo de agradarle a Él por sobre todas las cosas. Una vida de servicio genuino tiene que nacer de un deseo de someter mi voluntad a Su voluntad. Cualquier otra motivación, aunque aparente ser en nombre de Dios, es orgullo y rebeldía. Cualquier acto llevado a cabo fuera de la voluntad de Dios no es más que un deseo de buscar nuestra propia gloria, como dijo Jesucristo en Juan 7:16-18:

> *"Jesús les respondió y dijo: Mi doctrina no es mía, sino de aquel que me envió. El que quiera hacer la voluntad de Dios, conocerá si la doctrina es de Dios, o si yo hablo por mi propia cuenta. El que habla por su propia cuenta, su propia gloria busca; pero el que busca la gloria del que le envió, éste es verdadero, y no hay en él injusticia."*

Nuestra obediencia tiene que ir más allá de un desempeño vacío. De hecho, la vida cristiana no se basa en tu desempeño, se basa en tu obediencia y confiar en que Su gracia te cubrirá. Si tú te encargas de obedecer y descansar en Él, Dios se encargará de lo demás. Así lo ha prometido. Por más excelente que sea tu desempeño, no se trata de ti, se trata de Dios. No se trata de lo que tú puedas lograr o hacer, el centro tiene que ser Dios. **Es reconocer que lo que eres, lo que haces, lo que logras, es por pura gracia. Y reconocer que todos los talentos y dones que has recibido te fueron dados para que se cumpla Su voluntad, no la tuya.**

El peor pecado que Saúl cometió fue querer hacer su voluntad y no la de Dios; creerse auto-suficiente; y ponerse a tomar decisiones que no le correspondía tomar. Él estaba llevando a cabo un ritual externo para honrar a Dios, pero en desobediencia. ¡Mira qué contradicción! ¿Cómo es posible querer honrar a Dios en desobediencia? ¿Cuántas personas, igual que Saúl, habrá en nuestras iglesias esforzándose por hacer un espectáculo impresionante cuando lo único que Dios está buscando es sencillamente obediencia? ¿Cuántos estarán buscando el aplauso de los hombres y no el aplauso de Dios?

Esa fue la razón detrás de la desobediencia de Saúl, querer recibir el aplauso de los hombres. Saúl desobedeció a Dios con tal de agradar a los hombres. Le importaba más agradarlos a ellos que agradar a Dios. Qué triste que aún después de ser confrontado por su pecado, lo único que le interesaba era la opinión del pueblo, no la opinión de Dios. Mira sus palabras, "Luego [Saúl] dijo: He pecado; hónrenme ahora, por favor, ante los ancianos de mi pueblo y ante Israel, y vuelvan conmigo..." ¡Qué triste! Ni siquiera luego de haber sido confrontado se arrepintió de su pecado. Si se hubiese arrepentido, Dios lo hubiese perdonado y restaurado, como lo hizo con David, su sucesor.

David también pecó, pero, contrario a Saúl, se arrepintió cuando Natán lo confrontó (2 Samuel 12:1-14). A David le importaba restaurar su relación con Dios más que cualquier otra cosa, inclusive más que el reino (Salmo 51). Por esta razón, David fue perdonado y su reino fue restaurado. Saúl, por el contrario, por estar más preocupado por su trono que por su relación con Dios, fue desechado. Dos reyes totalmente diferentes. Uno tras el reino, y otro tras el Rey. Uno tras las bendiciones, y otro tras El que bendice. Uno desobediente, y uno obediente. ¿Cuál quisieras ser tú?

*"Mi corazón incliné a cumplir
tus estatutos de continuo, hasta el fin"*
(Salmo 119:112)

¿POR QUÉ?

¿Por qué Dios reclama tan insistentemente la obediencia? ¿Por qué es tan importante? Por muchas razones, pero básicamente, porque **la obediencia te lleva a la sumisión perfecta**. Así como Jesús fue obediente hasta la muerte, y muerte de cruz (Filipenses 2:8), la obediencia nos lleva a esa misma sumisión, que nos lleva hacia el cumplimiento del propósito de Dios en nuestras vidas. Esa sumisión de Cristo fue la que nos dio vida. Esa sumisión fue la que desató lo sobrenatural, porque la obediencia desata lo sobrenatural en tu vida. Esa sumisión es la que abre el camino para la bendición. Esa sumisión produjo gozo; porque la obediencia, al final del camino, produce gozo.

Aunque en el momento no produzca gozo, sabes que el resultado final será gozo. Gozo de saber que estás viviendo dentro de la perfecta voluntad de Dios. Gozo de reconocer que Dios es un Dios fiel, verdadero, y justo; y, en Su buena y perfecta voluntad, cumplirá Su propósito en tu vida. Y ese propósito va mucho más allá de un momento de alegría pasajera.

Esa obediencia nos lleva a una **dependencia total** como las ovejas dependen de su pastor. Nosotros no somos entidades independientes de Dios. No podemos actuar correctamente sin Dios. Dios lo sabe, y por eso nos exhorta en Su Palabra diciendo, *"Yo soy la vid, vosotros los pámpanos; el que permanece en mí, y yo en él, éste lleva mucho fruto; **porque separados de mí nada podéis hacer**" (Juan 15:5).*

La única manera de tener éxito en esta jornada es dependiendo totalmente del Señor en obediencia. En esa dependencia está nuestra plenitud, nuestra paz, y nuestro gozo. Fuera de esa dependencia, nunca vas a cumplir tu propósito en esta tierra ni vas a lograr todo lo que Dios quiere para tu vida.

Dios es un Dios de principios y de orden. Todo lo creado por Dios tiene un orden, y opera bajo unos principios establecidos para garantizar su función óptima. Esto incluye todo lo que existe en el planeta tierra y toda la raza humana. Por lo tanto, todo precepto, mandato, ordenanza, ley, estatuto, o mandamiento de Dios tiene como propósito asegurar el máximo funcionamiento de todo lo creado. Ningún mandato es por capricho de Dios. Todo tiene un propósito y un plan.

"La ley de Jehová es perfecta, que convierte el alma; el testimonio de Jehová es fiel, que hace sabio al sencillo. Los mandamientos de Jehová son rectos, que alegran el corazón; el precepto de Jehová es puro, que alumbra los ojos. El temor de Jehová es limpio, que permanece para siempre; los juicios de Jehová son verdad, todos justos. Deseables son más que el oro, y más que mucho oro afinado; y dulces más que miel, y que la que destila del panal. Tu siervo es además amonestado con ellos; en guardarlos hay grande galardón"
(Salmo 19:7-11)

Por tal razón, cada vez que Dios te dice que hagas algo, o que no lo hagas, es por una razón específica que tiene en mente tu funcionamiento óptimo y tu mayor bienestar. La explicación es sencilla: el creador de un producto es quien único conoce su mejor funcionamiento, y es quien único puede establecer los requisitos necesarios para su funcionamiento óptimo. Nadie más, sólo su creador. Por eso es que Dios insiste tanto en la obediencia, porque Él mejor que nadie conoce tu funcionamiento perfecto, y sabe lo que es necesario para cumplir Su propósito específico en tu vida.

Igual que no puedes operar una máquina ignorando las especificaciones del manufacturero, no puedes vivir tu vida al máximo ignorando las especificaciones de tu Creador. No puedes ignorar el manual de instrucciones y pretender que una máquina funcione a la perfección; porque el manufacturero es quien mejor la conoce, y por eso escribe un manual de instrucciones donde establece los requisitos para el funcionamiento óptimo de su producto.

Es por esta razón que Dios estableció principios, leyes, y fundamentos, porque reconoce que no podemos lograr nuestro propósito y disfrutar la plenitud en nuestra vida a menos que funcionemos dentro de los parámetros que Él ha establecido para nosotros. Aquellos que deciden desobedecer Sus mandamientos y vivir la vida "a su manera", "sin restricciones," terminan a fin de cuentas esclavizados como resultado de su rebeldía. Las consecuencias de la desobediencia a los principios de Dios siempre son desagradables. La desobediencia es lo que separó a Adán y Eva de la presencia de Dios. Una vida en obediencia es una vida libre para adorar a Dios, para entrar en comunión con Él; pero una vida en desobediencia te aleja de Dios y de Su propósito para tu vida.

Antes de la desobediencia, era tan fácil para el ser humano entrar en la presencia de Dios; de hecho, vivía constantemente en la presencia de Dios. Ahora nos cuesta trabajo y esfuerzo, aun con la ayuda del Espíritu Santo, porque tenemos que luchar contra la naturaleza caída. Dios tiene que lidiar con nuestro pecado y rebeliones antes de poder permitirnos entrar en Su presencia nuevamente. En realidad, desde el principio, Dios lo único que ha querido es traernos de vuelta a esa presencia para restaurar la relación que nosotros rompimos con nuestra desobediencia.

Tengo que aclarar que la Biblia contiene la historia de los esfuerzos de DIOS, no del hombre, para restaurarnos a nuestra posición original. El ser humano, por más que trate, nunca podrá lograr esta tarea por sus propias fuerzas. El ser humano no puede por sí solo restaurar las cosas a su estado original; no puede regresar a una relación con Dios sin la ayuda de su Creador. Y esa relación es necesaria para poder obedecer, porque **sin relación no puede haber obediencia**. Por eso obedecer está relacionado con escuchar, porque necesitas prestar atención a la persona que te está dando las instrucciones. Necesitamos estar conectados con Dios para que Él pueda, por Su Espíritu Santo, indicarnos el camino a seguir.

Es el Espíritu quien nos revela la perfecta voluntad de Dios para nuestras vidas. Por eso es necesaria una relación constante, comunicación constante, con Él. Sin eso, no es posible obedecer, porque desconocemos la voluntad de Dios. Así que, como verás, necesitamos al Espíritu Santo para todo. Lo necesitamos para que nos revele la voluntad de Dios, y lo necesitamos para que por Su poder nos ayude a obedecer a Dios. Por nuestras fuerzas es imposible. No es posible obedecer a Dios sin la ayuda de Dios. La obediencia empieza con Dios y termina con Dios; por eso Dios dijo que Él mismo iba a escribir Su ley en los corazones de Su pueblo (Jeremías 31:33).

Recibe hoy el consuelo de que Dios mismo se encarga de guiarte; Dios no te ha dejado solo; y tiene cuidado especial de tu vida. Confía en que Él mismo se encarga de ayudarte a seguir adelante. Dios nunca te ha soltado de la mano, ni te soltará.

Te quiero compartir un último ejemplo de alguien que intentó agradar a Dios a su manera, por sus propias fuerzas, sin escuchar las instrucciones de Dios, y el resultado fue desastroso. David había construido una tienda para traer el arca de Dios de vuelta a la ciudad de David, pero no consultó a Dios. Tomó consejo con los capitanes, tomó consejo con el pueblo (1 Crónicas 13), consultó a todo el mundo... menos a Dios. Y como "la cosa parecía bien a todo el pueblo," David ordenó que se construyera un carro nuevo, brillante, con todos los lujos, acabado de sacar de la fábrica, para transportar el arca, sin pensar en que a Dios no le interesaba el carro nuevo ni brillante... le interesaba la obediencia. Además de que Dios nunca dio instrucciones de que el arca se transportara en carro.

Es lamentable que un hombre pagó por tal desobediencia con su vida. Fue entonces, después del desastre, que David consultó a Jehová, y leyó el "manual de instrucciones", antes de volver a tocar el arca. Y ahí fue que se dio cuenta de que hicieron lo contrario de lo que Dios había dicho que se hiciera. Los pueblos paganos eran los que utilizaban carros para cargar a sus ídolos; y esa fue la mayor ofensa. Estaban tratando a Dios como si fuera un ídolo más, y Dios no es un ídolo. Así que, la próxima vez que fueron a transportar el arca, lo hicieron según las instrucciones de Dios, echaron a un lado el carro nuevo, echaron a un lado el brillo, el prestigio, los lujos, y comenzaron como debieron haber comenzado desde un principio.... con sacrificios y con adoración. Entonces hubo bendición, gozo y regocijo en el pueblo, porque siguieron las instrucciones de Dios, y el arca fue llevada en la manera correcta.

Así mismo sucede en nuestra vida, la presencia de Dios se manifiesta en nuestras vidas cuando presentamos nuestro sacrificio con un corazón contrito y humillado, dispuesto a llevar a cabo Su voluntad. Ahí entonces nace nuestra más pura adoración. Es en esa entrega, en esa sumisión perfecta, que Su presencia puede llenar nuestra vida y Su Espíritu puede reinar sobre nosotros. Solamente con corazones totalmente entregados a Él podemos entronarle en nuestra adoración. Esa es nuestra mayor adoración.

"¿Con qué me presentaré ante Jehová, y adoraré al Dios Altísimo? ¿Me presentaré ante él con holocaustos, con becerros de un año? ¿Se agradará Jehová de millares de carneros, o de diez mil arroyos de aceite? ¿Daré mi primogénito por mi rebelión, el fruto de mis entrañas por el pecado de mi alma? Oh hombre, él te ha declarado lo que es bueno, y qué pide Jehová de ti: solamente hacer justicia, y amar misericordia, y humillarte ante tu Dios"

(Miqueas 6:6-8)

MI ORACIÓN

Mi Dios, Tú eres fiel, y por eso quiero ser fiel, a Ti y a tu Palabra. Ayúdame a obedecer Tus instrucciones en todo. Ayúdame a seguir todos Tus mandatos, cueste lo que cueste. Me has mostrado Tu fidelidad una y otra vez. Así que confiaré en Ti, incluso cuando no entienda lo que estés haciendo. Te seguiré sin cuestionar y sin quejarme. Te amo, y sólo quiero someterme a Tu perfecta voluntad, agradarte, y servirte el resto de mi vida. Reconozco hoy que ha sido por Tu pura gracia que he recibido todo lo que tengo y todo lo que soy. Y hoy lo pongo todo a Tus pies. En el nombre de Jesús. Amén.

CAPÍTULO 7

*La jornada
de la adoración
comienza con
un sólo paso*

*La adoración cambia el adorador a la imagen
de Aquel a quien adora.*

– Jack Hayford

*Adorar a Dios en Espíritu y en verdad
es reconocerlo a Él por Quien Él es, y
reconocernos a nosotros mismos por lo que somos.*

– Brother Lawrence

LA JORNADA DE LA ADORACIÓN COMIENZA CON UN SÓLO PASO

Toda jornada, por larga sea, comienza con un sólo paso. Pero ese primer paso es el más difícil de dar... porque es el que te saca de tu zona de comodidad, de lo conocido, y te impulsa hacia lo incómodo y lo desconocido. Ese primer paso sacude tu mundo y lo vira al revés. Y si esto es difícil para un ser humano común y corriente. Imagínate cuanto más difícil será para un ciego.

EL CIEGO DE BETSAIDA

Jesús fue a visitar un pequeño pueblo llamado Betsaida (Marcos 8:22-26). El Tetrarca Felipe había construido y modernizado esta ciudad, dedicada a Betsaida Julia, la hija de Augusto César. ¿Y qué tiene que ver eso con esta jornada? Primero, el ambiente en esa ciudad era altamente influenciado por el Imperio Romano. Y segundo, era una ciudad bien incrédula, y la gran mayoría del pueblo tenía creencias paganas. Tanto así, que Jesús le hizo un fuerte reclamo a esta ciudad en Mateo 11:20-21: si en otras ciudades se hubiesen hecho los milagros que se hicieron en Betsaida, se hubiesen arrepentido en cilicio y ceniza.

Pero a pesar de que este pueblo no quiso creer en Jesús, había allí un ciego que necesitaba un milagro. Un ciego que tal vez ya hacía años que había perdido toda esperanza de ver, y toda esperanza de salir de Betsaida. Porque si difícil es dejarlo todo atrás estando saludable, más difícil aún es hacerlo cuando no puedes ver nada. Y a este pueblo incrédulo, y a este ciego desanimado, llegó Jesús. No dice quiénes fueron los que trajeron este ciego donde Jesús, pero dice que ellos rogaron a Jesús que le tocase. Tal vez este ciego había perdido toda esperanza, pero había alguien... un familiar, un vecino, un amigo... que no había perdido la esperanza. Y esa persona trajo este ciego donde Jesús.

Vamos a analizar esto por un momento. Este ciego estaba muy cómodo y tranquilo en su aldea, tal vez hasta resignado ya a su "suerte". Tal vez no podía ver, pero no importa, porque ya se sabía de memoria el camino de su casa a la plaza y de la plaza a su casa. Ese era su camino de todos los días, su zona de comodidad. Ya se había acostumbrado a su condición y se había dado por vencido. Fíjense que el ciego ni siquiera habló; ni siquiera dijo, "Sí, por favor, yo quiero ser sano." ¡Nada! De lo que podemos leer, este hombre estaba en la misma onda que el resto de la ciudad, la incredulidad, la resignación, la indiferencia. En él no había la insistencia de rogar; de él no nació pedirle a Jesús por un milagro. Fueron esos amigos, vecinos, o familiares, los que le rogaron a Jesús. Aquí es donde yo quiero llegar.

Préstenme mucha atención porque a mí me encantó este aspecto. Jesús había decidido que no iba a hacer más milagros en Betsaida, pero, porque estos amigos le rogaron, Jesús intervino. ¡Gloria a Dios por Su misericordia!

Entonces Jesús, tomando de la mano al ciego, prontamente le sacó fuera de la aldea. Tantas veces que yo he leído esta historia, y nunca me senté a analizar esto. Jesús no tenía por qué sacarlo de la aldea. Jesús lo podía sanar allí mismo, inmediatamente, como había hecho con tantos otros. Entonces, ¿por qué lo sacó fuera de la aldea? Puede haber sido porque la duda de los demás iba a afectar la poca fe que este hombre tenía, o tal vez porque los demás lo iban a desanimar y se iban a burlar. Sí, porque el problema de esta ciudad era que había un espíritu de incredulidad asombroso, tanto así que esta ciudad fue sentenciada por Dios.

Y tú pensarás, "pero, entonces ¿qué hace este ciego en este lugar?" Probablemente porque pensaba que no tenía ninguna otra alternativa. ¿Cuántas veces en la vida hemos estado donde no deberíamos estar porque pensamos que no tenemos otra alternativa? ¿Te ha pasado alguna vez? No estamos donde deberíamos estar, pero nos resignamos, nos cruzamos de brazos, y por eso es que Dios tiene que llegar a sacarnos de donde estamos.

Así que este ciego está rodeado de gente incrédula, de gente con creencias paganas, de gente que tiene un corazón duro contra Dios. ¿Qué ustedes pueden esperar en un ambiente así? Miren cómo nuestro alrededor nos influencia. Por eso yo me rehúso a pasar tiempo con gente incrédula y negativa. Cuando nosotros oímos la gente quejándose de que hay crisis por todas partes, y de lo único que hablan es de crisis, ese lenguaje de desesperanza se cuela por todas partes; pero los hijos de Dios no podemos hablar así. Porque tú te atas con lo que tú hablas, cambias el ambiente con tus palabras.

Nosotros somos diferentes, somos benditos en Dios. La bendición de Dios, y el favor de Dios, está sobre nosotros. Somos gente muy especial, y no nos damos cuenta. Aunque tengas un trabajo sencillo y simple, Dios dice en Su Palabra que todo lo que Él pone en tus manos prosperará (Salmos 1:3). Nosotros tenemos a Cristo; y cuando tenemos a Cristo, nuestro hablar tiene que cambiar, nuestra mentalidad tiene que cambiar. Pero cuando tú estás mucho tiempo en un lugar donde todo lo que estás oyendo es negativo, eso te influencia negativamente. En vez de ser un termostato, que cambia el ambiente alrededor, te conviertes en un termómetro, que repite lo que la gente dice, y eso determina tu ambiente y cómo te sientes. O sea, si tú estás con una persona que lo que habla es negativo, negativo, negativo... ¿qué tú piensas que va a salir por tu boca? Vas a hablar negativo también. Te va a influenciar fuertemente; a menos que tú tengas muy claro quién eres en Dios y tengas una identidad clara.

A mí me gusta estar alrededor de alguien que me edifique, que me levante. No necesito a alguien que me drene la vida. Tal vez podrías compartir con una persona negativa para impartirle palabra, para darle ánimo; pero si la persona persiste en lo negativo, ¿tú te vas a quedar ahí? No. Necesitamos estar alrededor de hermanos que edifiquen nuestra fe, que piensen que Dios es poderoso, que Dios es grande. Y esa gente no abundaba en Betsaida...

Betsaida era un sitio de tanta incredulidad que fue el único sitio registrado en la Biblia donde Jesús no pudo hacer milagros aun siendo el hijo de Dios. ¡Qué increíble! Dios mismo allí, en persona, en vivo y a todo color, tratando con ellos, hablando con ellos, y la gente estaba como estatuas de piedra. Por esa razón, Jesús tuvo que sacar a este ciego de allí. Sin ningún aviso ni advertencia; sin decirle para dónde lo iba a llevar. Nada. Simplemente lo tomó de la mano y lo sacó de lo conocido para llevarlo hacia lo desconocido (¿No se les parece a... "esto es sólo una prueba"?).

Imagínate el choque de emociones que podría tener este ciego. De repente se aparece un extraño, lo toma de la mano, y, sin más ni más, lo saca de su zona de comodidad. Lo está separando de sus amigos; lo está separando de su ciudad. Se está separando de todo lo que conoce para caminar con un hombre que no conoce, por un camino que nunca había caminado. Al ciego no le quedaba otra alternativa que rendirse y estar a la expectativa de lo que iba a suceder. No sabía qué iba a pasar, pero a medida que iba caminando.... se iba alejando de su pasado, de las voces negativas, de las burlas. Iba dejando atrás los malos recuerdos. Para que este ciego pudiera recibir su milagro, tenía que salir de donde estaba; y Jesús tuvo que tomarlo por la mano para llevarlo al encuentro con su milagro, así como Jesús quiere tomarnos por la mano para llevarnos al encuentro con nuestro milagro.

Acuérdense que estoy hablando de jornada, y una jornada puede ser corta, o puede ser larga. El asunto de esto es que Dios quiere sacarte de donde estás para llevarte a otro lugar. **Ese es el propósito de la jornada, sacarnos de donde estamos para llevarnos a un lugar mejor.** Dios no nos llama a estar estancados ni detenidos, porque en el estancamiento hay muerte.

Yo no sé en qué situación podrías encontrarte hoy. Puedes estar en una universidad donde los profesores están tratando de destruir tu fe para lavarte el cerebro con mentiras. Podrías estar en medio de una familia que no le sirve a Dios, no quieren saber de Dios, y quieren alejarte de Dios. O a lo mejor Dios quiere sacarte de donde estás para llevarte a un mejor lugar donde puedas recibir lo que necesitas en tu vida espiritual. Podrías estar en medio de una situación de estancamiento, y por eso hoy Dios te dice, "Quiero sacarte de ahí para llevarte a un lugar totalmente diferente." El punto es que, donde sea que nos encontremos hoy, Dios quiere que nosotros emprendamos ese viaje para que salgamos de ese lugar donde estamos. Igual que este hombre ciego.

Algo tuvo que ocurrir en aquel ciego para que aceptara que este "extraño" lo sacara de la ciudad. Él pudo haber dicho, "Un momentito.... No, yo no quiero ir para ningún lado. A mí no me importa quién es este hombre, pero ustedes no me van a soltar en las manos de un hombre que yo no conozco." ¿Podía hacerlo o no podía hacerlo? Podía muy bien decir, "¿Para dónde es que tú me quieres llevar? No, no.... Déjame aquí en la ciudad que yo aquí estoy bien. Olvídate de inventos que yo no estoy en esas. Yo prefiero lo seguro, lo estable, mi comodidad."

Pero lo primero que tuvo que hacer este ciego fue rendirse. ¿A quién? A Jesús, y a la dirección de Su mano. Tuvo que rendirse porque él no sabía para dónde iba, y no tenía la capacidad de ver hacia dónde se dirigía, sólo Jesús sabía. Por eso Jesús tuvo que tomarlo de la mano, con ese toque dulce y amable, lleno de amor. ¡Qué hermoso!

Jesús te toma de la mano aunque tú no veas lo que está pasando, aunque tú no sepas para dónde vas. Jesús te toma de la mano porque es la única manera de sacarte del lugar donde estás para llevarte a un lugar que no conoces. Dios quiere lograr dos cosas contigo: que te rindas, y tomarte de la mano. Díselo a tu alma. Dios quiere tomarte de la mano para guiarte, pero necesita primero que te rindas. No lo resistas; porque si lo resistes, Él no te puede dirigir. En este aspecto de rendirnos va envuelta la confianza, la fe, la relación, la obediencia, y tantos otros aspectos.

Yo me identifico mucho con la historia de este ciego porque yo también soy legalmente ciega, aunque estoy esperando mi milagro. Mi esposo es el que muchas veces me está llevando de la mano porque yo no veo el camino. Él se da cuenta cuando a veces me da temor, y me dice, "Tranquila. Acuérdate que yo te estoy llevando de la mano, y yo sé lo que hay más adelante. Yo sé que hay un hoyo, así que por eso te estoy halando hacia el otro lado." Muchas veces con sus manos me está dirigiendo, pero **yo me tengo que dejar dirigir**.

Miren qué importante es esto. Con el toque de su mano, él me está llevando, me está guiando; y yo solamente tengo que dejarme dirigir. A veces por querer seguir por mi cuenta, tropiezo; y él me tiene que recordar, "no, yo te estoy guiando, sígueme." Hay una comunicación en ese toque de esa mano; inspira confianza, seguridad, tranquilidad. Jesús quiere hacer lo mismo contigo. Él quiere tomarte de la mano y que tú simplemente descanses en Él y en Su dirección. Quiere darte esa seguridad de que Él sabe exactamente para donde va y sabe el camino. No te resistas.

Lo otro que Dios quiere que tú aprendas en esta jornada es a mantenerte a la expectativa de lo que Dios va a hacer. Lo más lindo de todo esto, por eso lo traigo a colación, es que no es un hombre quien te saca de donde tú estás; es el mismo Dios. El que te está tomando de la mano no es cualquier persona. El que te toma de la mano en medio de esa circunstancia donde no ves nada, es El Soberano, El Eterno, El

Justo, El Omnipotente, El que todo lo sabe y El que todo lo ve. Eso es lo hermoso, dulce, y tierno de Dios.... que es un Dios personal.

Dios toma personalmente a este hombre de la mano y lo saca a solas. No invitó al pueblo completo. Ni siquiera se llevó los amigos. ¿Cómo? Pero.... Si esos amigos fueron los que intercedieron, los que rogaron. Por la insistencia de ellos fue que Jesús intervino, ¿cómo es eso de que los amigos se tenían que quedar? Pues, sí, hasta los amigos se tuvieron que quedar. Vendrán momentos en tu vida y en la mía donde vamos a estar completamente solos. Y esos son los momentos donde uno mira al cielo y dice, "Señor, ¿qué tú estás haciendo? ¿Por qué me está pasando esto a mí?"

Y es en esos momentos que tenemos que aprender a dejarnos tomar de la mano por Dios; porque el trato que Dios tiene contigo y conmigo es un trato personal. Él sigue siendo ese Dios personal. Si va a trabajar contigo, va a trabajar contigo independientemente del hermano que está a tu lado. ¿Por qué? Porque Dios conoce tu necesidad, y sabe que tu jornada y la jornada de tu hermano son jornadas diferentes. El nivel en que está tu hermano no es el nivel en que estás tú. Y cuando Dios quiere trabajar con nosotros, requiere toda nuestra atención, no quiere distracciones. Por eso tuvo que sacar al ciego a solas, sin las distracciones de la ciudad, sin los ruidos, ni la multitud de gente. Lo alejó de todo eso para llevarlo a un lugar solitario donde solamente estaban Jesús y él. Fue ahí, en ese silencio, esa paz, sin distracciones, que este ciego recibió su milagro.

Hay un himno clásico que me encanta, y dice que hay dos huellas en la arena dibujadas a tu lado, pero al llegar la tristeza y el dolor tan sólo quedan dos huellas que son de Cristo, que en Sus brazos hoy te lleva. La moraleja de este himno es que en el momento más difícil, cuando tú te crees que estás sólo, es cuando Él te está llevando en Sus brazos. Así que tranquilo, que Dios te lleva en Sus brazos. Cuando Cristo se fue, dijo que no nos iba a dejar huérfanos, dijo que nos iba a enviar el Consolador, el Paracleto, el Espíritu Santo, para que nos asista.

En una traducción del término Paracleto, se utiliza el término "muleta". ¿Qué hace la muleta? Te asiste cuando tú no puedes; te ayuda para que puedas caminar. Pues la función del Espíritu Santo es estar ahí como un ayudador, el que te asiste; porque el hombre de por sí sólo no puede. Se cree que puede, pero en verdad no puede. Igual que aquel ciego por sus propias habilidades no podía. Necesitó que Jesús lo llevara de la mano.

Lo menos que se imaginaba este ciego era lo que iba a suceder en esta jornada, que ese encuentro con Jesús le iba a cambiar la vida. Este hombre no tenía ni idea de lo que iba a pasar, porque Jesús no le dijo nada. Simplemente lo tomó de la mano y comenzó a caminar. Y así comenzó la jornada de fe de este ciego, de la mano de un hombre que no conocía y sin saber hacia dónde se dirigía. Sin embargo, creo que estamos de acuerdo en que valió la pena dejarse llevar de la mano por Jesús. Créeme, que lo que Dios quiere hacer contigo, al final, es algo muchísimo mejor que lo que tú estás viviendo hoy.

Nuestra jornada no es tan diferente a la del ciego, y para empezarla solamente necesitamos tomar dos pasos. **Número uno: tenemos que rendirnos.** Yo puedo negarme a tomar esa jornada. Yo puedo decir, "Yo no voy para allá. Yo estoy cómoda aquí. Yo estoy bien así." O puedo decidir tomar ese primer paso de fe. O sea, llega un punto de la jornada donde yo decido si me rindo y le permito al Espíritu Santo guiarme hacia el propósito de Dios, o me quedo donde estoy y me pierdo las bendiciones que Dios tiene para mí.

Número dos, se tiene que despertar en nosotros una expectativa de que algo productivo va a ocurrir como resultado de esa jornada. ¿Cuántos lo creen? Jesús sacó al ciego y lo llevó fuera de la ciudad, lo sanó, y después le dijo que no volviera más al lugar donde estaba. Eso quiere decir que, **cuando nosotros salimos en esta jornada, debemos tener la expectativa de que vamos a un lugar mejor, y no vamos a volver atrás.** En esta jornada, no hay marcha atrás. Después de descubrir las verdades de Dios, de llegar a las alturas, yo no puedo volver atrás a como yo pensaba, a como yo actuaba, a como yo vivía. Así que la expectativa que debe haber en nosotros es que vamos a subir a otro lugar donde vamos a crecer, nos vamos a desarrollar y vamos a ver las cosas desde el punto de vista de Dios. Y Dios va a hacer cosas grandes con nosotros. Espéralo.

"Hermanos, yo mismo no pretendo haberlo ya alcanzado; pero una cosa hago: olvidando ciertamente lo que queda atrás, y extendiéndome a lo que está delante, prosigo a la meta, al premio del supremo llamamiento de Dios en Cristo Jesús"
(Filipenses 3:13-14)

UNA JORNADA DE TRES DÍAS

Yo opino que una de las jornadas más largas en la historia del pueblo de Israel fue la jornada de Abraham; y tras que larga, difícil. Una jornada sumamente difícil para cualquiera. Una jornada de tres días... que comenzó desde el momento en que Dios le pidió que sacrificara a su hijo, el único, a quien amaba.

Dios lo llamó a llevar su sacrificio a tres días de camino porque esa distancia tenía un propósito, como todo en Dios tiene un propósito. **El propósito de toda jornada es llevarte a otro lugar de experiencia.** Hay experiencias, tratos particulares con Dios, que requieren el proceso de la jornada, porque dentro de ese proceso, se rompe lo que se tenga que romper, se transforma lo que se tenga que transformar, y aprendes a aferrarte más que nunca a la mano de Dios y a Sus promesas. Y ese proceso es largo y doloroso.

Yo no sé cuan larga haya sido tu jornada; yo sólo conozco la mía. Tal vez en este momento estás pensando que tu jornada ha sido demasiado larga; pero yo he aprendido a través de los años que las jornadas no son destinos, sino procesos... Que cada paso te enseña algo... y te lleva al próximo paso. Que cada monte, cada valle, fortalece tus pies y tu fe. Que cada día que pasa en esta jornada Dios va quitando y poniendo lo que entiende que necesitas para crecer. Y día a día vas conociendo a Dios como nunca antes, porque cada día, cada paso del proceso, es un escalón que vas subiendo hasta llegar a la estatura de Cristo. Porque a fin de cuentas, la intención de Dios con todo este proceso es que lleguemos a la estatura de Cristo. Todo lo demás es secundario.

SI DIOS LO DIJO, LO CREO

Yo opino que Abraham tenía una noción de que algo grande Dios iba a hacer en medio de todo este proceso. ¿Por qué opino esto? Porque en el libro de Hebreos dice que él creía que su hijo iba a resucitar. En Génesis 22, Abraham dice, "Iremos, adoraremos y volveremos." Todas las palabras que utilizó fueron en plural. Él no dijo, "adoraremos y volveré". Él dijo, "adoraremos y volveremos". Quiere decir que, de alguna manera, sin saber cómo, Abraham estaba seguro que algo poderoso Dios iba a hacer.

Presten atención a esto porque es bien importante: La jornada, el rendirse de Abraham no comenzó cuando él estaba sacrificando al hijo. **La jornada, esa entrega de Abraham comenzó desde el momento en que Dios lo llamó.** Desde ese mismo momento, Abraham murió a su "Yo". Él se entregó a sí mismo, porque si no lo hubiese hecho, se hubiese devuelto a mitad de camino. Hubiese dicho, "lo siento Dios, pero lo que me estás pidiendo es demasiado. No puedo." Pero no hizo eso; al contrario, se entregó por completo. Él se rindió desde el momento en que empezó esa jornada, porque se determinó a hacerlo. Tomó esa decisión por encima de lo que pensaran los demás, inclusive por encima de sus propios sentimientos.

Tomó esa decisión porque tenía latente en su corazón la promesa del Señor: que de su simiente, de ese hijo, iba a salir una nación poderosa, una descendencia tan numerosa como la arena del mar. Y fue por esa promesa que él creyó y caminó. Por esa promesa fue que él dijo en su corazón, "Dios, Tú no contradices Tu promesa. Si Tú lo dijiste, de alguna manera lo harás. Así que me entrego aunque no entiendo qué es lo que estás haciendo. Y yo sé que al final mi hijo va a quedar vivo. Yo no sé cómo lo vas a hacer, pero lo creo." ¿Se acuerdan que en el tercer capítulo yo les dije que "adoración es prueba"? ¿Se acuerdan que yo les dije "no te enfoques en las explicaciones, sino enfócate en las promesas"? Pues Abraham le dijo a su alma, "Olvídate de las explicaciones. Olvídate de todo lo demás.

Yo estoy enfocándome en lo que Dios dijo. Aunque más nadie lo crea ni lo entienda, Dios lo dijo; y solamente porque Dios lo dijo, yo lo creo." Y, ¿sabes una cosa? Cuando Dios habla algo sobre tu vida, Dios está estableciendo un decreto sobre tu vida. Y cuando Dios establece un decreto sobre tu vida, ni el diablo, ni todo el infierno, ni nada en la tierra puede desviar ese propósito. Confía.

Y porque Abraham estaba enfocado en la promesa, y nada más, caminó tres días en su jornada hacia el sacrificio. Me imagino que en ese camino tienen que haber pasado muchos pensamientos por su mente. ¡Cuántos dardos le tiene que haber lanzado el enemigo para que diera marcha atrás y el propósito de Dios no se cumpliera! Pero yo creo que con cada paso de ese caminar, Abraham fue muriendo al "Yo".

Literalmente, Abraham se iba muriendo con cada paso. Iba de camino con su sacrificio, con el corazón en la mano, pero cediendo su voluntad, sus deseos, sus planes, y sus anhelos a los de Dios. ¿Cuántos pueden ver la relación entre el ciego de Betsaida y Abraham? Ambos tuvieron que salir de donde estaban para recibir lo prometido, para ver el milagro. Y en cada paso, tuvieron que rendirse por completo a Dios y confiar completamente en Él.

> *"Por tanto, nosotros también, teniendo en derredor nuestro tan grande nube de testigos, despojémonos de todo peso y del pecado que nos asedia, y corramos con paciencia la carrera que tenemos por delante, puestos los ojos en Jesús, el autor y consumador de la fe, el cual por el gozo puesto delante de él sufrió la cruz, menospreciando el oprobio, y se sentó a la diestra del trono de Dios"*
> *(Hebreos 12:1-2)*

EL BAGAJE QUE ATRASA

No sé tú, pero en lo primero que yo pienso cuando me voy de viaje es en la maleta que tengo que empacar. Y, **como en toda jornada, hay que decidir qué cosas nos vamos a llevar y qué cosas vamos a dejar.** Esto incluye tanto cosas materiales como bagaje emocional. Y a veces, hasta personas. Y tal vez esta es la parte más difícil de la jornada... decidir dejar.

En nuestra experiencia personal con Dios, nuestra jornada personal, muchas veces no caben otras personas porque, si llevamos a otros, pueden atrasar los planes de Dios. A veces, por mejores intenciones que tengan, esas personas que opinan y que se preocupan por nosotros nos pueden desviar de la jornada que Dios tiene para nosotros.

Abraham no fue la excepción; así que una de las personas que se tuvo que quedar en la jornada fue la esposa de Abraham. Él se levantó temprano, preparó el sacrificio, se llevó a su hijo, y no le dijo nada a su esposa. Probablemente sólo le dijo, "Hoy no vamos a sacrificar aquí, vamos a sacrificar para otro lado. Regresamos en par de días." ¿Y cómo se quedó ella? Tranquila. Porque ella no sabía lo que él iba a sacrificar. Ni siquiera su esposa sabía lo que él iba a hacer.

¿Te imaginas si le hubiese dicho a su esposa lo que iba a sacrificar? Ella hubiese puesto el grito en el cielo, le hubiese dicho, "¿Tú vas a hacer qué? ¿Estás loco? ¿Tantos años esperando por ese hijo de la promesa, y cuando por fin llega tú lo quieres sacrificar? ¡NO! ¡Por encima de mi cadáver! Dios no me ha hablado a mí, así que ni se te ocurra sacar ese muchacho de aquí." Yo no sé si después que regresaron, él le contó lo que pasó, o tal vez el hijo se lo contó. ¿Tú te imaginas esa conversación del hijo con su madre? "Mami, mami, papi me amarró, me puso en el altar, y levantó la cuchilla para matarme. Pero, de repente Dios le dijo que no lo hiciera y, gloria a Dios, que apareció un corderito." Yo creo que antes de Abraham entrar por la puerta, ya el muchacho había entrado corriendo y le estaba contando todo a su madre. Y me imagino que ahí mismo a la mujer le dio un ataque de epilepsia, un infarto, botó espuma por la boca, se haló el pelo, se dio contra el piso, y le gritó al esposo, "¿Tú hiciste qué? ¿Tú estás loco?" Por esa misma razón es que Dios no permitió que ella fuera, ni nadie más, porque hubiesen detenido el propósito de Dios. Ya Abraham había cometido ese error una vez, y no lo iba a volver a cometer....

¿Qué error cometió antes? Que Abraham retrasó el plan de Dios 15 años cuando decidió salir de Ur de los caldeos con su padre y sobrino, a pesar de que Dios específicamente le había dado instrucciones de salir de **su tierra y de su parentela** a una tierra que le iba a mostrar (Génesis 12). Ur de los caldeos era un pueblo idólatra, y por eso Dios tenía que sacar de allí a Abraham para poder convertirlo en el patriarca de una nación poderosa. Y el método que Dios utilizó para sacar a Abraham de ese ambiente negativo y nocivo fue, igual que al ciego de Betsaida, por medio de una jornada. Pero esa aparentemente inocente desobediencia trajo consecuencias.

La consecuencia de andar con quien Dios no había dicho que se llevara, fue que Taré decide establecerse en Harán. El capítulo 11 de Génesis termina diciendo que llegaron hasta Harán, se quedaron allí, y allí murió Taré. Pero la historia no termina ahí. En el capítulo 12 de Génesis Dios le recuerda a Abraham que lo había llamado a salir de su tierra y de su parentela a una tierra que le iba a mostrar. O sea, esta tierra no era. Abraham se había detenido en Harán porque su padre se detuvo allí. No fue hasta que su padre murió que Abraham salió de allí.

Eso quiere decir que es posible que en esta jornada estemos detenidos por algo o por alguien. Detenidos por un trabajo que no queremos soltar. Detenidos por una persona que no queremos soltar. Y cuando

Dios te saca de tu zona de comodidad es porque algo tiene que trabajar contigo, y no puede hacerlo en el lugar donde estás.

Aunque ese no fue el único atraso en la jornada de Abraham. Cuando Abraham decide salir de Harán, siguiendo las instrucciones de Dios, Lot se anota por su propia cuenta en la lista de los invitados y se monta en el avión... o mejor dicho, en el camello. Dios le había dicho bien claro a Abraham que saliera de su tierra y de su parentela; pero Abraham, tal vez por obligación, se lleva a Lot. Y le salió bien caro el "invitado".

Más adelante vemos todas las repercusiones que trajo esa mala decisión de llevarse consigo al "invitado". Y es que cuando Dios te llama a ti, te llama a ti; y si tienes que dejar algo atrás, pues, lamentablemente, con dolor en el corazón, lo tienes que dejar. Haz lo que tengas que hacer, confiando en que Dios te va a dirigir. Dios sabe a quién tiene que poner a tu lado para ayudarte en la misión que tiene para ti.

Yo no sé cuál es esa misión, ni sé a dónde Dios quiere llevarte. Yo no sé de dónde Dios quiere sacarte. No necesariamente tiene que ser un lugar específico. A veces es un ambiente, una mentalidad; pero, como quiera, es algo que te detiene, que te atrasa, que te estorba para lograr ese glorioso propósito que Dios quiere cumplir en tu vida. Y hay veces que no lo hace con otros, es contigo. ¿Cuántos se pueden identificar con Abraham y con esta jornada? Yo no sé lo que Dios va a hacer con tu vida ni con la mía. Yo no puedo ver el futuro. Pero de algo sí estoy segura, y es que lo que Dios tiene planificado con esta jornada es grande. Lo que sí tengo claro es que Su intención es sacarnos de nuestra zona de comodidad para llevarnos a un nivel extraordinario en todas las áreas de nuestras vidas.

DISEÑADOS PARA LAS ALTURAS

Cuando Dios te llama a subir de nivel, en cualquier área de tu vida, es porque quiere que crezcas y progreses. Dios no te va a llamar a retroceder ni a estancarte. Dios siempre te va a llevar a subir de gloria en gloria y de poder en poder. Eso quiere decir que **la jornada es algo progresivo, continuamente creciendo, y que no hay lugar para dar marcha atrás.** Por esa razón es que Dios necesita sacarnos de donde estamos, para que podamos volar hacia las alturas.

Creo que el mejor ejemplo que te puedo dar en este día de lo que Dios hace cuando quiere sacarnos de nuestra zona de comodidad es del águila. Una particularidad del águila es que, a mi entender, es la única en el reino de la aves que cuando empieza a hacer su nido lo primero que hace es un nido con espinas. Sí... el nido está hecho de espinas y cosas que hincan, que molestan. El águila busca cosas que hincan; y después empieza a echarles pajas y hojas hasta que acojina eso que hinca.

Cuando los polluelos nacen, están por cierto tiempo siendo alimentados en ese nido acojinado. ¿Cómo se llama eso? La zona de comodidad. Yo no tengo que salir. Yo no tengo que arriesgarme. Yo no tengo que hacer nada, porque estoy aquí en mi zona de comodidad. Tal vez es tu iglesia, o tu trabajo, o tu casa, pero cada cual tiene su zona de comodidad donde está siendo alimentado. Hay gente que en la iglesia lo que hace es come y come, y no hacen más nada. Esa es su zona de comodidad. Se conforman con venir a la iglesia todos los domingos, y no hay crecimiento; no hay nada de desarrollo. No hay nada de "dar", solamente "recibir". Y dentro de esa zona de comodidad están muchas águilas que tienen que aprender a volar.

Cuando Dios quiere llevarnos a crecer en Él, a volar en las alturas, tiene que sacarnos de la zona de comodidad, sea como sea. Y por eso es que, de repente, llega el tiempo cuando Dios dice, "Ya está bueno de tanto comer. ¡Ahora ustedes van a volar! Ustedes ya aprendieron a comer, así que ahora ustedes van a buscar su propia comida y ustedes van a volar." ¿Y cómo va a empezar esta etapa de aprender a volar? Bien fácil. El águila empieza a lanzar los polluelos del nido uno a uno. Sí, la propia madre es quien los agarra por el cuello y los lanza al vacío. Allá se forma tremenda gritería y un pánico increíble, así como formamos nosotros un escándalo cuando Dios nos lanza al vacío. ¿Por qué Dios nos lanza? Porque Dios sabe que nosotros tenemos alas para volar, pero necesitamos aprender a usarlas, necesitamos crecer y desarrollarnos. Tenemos que ir a otros lugares, y para que eso suceda, tenemos que salir de donde estamos.

Así que tiene que hacer como mamá águila y rompernos el nido para echarnos a volar; aunque gritemos y formemos una algarabía. "Me voy a morir. Me voy a morir." Eso es lo que nosotros decimos en medio de la prueba. "Esto me va a matar a mí. No puedo. No aguanto." Te tengo noticias: No, esto no te va a matar; tú vas a volar. Vas a volar bien alto.

El águila no deja que ninguno de sus hijos se estrelle contra el suelo. Porque mientras los polluelos están histéricos en el aire revoloteando, el águila está muy de cerca vigilando. Por más horrible que sea el susto que pase en el aire el polluelo de águila, en realidad nunca corrió peligro, porque el águila es tan veloz que cuando el polluelo piensa que está a punto de estrellarse, el águila vuela velozmente a su rescate. O sea, piensas que te mueres, pero de repente viene Dios con sus alas y te levanta otra vez. Eso es lo que pasa en las pruebas. **Mientras nosotros estamos diciendo que vamos a morir en las pruebas, Dios está diciendo que las pruebas son para aprender a volar.**

¿Y qué pasa después de la gritería y el escándalo? Cuando ya estás volando y sientes ese viento debajo de tus alas, de repente te das cuenta que no era tan malo como pensaste. Y te das cuenta que no fue tu fin; que no te moriste. Y dices, "Ay, yo no sabía que yo tenía alas. No sabía que podía hacer esto, que soy mucho más fuerte de lo que pensaba." Entonces te remontas hacia las alturas.

En medio de todo este proceso, el águila dice, "Muy bien. Ya se acabó, vamos a romper el nido." Y se va al nido y le saca las pajas, y las hojas, hasta que solamente quedan las espinas. Rompe el nido para que no les quede otra opción que aprender a volar. Porque ahora en mi zona de comodidad todo hinca, todo molesta.

Espiritualmente, Dios hace eso mismo, te quita el cojín. Te rompe el nido. **Cuando Dios quiere sacarte de un sitio para llevarte a otro mejor, te hace incómodo el lugar donde estás.** Y sientes como que ya tú no encajas, como que ya no eres parte de ese lugar. Y es que Dios te quiere sacar de ahí para llevarte a otro lugar. Te está rompiendo el nido. Te lo digo porque lo ha hecho conmigo muchas veces....

Cuando Dios me llamó para San Tomas, yo le dije que a mí no se me había perdido nada en San Tomas. Yo dije que no iba para allá.... y punto. Y Dios tuvo que romper mi nido, mi zona de comodidad, porque era en San Tomas donde yo iba a ser procesada. Y por 18 años me tuvo allí, creciendo, y aprendiendo, desarrollando mis alas. Cuando era hora de volver a volar, se me rompió el nido otra vez porque yo estaba muy cómoda en mi nuevo nido, y tenía que volver a volar... otra vez.

¿Alguien se puede identificar con este proceso del águila? "Pero es que yo no quiero volar en este preciso momento.... ¿No puede ser el año que viene?" **Y por eso Dios utiliza las circunstancias para impulsarte en la dirección que Él necesita que tú camines.**

Necesitamos desarrollar el discernimiento para saber cuándo esas circunstancias nos están moviendo en la dirección de Dios dentro de Su voluntad, o buscan alejarnos de la voluntad de Dios. ¿Cómo podemos saberlo? La paz de Dios es la brújula que te enseña la dirección correcta. Cuando Dios te da paz en tu interior, tú sabes que vas en la dirección de Dios. Esto me sucedió tantas veces. Yo estaba tan clara que Dios quería que yo hiciera una cosa, y todo el mundo alrededor me decía, "¿Tú estás loca? No lo hagas." Y yo con toda la calma del mundo les contestaba, "No, no estoy loca, eso es lo que el Señor quiere que yo haga." Y me reclamaban, "¿pero cómo tú vas a hacer eso?" Y yo con la misma calma les contestaba, "No sé, pero siento una paz del Señor tan increíble, que nada me mueve." Y así caminas tranquilo sabiendo que estás caminando dentro de la voluntad de Dios.

La intención de Dios nunca ha sido que nosotros nos quedemos en el mismo lugar. Siempre tiene algo nuevo. Repítelo conmigo: **Dios tiene algo nuevo.** Pero, para poder escalar una montaña, uno no se puede quedar en la llanura, la planicie, la meseta. La llanura es ese lugar que se ve bueno, cómodo, fácil. Pero... no hay altura, no hay brisa fresca, no tiene una buena vista. **La perspectiva desde una llanura jamás y nunca es la misma que la perspectiva desde la altura.** La llanura implica estancamiento, paralización, detenimiento. En la llanura no hay crecimiento.

Por eso el plan final, la meta, de cualquier buen alpinista es llegar a la cumbre, no es quedarse en la meseta. Y por eso nuestra meta en esta vida cristiana tampoco puede ser quedarnos en la llanura. Tenemos que subir. La meseta puede ser una fase, un período de tiempo, en nuestra vida, pero no puede ser nuestra residencia permanente. El problema está en que es muy fácil llegar a una meseta y quedarnos ahí. Estacionarnos en la llanura pensando que "ya mismo me levanto y sigo adelante." Pero ese "ya mismo" tarda meses, y a veces años, en llegar. Entonces Dios tiene que provocar una situación para sacarnos de esa llanura donde nos acomodamos para poder llevarnos a nuestro destino final.

Por eso es que la adoración es una jornada con el propósito de moverte de donde estás para llevarte a un nuevo lugar de experiencia. Y esa jornada es constante, diaria, eterna. Esa es la razón de ser de este libro: confrontarnos con lo que no queremos ver, lo que no queremos aceptar, para llevarnos a un nuevo lugar de experiencia con Dios. Pero no te sientas mal por esto. Yo estoy escribiendo estas palabras porque yo también fui confrontada, y quien soy hoy se lo debo a todas esas jornadas que yo no quería tomar, pero ahora entiendo que eran sumamente necesarias para mi crecimiento.

Estoy orando que este libro logre sacudir nuestras vidas, derrumbar nuestros parámetros, derrumbar nuestra vieja manera de pensar, y llevarnos a ver las cosas como Dios las ve desde las alturas. Mi anhelo es que este sea un libro que provoque cambios y transformación, que no sea meramente información, para convertirnos en esa poderosa iglesia que Dios tanto anhela.

TODO COMIENZA CON ACCIÓN DE GRACIAS

Nuestra adoración a Dios, igual que nuestra jornada, necesita ser progresiva. Si buscamos con detenimiento en el Antiguo Testamento, la adoración era un proceso que comenzaba con acción de gracias. Ese agradecimiento nacía de un recuento de todas las grandes maravillas que Dios había hecho por Su pueblo. Generalmente, esto los llevaba a una búsqueda más intensa de la presencia de Dios, un levantamiento de manos en adoración, una postración en humillación, y una expectativa de la gloria de Dios. Y finalmente, el pueblo irrumpía en canto y danza en adoración a ese poderoso Dios.

El canto y la danza eran el último paso, no el primero. **La música es una extensión de tu adoración, no es de donde nace tu adoración. Tu adoración nace de tu acción de gracias, y todo lo demás fluye naturalmente de esto.**

Tal vez en nuestras iglesias no vemos los cambios que deseamos, no vemos la gloria de Dios manifiesta, porque queremos comenzar con música en vez de con acción de gracias. Pretendemos que la música nos lleve a la adoración, y así no es como funciona. Eso es manipulación emocional. Por eso la gente sale igual que como llegó. No hay cambios; no hay transformación; porque no hubo adoración, sólo hubo emoción. Dios nos invita a comenzar todo lo que hagamos con acción de gracias porque de ahí es que nuestra adoración fluye como río. Y esa acción de gracias es individual y única.

Yo no puedo esperar que el director de adoración sea quien de gracias por mí, quien me diga por qué tengo que dar gracias; la gratitud tiene que salir de MI corazón. **Porque mi acción de gracias nace de mi experiencia con Dios, y nadie más la puede dar por mí.** Tengo que hacerlo yo. No puedo llegar al culto contando con la adoración de quien esté al frente dirigiendo el coro. NO. Necesita nacer de mí, de mi corazón agradecido por todo lo que Dios ha hecho en mi vida. Es la única manera en que mi adoración puede ser genuina, y mi cántico puede ser espontáneo y sincero. Porque no estoy cantando por cantar, estoy celebrando a un Dios grande y poderoso. Le estoy cantando a MI Dios por lo mucho que tengo que agradecerle. Esa acción de gracias es la que nos recuerda todo lo que Dios ha hecho por nosotros, y nos impulsa entonces a cantar y a celebrar a Dios. Entonces nadie tiene que estarnos empujando a adorar, la adoración fluye sola. Fluye porque la acción de gracias cambia tu enfoque de tu problema... a tu DIOS.

"He peleado la buena batalla, he acabado la carrera, he guardado la fe. Por lo demás, me está guardada la corona de justicia, la cual me dará el Señor, juez justo, en aquel día; y no sólo a mí, sino también a todos los que aman su venida"
(2 Timoteo 3:7-8)

HA SIDO LARGO EL VIAJE, PERO LLEGARÉ

El concepto de una jornada suena sencillo, simplemente salir de un sitio para ir a otro, pero implica mucho más que eso. Implica cambios, incomodidad, distancia, sea corta o sea larga. Pero más que todo eso, requiere mucha fe. Fe en que Dios sabe lo que hace. Fe en que Dios nunca te ha dejado y nunca te dejará. Fe en que Dios tiene un plan y un propósito que va más allá de lo que nuestra mente humana pueda entender. Y esa fe es vital en esta jornada porque este viaje probablemente sea mucho más largo y complicado de lo que nosotros quisiéramos que fuese.

Yo todavía estoy en mi jornada. Aún no he terminado, y en medio de esa jornada estoy escribiendo de la jornada. ¡Qué interesante! Han sido muchos los tramos, de Puerto Rico a San Tomas, de San Tomas a Santa Cruz, de Santa Cruz a Miami. De aquí en adelante, sólo Dios sabe las vueltas que voy a dar en esta jornada, las altas y bajas, montañas y valles, y todos los lugares a los que voy a llegar. Lo he perdido todo, y lo he vuelto a recibir. He dejado mucho atrás, y he obtenido mucho más de lo que yo esperaba. He soltado, y he recibido.

Ha sido una jornada muy interesante, llena de retos y de momentos difíciles, de lágrimas y victorias. Hubo momentos cuando pensé que ya no podía más, que nunca iba a llegar, cuando de repente, de alguna manera, Dios me dio nuevas fuerzas para seguir adelante. Y aquí estoy, todavía de pie, caminando, sin detenerme, hasta cumplir el propósito de Dios en mi vida. Para poder decir como el Apóstol Pablo: *Pero de ninguna cosa hago caso, ni estimo preciosa mi vida para mí mismo, **con tal que acabe mi carrera con gozo**, y el ministerio que recibí del Señor Jesús, para dar testimonio del evangelio de la gracia de Dios" (Hechos 20:24).*

Una cosa sí te puedo garantizar... llegarás a la meta. Porque hay una meta; esta jornada tiene un propósito firme y definido por Dios. Esto no es cuestión de caminar por caminar; esta jornada tiene un comienzo y tiene un fin, trazado desde antes de la fundación del mundo. Tal vez hoy tu jornada parezca eterna, pero no lo es; llegará el final, recibirás tu premio, y pasarás toda una eternidad con Aquel que te salvó y te llamó. En ese día, tu Salvador secará toda lágrima, y no habrá más llanto, ni más tristeza, ni más dolor; sino que estaremos para siempre ante la presencia de nuestro Amado Salvador. Ese es el fin. Esa es la meta.

MI ORACIÓN

Señor, me entrego a Tu voluntad, mientras estoy a la expectativa del cumplimiento de todas esas promesas increíbles que Tú me has hecho. Padre, sólo Tú lo entiendes todo, porque Tú eres el único Dios Soberano. Yo no lo entiendo todo, pero ahora puedo descansar en el hecho de que yo no necesito las explicaciones. Ya no me enfoco en las explicaciones. De ahora en adelante me voy a enfocar en la promesa. Tú prometiste... Y porque Tú prometiste, Tú cumplirás.

Te doy gracias porque esa fidelidad nos da paz, y nos llena de Tu amor y Tu misericordia. Gracias porque esta jornada es algo poderoso, porque estos procesos, aunque no nos gusten, cambian nuestras vidas, aun sin darnos cuenta. Gracias, Dios, porque siempre estás ahí presente para moverte en nuestras vidas. Ayúdanos por medio de Tu Espíritu Santo a permitir que el proceso glorifique tu gran Nombre en nuestras vidas. Desde hoy, me dejo tomar de Tu mano, y simplemente me dejo llevar, porque confío en Ti y te amo. En el nombre de Jesús. Amén.

NOTAS

CAPÍTULO 8

Separación

De todo corazón

La humildad es la característica clave de un líder de adoración. De hecho, es la clave de cualquier gran líder.

– Chris Tomlin

La forma más sublime de adoración es la adoración de servicio cristiano desprendido. El sonido más grandioso de alabanza es el sonido de pies consagrados a buscar los perdidos y desamparados.

– Billy Graham

SEPARACIÓN

DE TODO CORAZÓN

...Y VIO EL LUGAR DE LEJOS

Siempre me pregunté por qué Dios le ordenó a Abraham que se fuera a tres días de camino a sacrificar a su hijo. No a la vuelta de la esquina, no a dos cuadras de distancia, sino a tres días de camino. "Y al tercer día alzó Abraham sus ojos, y vio el lugar de lejos." ¿Por qué un sitio tan lejos? Yo encuentro ese tramo lejos en un auto, así que no me imagino a pie; porque recuerden que eso era caminando, no era en automóvil. O sea, no era un tramo corto. Pero, ¿cuál era el propósito de este viaje tan largo? El propósito era que Abraham se separase, se retirase, de lo conocido hacia el desierto. ¿Retirarse para qué? Eso es lo que vamos a ver en este capítulo.

Ya hablamos de que en una jornada Dios te mueve de un lado para otro. ¿Qué logra eso? Esa distancia que vas a caminar, larga o corta, tiene el propósito de retirarte, de separarte de algo. Dios separó a Abraham tal vez porque nadie más iba a entender su sacrificio, y lo más probable iban a tratar de convencerlo de que su sacrificio no era necesario. Como tal vez a ti muchos tratarán de decirte que tu sacrificio no es necesario.

Pero ese desierto al cual fue llevado Abraham fue lo que lo preparó para su sacrificio. En tu vida, ese desierto es lo que te prepara para el sacrificio que viene, para el ministerio, para el propósito de Dios. Ese desierto te prepara para algo que ahora mismo no estás preparado, por eso es tan necesario.

Sólo Dios sabe lo que estaba trabajando con Abraham, y con sus pensamientos, en esos tres días de camino. Porque yo creo firmemente que esos tres días fueron para prepararlo. Esos tres días de camino fueron para mostrarle Quién era Él que lo estaba llamando. Yo creo que esos fueron los tres días más largos de su vida. Tres días para analizar, para decidir seguir adelante o dar marcha atrás. Mil oportunidades para arrepentirse.

¡Tres largos días! Tres días de silencio, donde tú no oyes nada más, solamente la instrucción de Dios repitiéndose una y otra vez en tu mente. Tres días cuando no puedes buscar la opinión de nadie, porque Abraham tuvo que guardarse el secreto, y nadie más lo sabía. No lo podía compartir con nadie, porque tan pronto le comentara a alguien lo que Dios lo llamó a hacer, todo el mundo iba a tener su propia opinión, y lo iban a desviar del propósito de Dios. En esta jornada es probable que tengas que separarte de algunas personas, porque no podrán, o no querrán, entender. No importa. A veces en nuestra jornada no hay espacio para otras personas. Y eso está bien, porque, si Dios va contigo, Dios es más que suficiente.

UNA AMISTAD ÚNICA Y SIN DISTRACCIONES

El propósito de esta separación, de estos "tres días de camino", es para desarrollar una amistad única, sin distracciones. Se requiere una separación, no en el aspecto de separarse como un ermitaño que no se junta con nadie, sino que hay momentos en que Dios te llama exclusivamente a ti para dedicarle un tiempo de adoración individual. Es una invitación para una sola persona, y no puede haber distracciones, interrupciones, Facebook, ni Instagram. Dios quiere amistarse con nosotros de tal manera que no haya espacio para otras personas en nuestra relación; y ese tipo de unidad, de conexión, se crea solamente a solas con Dios. Ese lazo tan estrecho, que nadie puede romper, se crea por medio de esa separación a solas con Él.

El propósito final de todo esto es que, igual que a Abraham, Dios mismo nos pueda llamar Sus amigos. ¡Qué privilegio tan hermoso! ¿Y por qué Abraham fue el único en la Biblia que se ganó ese título de "amigo de Dios"? Porque este hombre se atrevió a creerle a Dios por encima de todo, y desarrolló, en medio de su desierto, una amistad, una confianza, una dependencia de Dios, que muy pocos en su vida logran desarrollar. Dile a tu corazón, "atrévete a confiar en Dios".

"Pero he aquí que yo la atraeré y la llevaré al desierto, y hablaré a su corazón. En aquel tiempo, dice Jehová, me llamarás Ishi, y nunca más me llamarás Baali. Porque quitaré de su boca los nombres de los baales, y nunca más se mencionarán sus nombres.... Y te desposaré conmigo en fidelidad, y conocerás a Jehová"

(Oseas 2:14, 18, 20)

ALLÍ HABLARÉ A TU CORAZÓN

El tipo de relación que Dios anhela con Su pueblo es como la de un esposo con una esposa; por eso, en este pasaje bíblico en Oseas, Dios le habla al pueblo de Israel como si fuera su esposa. **Dios no quiere una relación de lejos; Dios quiere una relación de cerca.** Este reclamo de Dios a Su pueblo nace por una larga historia de idolatría del pueblo de Israel. Dios siempre ha permanecido fiel, pero Su pueblo muchas veces le fue infiel. No sé cuántos conocen la historia. Cuando tengan una oportunidad, por favor léanla. Dios le dice al pueblo, "Tú te has prostituido con aquella ciudad pagana; y estás corriendo de aquí para allá, y andas con cualquiera. Pero Yo te quiero atraer a mí porque Yo te amo".

Y luego de intentarlo todo, llegó al punto en que Dios tuvo que llevar a Su pueblo al desierto para poder hablar a su corazón. De tantos lugares que existen, ¿por qué al desierto? Porque en el desierto no hay distracciones, no hay señal de Internet, no hay televisión, no hay otras voces, ni otras personas, ni siquiera cosas materiales que te desenfoquen de lo que Dios quiere hablarte. **En el desierto no te queda otro remedio que escuchar la voz de Dios, porque es la única voz que hay.** Y es allí en el desierto donde Dios llama a Su amada y le habla a su corazón. Con Su inmenso amor, Dios le dice, "No me importa cuán bajo hayas caído, Yo quiero que tú vuelvas a Mí porque te sigo amando". Esa es la razón del desierto: que podamos escuchar la voz de Dios. Es por eso que Dios tiene que primero, antes de llevarnos a cualquier otro lugar, pasarnos por el desierto.

EN MEDIO DEL DESIERTO

Si somos honestos, a nadie le gusta el desierto. El desierto es tipo de soledad, esterilidad, sequía, hambre, y hasta muerte. Para el ser humano, el desierto no es tipo de nada bueno. Hacemos hasta lo imposible por evitar el desierto. Si fuera por nosotros, jamás pasaríamos por el desierto. Sin embargo, el desierto es necesario en la vida de todo cristiano, tarde o temprano.

Es en el desierto que aprendemos a conocer a Dios, y a escuchar Su voz sin interrupciones ni distracciones. Es en el desierto que aprendemos a despojarnos de todo aquello que nos estorbe, que sea un peso, que sea un obstáculo. **La semilla de la fe crece mayormente en el desierto; y quien nunca ha pasado por el desierto no podrá desarrollar una fe sólida.** Hay personas que es solamente en el desierto, en la soledad, que pueden desarrollar un oído sensible a la voz de Dios y una dependencia absoluta de Él.

DESPUÉS DEL DESIERTO

Jesús fue llevado por el Espíritu al desierto justo antes de comenzar Su ministerio. No al oasis, al valle, al monte, sino al desierto. Y cuando regresó del desierto, regresó en el poder del Espíritu a sanar y a libertar a los cautivos (Lucas 4:14). Tan pronto llegó a Nazaret, entró al Templo y encontró en el Santo Libro donde estaba escrito: "*El Espíritu de Jehová el Señor está sobre mí, porque me ungió Jehová; me ha enviado a predicar buenas nuevas a los abatidos, a vendar a los quebrantados de corazón, a publicar libertad a los cautivos, y a los presos apertura de la cárcel; a proclamar el año de la buena voluntad de Jehová*" (Isaías 61:1-2).

Tal vez le temes al desierto, pero **te aseguro que no vas a ser la misma persona cuando salgas del desierto, vas a ser mucho mejor.** Tal vez entres al desierto con dudas y con inseguridades; pero saldrás del desierto como un verdadero adorador... un ministro... un portador de Su gloria.

Tal vez ese ministerio que tanto anhelas te está esperando al otro lado del desierto. Solamente Dios lo sabe. Y solamente lo encontrarás al otro lado del desierto. Un sabio dijo hace muchos años que el ser humano le tiene miedo a las crisis, pero la crisis es lo único que produce progreso. Sin crisis no hay cambio; y sin cambio no hay progreso. Confía en que esta crisis momentánea, este desierto, tiene fecha de expiración; y sobre todo, tiene un propósito poderoso que se cumplirá en el momento perfecto de Dios.

MI DESIERTO

Muchas veces terminamos en un desierto donde no queremos estar, porque Dios ha intentado captar nuestra atención de mil maneras, y no hemos hecho caso. Antes de mi desierto, yo vivía haciendo mis planes, por mi cuenta, sin Dios y sin nada. Decía, "Yo voy a hacer esto, luego voy a hacer aquello, y lo otro". Hice mil planes, según mi propia agenda, hasta que terminé en un hospital postrada en cama mirando hacia el techo. El Señor me decía, "Bueno, yo no sé qué tú tenías en tu agenda, pero Yo tengo Mi agenda, y necesito que me atiendas; y como único lo voy a lograr es poniéndote en una cama en un hospital". Así que ahí estaba en una cama de hospital mirando el techo.

Cuántas veces nosotros hemos hecho mil planes sin contar con Dios, porque simplemente nos hemos vuelto independientes de Dios. Y Dios nos dice, "Pero, Yo quiero estar contigo. Suéltame el volante, vete al lado del pasajero, y déjame a Mí manejar". Pero hay gente que quieren manejarlo todo; como yo, que cuando mi esposo está manejando el auto me dice, "Oye, ¿qué tú haces pegando freno allá si tú no eres la que estás manejando?" Porque yo estoy acá sentada en el asiento del pasajero y con el pie pegando freno. Estoy tan acostumbrada a manejar que no puedo soltar la costumbre de querer manejar aun cuando no estoy en el asiento del conductor. Porque somos así, queremos manejarlo todo, inclusive decirle a Dios cómo hacer las cosas.

UN PASO DE FE EN MEDIO DEL DESIERTO

Cuando Dios llamó el pueblo de Israel a cruzar el Jordán (Josué 3), el pueblo tuvo que tomar un enorme paso de fe. El río no se abrió hasta que las plantas de sus pies tocaron el agua. No fue antes, fue en ese preciso momento. O sea, tuvieron que creer antes de ver. **El río no se detuvo hasta que dieron ese paso de fe**. Tal vez Dios te está llamando a tomar ese primer paso de fe en tu jornada, pero ves ese río tan imponente que no te atreves. Anda; hazlo en fe. Simplemente marcha, y verás tu río, cualquiera sea su nombre, abrirse en dos ante tus propios ojos.

En San Tomas, cuando Dios me llamó a salir para Santa Cruz, a quien usó para convocarme fue a mi madre y a mi esposo; porque yo decía, "¿Yo, ir para Santa Cruz? No". Pero a mi esposo le dio una urgencia por mudarnos para Santa Cruz increíble. Y yo le preguntaba a él, "Pero, y ¿qué te dio a ti con ir a Santa Cruz si tú nunca has ido a Santa Cruz?" Él simplemente me contestaba, "Yo lo sé, pero yo te veo extendiéndote en tu ministerio. Te veo afuera. Vámonos para Santa Cruz." A él fue que le dio la manía de irnos para Santa Cruz; y, aunque digo manía, entendí luego que era Dios poniendo ese sentir en su corazón.

Mira como el Señor hace las cosas: Cuando es asunto de matrimonio, los dos tienen que andar de acuerdo, no uno por un lado y otro por el otro. Él quería irse, pero yo no quería ir; porque yo no estaba segura si eso era lo que Dios quería, y yo tenía una responsabilidad grande en mi iglesia. Así que en mis oraciones, yo le pedía a Dios que fuera Él mismo quien trabajara conmigo.

¿Ustedes saben lo que mi esposo hizo? Se fue a orar. No me dijo nada más. No formó una pelea. No insistió. Solamente se fue a orar. Hasta que un día yo de repente le dije, "El Señor empezó a trabajar conmigo y empezó a mostrarme situaciones de Santa Cruz". Yo me veía en sueños en Santa Cruz una y otra vez, hasta que finalmente un día yo le dije, "Mi amor, ya yo estoy lista para salir para Santa Cruz". Él ya lo sabía. Él lo había estado esperando porque, aunque me dejó quieta, estaba orando.

Cuando las cosas son de Dios, es Dios quien tiene que poner el querer como el hacer, por Su buena voluntad (Filipenses 2:13). Mi esposo dijo en su oración: "Señor, ella no quiere ir, así que mira a ver qué Tú haces". Entonces Dios empezó a trabajar conmigo; hasta que yo le dije que sí. ¿Se fijan? En los matrimonios los dos oran. Aunque él es el sacerdote de la casa, los dos tenemos que orar.

Así que yo le pedía a Dios que le diera dirección a mi esposo. La dirección del hogar no me toca a mí. Le toca a él. Yo lo sigo a él. Él es la cabeza del hogar, y un hogar no puede tener dos cabezas, cada cual tirando para su lado, porque no funciona. Tenemos que seguir juntos las instrucciones de Dios. Y cuando estás claro que las instrucciones vienen de Dios, nada te mueve.

La persona que yo menos esperaba me confrontó bien molesta cuando se enteró que yo me iba para Santa Cruz. Me dijo, "¿Tú vas para Santa Cruz? ¿Tú estás loca?" Yo le dije, "Yo solamente sé que tengo paz." Esta persona me dijo, "¿pero, y qué tú vas a hacer con el trabajo, y qué va a pasar con esto y con aquello?" y siguió sacándome cuenta de todo lo material que yo estaba dejando atrás. Yo estaba consciente que yo estaba dejando atrás un trabajo como secretaria legal en un bufete de abogados grande, pero si yo hubiese permanecido en ese bufete, este libro no se hubiese escrito. Todavía estuviese amarrada a un trabajo y fuera de la voluntad de Dios.

Es que hay gente que si algo no tiene lógica para ellos, no importa lo que Dios les diga, no lo hacen. Pero ya yo había aprendido que la prueba no tiene lógica y hasta el día de hoy yo nunca me he acostado sin comer. Hasta ahora Dios ha provisto. No me preguntes cómo, porque cuando menos lo espero, aparece la provisión de Dios. Ha sido Dios quien nos ha mantenido de pie, quien ha abierto puertas y cerrado puertas. Sólo Dios.

EL QUERER COMO EL HACER

Todo esto es resultado de una relación íntima con Dios, como ya hemos hablado. Cuando hay una relación íntima con Dios, tú te sometes a la dirección de Dios, y aprendes a esperar en Su tiempo y Su voluntad. Aprendes también a reconocer el mover de Dios. Dios nunca te va a decir que te rebeles en contra de una autoridad establecida, porque la rebelión es pecado. Por el contrario, si Dios fue quien puso en tu corazón ese anhelo de hacer algo, Dios mismo se encargará de poner cada cosa en su lugar, de cambiar corazones, y de hacer lo imposible posible.

Miren lo que a mí me pasó una vez con mi Pastor. Un día le digo a mi Pastor, como Pastora Asociada, que sentía la inquietud de celebrar la santa cena en una media vigilia. Sentí esa inquietud porque en una media vigilia no hay prisa, y tenemos más tiempo para hacer las cosas con calma. Así que le dije al Pastor, "¿Por qué no damos la santa cena en una media vigilia para que podamos hacer lo que Dios quiera?" Me dice que eso nunca se ha hecho. Le contesté, "Considérelo, pero no se preocupe por eso". Cuando llegué a casa, le dije a Dios, "Dios, Tú eres el que pone el querer como el hacer. Yo siento que esto es idea Tuya, pero mi Pastor no quiere. Así que tienes que trabajar Tú con él".

Así que yo dejé el asunto en las manos del Señor porque el Pastor es la autoridad en la iglesia. Y aunque yo sabía que lo que yo sentía era de parte de Dios, yo tengo la responsabilidad por la Palabra de someterme a la autoridad. Por lo tanto, yo solamente le dije a mi Pastor, "Pues está bien, Pastor, no hay problema." No me frustré, ni me molesté con el Pastor; pero ya ustedes saben lo que hice después.... Orar. Ese mismo día a las seis de la tarde me llamó el Pastor. Me dice, "Luisa, ¿tienes todo listo para esta noche?" Le contesté, "Sí, Pastor". Y me pregunta, "¿Y tienes todo listo para la santa cena?" Yo sorprendida le dije, "¿Cómo, Pastor?" Y me contesta, "Sí, esta noche vamos a dar la santa cena". Yo por poco me desmayo. Así que salí corriendo a buscar todo para la santa cena, porque no lo había comprado creyendo que no se iba a dar. Pero no importa, yo iba feliz. ¿Usted se puede imaginar que yo me hubiese puesto a discutir con el Pastor por eso? Eso hubiera creado una ruptura entre nosotros dos, y una discordia en la iglesia.

Mejor deja todo en las manos de Dios y espera. Si tú sientes el deseo de hacer algo, tranquilo. Deja que Dios ponga el querer como el hacer en la otra persona. ¿Cuántos entienden que todas esas cosas van caminando cuando uno va desarrollando una relación con Dios y empieza a depender de Dios? Las cosas se van canalizando y van cayendo en su sitio. Porque es Dios quien lo está orquestando y nadie más. Así que si surgen obstáculos, dile, "Señor, si esto es tuyo, abre el camino". Y confía en que, en Su tiempo y a Su manera, Dios lo hará.

DESCONECTATE

Escuché un día a la famosa predicadora Joyce Meyers decir que ya era tiempo de tomar en serio el Evangelio. Dijo que nosotros queremos recibir mucho de Dios pero no estamos dispuestos a dar nada a cambio; no queremos pagar el precio. Así que ella, en los comienzos de su ministerio, encontró su propia manera de "pagar el precio": se comprometió a "ayunar" un mes de televisión porque deseaba ver grandes cosas de Dios en su vida. Según su mensaje, ayunar no tiene que referirse únicamente a comida; uno se puede abstener ("ayunar") de cualquier cosa que a uno le guste: televisión, ir de compras, Internet, lo que más le guste.

Joyce Meyers cuenta que se le hizo muy difícil ese ayuno porque ella se encerraba en su cuarto a orar y leer la Biblia mientras su esposo se sentaba en la sala a ver televisión todas las noches. Ella testifica que el último día de ese ayuno recibió una gran bendición, y la promesa de

Dios que la usaría para bendecir naciones. Exactamente un año después de ese día comenzó a transmitirse su programa de televisión, que actualmente alcanza millones de personas alrededor del mundo con la Palabra. ¡Dios premió su sacrificio con un crecimiento extraordinario en su vida y en su ministerio porque ella decidió desconectarse de todo para conectarse a la voluntad de Dios!

Eso es lo que significa retirarse: desconectarse. Salir de nuestra posición de comodidad para poder ver algo que en este lugar donde estamos ahora no podemos ver. Nosotros lo miramos desde el aspecto físico, pero vamos a ver también el aspecto espiritual. Cuando Dios te llama a retirarte, a veces conlleva que te remuevas físicamente de unas situaciones, pero a veces es espiritual. A veces Dios te susurra, "Yo quiero pasar tiempo contigo", para que reconozcamos que el ser humano no tiene la habilidad de hacer las cosas por sí mismo. Necesitamos a Dios.

Por eso es que Jesús nos dice en la Biblia que **separados de Él nada podemos hacer.** Por eso es necesaria la separación, el desierto; para desconectarnos de lo demás y conectarnos con Dios. **El problema es que, para poder conectarte con una cosa, tienes que desconectarte de la otra;** porque no puedes recibir información de dos canales a la vez. Para poder recibir la señal de un canal tienes que desconectarte del otro canal. Por eso encontrarás que en tu llamado tendrás que desconectarte de una cosa para poder recibir otra. Y esto es algo muy personal entre tú y Dios. Solamente Dios te puede decir de qué necesitas desconectarte para que Dios pueda hacer lo que quiere hacer con tu vida.

Lo único que puedo decirte es que solamente cuando te desconectes de lo que Dios te pida desconectarte es que te darás cuenta de todo lo que te estabas perdiendo; y todas las maravillosas bendiciones que Dios tiene guardadas para ti. Así que, cuando sientas ese deseo de ayunar, de orar, de buscar un lugar a solas con Dios, hazle caso y búscalo. Es Dios que te está atrayendo a Sí mismo porque quiere hablarte. Y Dios siempre tiene algo especial que decirte. No te arrepentirás.

EL REQUISITO DE LA SANTIDAD

Mucha gente le tiene miedo a este tema; pero la santidad que significa separación para Dios, es necesaria para vivir en la presencia de

Dios. Por más sincero que seas, la sinceridad no sustituye la santidad, la pureza, la separación para Dios. La presencia de Dios solamente se puede hacer latente y presente cuando cumplimos con Sus requisitos, y la santidad es uno de ellos. Dios no se hace presente simplemente porque nosotros deseamos Su presencia. Tiene que haber algo más. Es cierto que Dios contesta nuestro anhelo de Su presencia, pero nuestro deseo no es el único requisito para recibir Su presencia. Tal vez esta es la razón por la cual tantos cristianos nunca experimentan la manifestación de la presencia de Dios. Aunque anhelan sinceramente sentir la presencia de Dios, no tienen idea de qué hacer para recibir este precioso regalo.

Y quiero aclarar que hay una diferencia entre la presencia de Dios que está en todas partes y Su presencia manifiesta. Son dos cosas diferentes. Aunque Dios está en todas partes, no en todas partes se manifiesta Su presencia y poder. Solamente donde hay santidad se manifiesta Su poder. La naturaleza de Dios es ser Santo, por lo tanto, esa pureza significa que no se puede contaminar con nada impuro; por eso es que Su Palabra dice que sin santidad nadie verá al Señor (Hebreos 12:14).

Santidad significa "separado, consagrado, dedicado, santificado para Dios". No es meramente vivir separados del mundo, sino, más allá de eso, vivir separados para Dios. **Santidad es una separación intencional, con un propósito**. Eso significa que los que quieran Su presencia tienen que ser Santos así como Él es Santo. **Santidad, más allá de un aspecto externo o físico, es un asunto del corazón, es entregarle el título de propiedad de nuestra vida a Dios**. Santidad significa ceder a Dios todos los derechos sobre mi vida, mis finanzas, mi tiempo, mi familia, TODO.

El problema está en que ser santos no es parte de nuestra naturaleza humana; y por eso vivimos en constante batalla contra esa naturaleza, hasta que nos rindamos por completo. **Solamente logramos la santidad en contacto con Su Santidad, en la búsqueda continua y constante de Su presencia**. La realidad es que santidad es el mismo Dios viviendo Su vida en nosotros.

Por eso es que yo me tengo que rendir a Él para que Su carácter se refleje en mi vida. Por eso es que necesito vivir en una dependencia total y absoluta de Dios para poder vivir esa vida de santidad. Y esto provoca en mi vida un hermoso descanso, porque reconozco que es Él quien vive Su vida a través de la mía. Eso es santidad. No es algo que yo me esfuerzo por producir o alcanzar, es algo que yo permito que fluya a través de mí cuando me rindo a Él.

"Porque así dijo el Alto y Sublime, el que habita la eternidad, y cuyo nombre es el Santo: Yo habito en la altura y la santidad, y con el quebrantado y humilde de espíritu, para hacer vivir el espíritu de los humildes, y para vivificar el corazón de los quebrantados"
(Isaías 57:15)

CONSAGRACIÓN

La razón por la cual Dios emitió instrucciones tan específicas y claras para la construcción del Tabernáculo y el Templo era que el pueblo entendiera que para entrar en Su presencia es necesaria la purificación del pecado. No cualquiera puede entrar en Su presencia. Cada ritual de purificación, cada sacrificio, le recordaba al pueblo que existen unos requisitos claros para entrar en Su presencia. Sin embargo, la recompensa de cumplir con estos requisitos era la gloriosa presencia de Dios.

Entrar en la presencia de Dios no es un encuentro casual ni superficial. Es por esto que a través del Antiguo Testamento encontramos el mandato de consagrarnos, de separarnos, de santificarnos. Por esa razón Dios exigía a Su pueblo que se purificara antes de poder entrar en Su presencia. Esto comprendía una serie de rituales de purificación tanto para el pueblo como para los sacerdotes (Éxodo 19:10, 22). Esta consagración antes de poder ministrar delante de Jehová incluía desde los alimentos que podían comer (Levítico 11), hasta las vestimentas designadas por Dios mismo (Éxodo 29 - 30; 39 - 40; Levítico 8). Los sacerdotes no podían contaminarse con nada inmundo, según definido por Dios, para poder entrar en la presencia de Dios. Cualquier persona que estuviese contaminada, no podía estar en la presencia de Dios.

" Santificaos, pues, y sed santos, porque yo Jehová soy vuestro Dios. Y guardad mis estatutos, y ponedlos por obra. Yo Jehová que os santifico"
(Levítico 20:7-8)

197

Sin embargo, como hemos hablado anteriormente, al llegar Cristo, **la definición de santidad fue expandida para incluir, no solamente la apariencia externa, sino la pureza del corazón.** De hecho, Jesús con sus enseñanzas reveló claramente que la peor contaminación no viene de afuera, sino de adentro. La impureza del corazón es la que contamina toda nuestra vida. Es del corazón que nacen los malos pensamientos, malicia, envidia, arrogancia, y todo lo que contamina (Marcos 7: 14-23). Por lo tanto, **lo primero que tenemos que purificar antes de poder entrar en Su presencia, es nuestro corazón.**

> *"Jehová, ¿quién habitará en tu tabernáculo? ¿Quién morará en tu monte santo? El que anda en integridad y hace justicia, y habla verdad en su corazón. El que no calumnia con su lengua, ni hace mal a su prójimo, ni admite reproche alguno contra su vecino. Aquel a cuyos ojos el vil es menospreciado, pero honra a los que temen a Jehová. El que aun jurando en daño suyo, no por eso cambia; Quien su dinero no dio a usura, ni contra el inocente admitió cohecho. El que hace estas cosas, no resbalará jamás"*
>
> *(Salmo 15)*

CORAZÓN PURO

Cuando tienes un corazón puro, todas tus palabras son verdad y todas tus acciones son íntegras, tanto hacia Dios como hacia los demás. Un corazón puro no actúa de una manera en público y de otra manera en privado. Un corazón puro habla lo mismo, y hace lo mismo, domingo en la iglesia y lunes en el trabajo. No tiene doble vara, ni doble estándar. Y esta actitud es esencial para que la presencia de Dios pueda hacerse manifiesta en nuestras vidas.

> *"¿Quién subirá al monte de Jehová? ¿Y quién estará en su lugar santo? El limpio de manos y puro de corazón; El que no ha elevado su alma a cosas vanas, ni jurado con engaño. El recibirá bendición de Jehová, y justicia del Dios de salvación. Tal es la generación de los que le buscan, de los que buscan tu rostro, oh Dios de Jacob. Selah"*
>
> *(Salmo 24:3-6)*

Jesús validó estos requisitos de pureza durante Su Sermón del Monte al decir, *"Bienaventurados los de limpio corazón, porque ellos verán a Dios" (Mateo 5:8).* Aquí podemos ver claramente que la pureza de corazón es un factor esencial para que nuestra adoración y alabanza sean aceptadas ante Dios. **Nuestra adoración puede cumplir con todos los requisitos externos, pero si nuestro corazón no es recto delante de Dios, no recibiremos el regalo de Su presencia.**

"y me buscaréis y me hallaréis, porque me
buscaréis de todo vuestro corazón"
(Jeremías 29:13)

Si lo buscamos de todo corazón, Dios ha prometido que lo hallaremos. Ese es el propósito de nuestra adoración, de nuestra alabanza, encontrarnos con Dios, establecer una relación íntima con Él. Todo lo demás es secundario. Ese es el reto que tenemos ante nosotros. Tú puedes escoger ser el David, Abraham, Daniel o Moisés de tu generación. Busca a Dios de todo corazón y verás lo que Dios es capaz de hacer en tu vida. Te aseguro que Dios cumplirá todo lo prometido y te sorprenderá.

Lo más importante es que nuestro corazón no puede estar dividido, porque un corazón dividido impide que recibamos la bendición plena de Dios. Cuando Dios pide en Su Palabra que le busquemos de todo corazón, quiere decir que no podemos tener lealtades divididas. Nuestra prioridad tiene que ser Dios. Todo lo demás tiene que pasar a un segundo plano. Todo lo que sea un obstáculo para que sigamos a Dios tiene que ser sacado.

Por eso Jesús fue tan enfático en varias ocasiones cuando les dijo a Sus discípulos que quien no estuviese dispuesto a dejarlo todo por Él, padre, madre, hijos, trabajo, no era digno de Él. No podemos seguir a Jesús si nuestra primera prioridad es nuestra familia, trabajo, o posesiones materiales. Por eso el joven rico se fue tan triste para su casa cuando Jesús le dijo que vendiera todo lo que tenía para darlo a los pobres, y después lo siguiera. El joven rico no estaba dispuesto a dejarlo todo para seguir a Jesús, y por eso se perdió de una gran bendición.

Aun en el Antiguo Testamento cuando los israelitas iban a entrar en la tierra prometida, Josué retó al pueblo de Israel que escogieran a quien iban a servir, si al Dios que los sacó de Egipto o a otros dioses (Josué 24:15). El pueblo dijo que iban a servir a Dios, y entonces Josué les reclamó que sacaran de en medio de ellos los dioses ajenos y entregaran por completo su corazón a Dios (Josué 24:16-18).

Me fascina de Dios que siempre ha sido un caballero. Dios no impone. Quien no le quiera servir, Dios nunca lo va a obligar. Pero quien decide servirlo, tiene que ser de todo corazón. No puede ser a medias. No podían retener los ídolos y adorar a Dios. No podían buscar a Dios con un corazón dividido. No podían recibir la bendición de Su hermosa y santa presencia mientras tuviesen ídolos en sus vidas. Dios no funciona así. Dios no comparte Su gloria con nadie (Isaías 42:8).

Buscar a Dios siempre tendrá este requisito: entrega total y absoluta, de todo corazón. Nada menos que eso. Y esta entrega tiene que ser diaria, igual que alimentas tu cuerpo diariamente, tu espíritu necesita Su presencia diariamente. Y para que Su presencia se manifieste en nuestras vidas, necesitamos quitar cualquier obstáculo que lo impida. Sí, yo sé que esto no es tarea fácil. Créeme que lo sé porque yo misma lo he vivido en carne propia. De hecho, es una de las tareas más difíciles en la vida cristiana... cuando el YO no ha muerto por completo. Y, honestamente, por nuestras propias fuerzas, nunca lo vamos a lograr. Solamente el Espíritu Santo en nuestras vidas puede lograr libertarnos de todo aquello que nos impide entregarle nuestra vida por completo a Dios. El asunto está en que nosotros se lo permitamos.

Mira lo sencillo que es esto: Cuando amas a Dios, ese amor a Él es lo que te impulsa, te mueve, tu motor. Si tu corazón está abierto para amar a Dios, el que ama se entrega, se rinde. El que ama quiere agradar a esa persona que ama por encima de todo. Todo lo que hace lo hace por amor; no es una carga, ni una tarea, porque nace de un corazón lleno de amor. Por lo tanto, si estás pasando trabajo para servir a Dios, para buscar a Dios, es posible que sea porque queda alguna área por entregar, por rendir. Eso es todo.

Es una lástima que todavía existan lugares donde la vida cristiana, la consagración, la santidad, se está proyectando como una mera lista de reglas a seguir, cuando no es así, es simplemente una entrega, es rendirse. Cuando tú amas a Dios, nadie tiene que exigirte que cumplas con un listado de reglas, porque en tu corazón está amarlo y agradarlo, por lo tanto, todo lo que tú haces fluye de ese amor, esa entrega.

Si le enseñamos a la gente a amar a Dios, no hay que exigirles que cumplan con una lista de requisitos; no es necesario imponerles que hagan o que no hagan esto ni lo otro, porque quien ama a Dios, no quiere ofenderlo. Y ese amor, que busca agradar y no ofender, es espontáneo, es lo que impulsa todo lo que hago. Como ya no vivo yo, vive Cristo en mí (Gálatas 2:20), es por medio de Él que yo puedo vivir esta vida. Porque ese amor ha sido derramado en mi corazón (Romanos 5:5), y fluye naturalmente. Si has llegado al punto donde sientes que estás luchando para vivir la vida cristiana, pídele al Espíritu Santo que te ayude a rendirte, a entregarlo todo. Él lo hará. Esa es Su función. Gloria a Dios por ese Espíritu Santo que nos ayuda en nuestra debilidad.

ANHELO

Mi punto es que la presencia de Dios no es un resultado automático, ni instantáneo, simplemente porque yo anhelo Su presencia, sin importar mi condición. Su presencia es un resultado de mi obediencia a Sus requisitos. Algunas personas piensan que el mero hecho de que se rasgó el velo por la muerte de Jesús significa que la presencia está disponible para cualquiera. Ciertamente por la muerte de Cristo tenemos acceso directo a la presencia de Dios, pero tener acceso no significa entrada automática. Tú puedes tener la llave para entrar a tu casa, pero aun teniendo la llave tienes que caminar hacia la puerta, entrar la llave en el cerrojo, girar el cerrojo, y empujar la puerta. Tener la llave no significa entrada automática. Hay que saber usarla.

Nosotros podemos anhelar la presencia de Dios, pero Dios anhela verdaderos adoradores, con un corazón íntegro y puro. No adoración cuya razón principal sea manipular a Dios, manipular al pueblo, o recibir algo de Dios, en vez de buscar Su presencia. Nuestra adoración no puede tener ninguna otra motivación que no sea un corazón puro, limpio de todo pecado, entregado a Dios, reconociendo la grandeza de Dios, enfocado en Dios. Por esta razón es que Jesús dice que tenemos que ser como niños para ir al cielo, porque los niños adoran con toda simpleza y pureza de corazón. No están preocupados de que su ejecución sea perfecta, ni les importa la opinión de los demás. Los niños no buscan impresionar, porque son puros de corazón. Cuando adoran, nada fuera de Dios ocupa sus pensamientos y su enfoque. En esto necesitamos aprender de los niños.

Esto es lo que Dios espera de nosotros. Esa adoración en sencillez y pureza de pensamiento, corazón, motivos, y hechos. Pureza total. Enfoque absoluto en Dios sin preocupaciones por la familia, la casa, el pago de la hipoteca, el pago del carro, la salud, ni ninguna otra cosa. Dios desea un corazón que lo anhela y lo busca por encima de todo. Y eso no significa que nunca te vas a preocupar, que nunca tus pensamientos se van a desviar. Significa que no van a ser tu enfoque principal; significa que cuando tus pensamientos se desvíen, tú los vas a traer cautivos a la obediencia a Cristo (2 Corintios 10:5).

Cada domingo por la mañana en medio de todas las multitudes de personas que visitan las iglesias, Dios busca corazones totalmente entregados a Él. Corazones que se rehúsan a distraerse por los eventos de la semana, por la ropa que se puso la hermana que está al frente, o el recorte del adolescente sentado al lado mío. Un corazón cuyo deleite y enfoque sea solamente en Dios, nada más. Un corazón que esté acorde con las palabras que salen de tu boca. No adoración superficial que canta "levanto mis manos" pero mis manos están cruzadas. Dios no quiere palabras huecas y vacías.

Si estás cantando que levantas tus manos en adoración, más vale que estés levantando tus manos en adoración y que no estés cantando por cantar. Tu boca no puede estar diciendo una cosa y tu cuerpo otra, porque eso es hipocresía. Puedes estar diciendo las palabras correctas, pero no tienes la actitud correcta. Tu corazón no está en tus palabras. Eso no es verdadera adoración, en espíritu y verdad. Verdadera adoración requiere pureza de actitudes, prioridades y motivos, porque a Dios nadie lo engaña con palabras falsas. La verdadera adoración requiere integridad de corazón y humildad de espíritu.

La meta de nuestra adoración tiene que ser crear una atmósfera donde la presencia de Dios pueda habitar. Es por esta razón que Abraham, Moisés, y David vivieron tan cerca de Dios. Ellos se aseguraron de crear con su alabanza y adoración el espacio para que Dios pudiese habitar porque Él habita en medio de la alabanza.

> *"Pero tú eres santo, Tú que habitas*
> *entre las alabanzas de Israel"*
> *(Salmo 22:3)*

Ellos anhelaban conocer a Dios y obedecerlo más que cualquier otra cosa en el mundo, y ese era el fundamento de su adoración. **Esto es la marca de un verdadero adorador: ama la presencia de Dios,** y la presencia de Dios se hace presente en respuesta a esa devoción y pasión por Él. Tal vez no será fácil entrar en esta atmósfera de adoración cuando nuestra carne y nuestro ambiente demandan lo contrario; pero la recompensa es maravillosa porque recibimos todo lo que necesitamos en la presencia de Dios. Nuestro poder, nuestra victoria, nuestro gozo, y esa indescriptible paz; todo se encuentra solamente en la presencia de Dios.

"Me mostrarás la senda de la vida; En tu presencia hay plenitud de gozo; Delicias a tu diestra para siempre"
(Salmo 16:11)

Pero quiero aclarar que nuestra motivación para buscar la presencia de Dios no debe ser únicamente lo que recibimos de Él. Nunca seremos verdaderamente felices si entramos en Su presencia solamente buscando recibir en vez de dar; buscando bienes materiales en vez de buscar al Dador de la vida. Busquemos Su rostro, Su presencia, Su reino, y todas las demás cosas vendrán por añadidura.

En Mateo capítulo seis vemos una preciosa enseñanza de Jesús sobre los afanes de la vida. Cuando te sientas preocupado por la provisión de Dios, lee este capítulo y sentirás paz. Qué gloriosa paz nos puede dar el leer lo que el mismo Jesús le aseguró a Sus discípulos, "¿Por qué se afanan tanto? Si las aves del cielo no siembran ni recogen y el Padre Celestial las alimenta, ¿no valen ustedes mucho más que ellas?" Yo sé que es la naturaleza humana preocuparse por estas cosas, pero buscar primeramente a Dios y Su reino cambia nuestro enfoque. Dios sabe de lo que tenemos necesidad, y en Su tiempo proveerá.

A veces lo único que necesitamos es un tiempo a solas con Él, y de repente todo en nuestra vida se organiza, y recibimos de Dios el descanso y la paz que necesitamos para seguir adelante. Cuando entramos en Su presencia, Dios puede cambiar en un momento cosas que llevamos meses, tal vez años, tratando de cambiar. **Cuando nuestra alma lo anhela, Dios responde**. Cuando nuestro anhelo por Dios es tal que no queremos hacer otra cosa que no sea estar en Su presencia y adorarlo, las horas se convierten en segundos en Su presencia.

Es lamentable que hoy día esta sea la excepción en vez de la norma. Estamos demasiado cómodos en nuestra vida superficial y mundanal como para pasar horas en Su presencia. No queremos pasar el trabajo de luchar contra la carne y el mundo para entrar en Su presencia. Es más fácil contentarnos con ir a la iglesia una vez a la semana y cantar tres canciones, en vez de sacar tiempo de calidad todos los días para estar en Su presencia. Es más fácil el ritual externo que la búsqueda interna.

Por eso vemos tanta gente en nuestras iglesias que siguen igual año tras año. No hay crecimiento. No hay cambio. Tal vez nunca han experimentado la hermosura y el increíble poder de la presencia manifiesta de Dios. Por tal razón, no saben lo que se están perdiendo. Se han conformado con migajas cuando Dios tiene un banquete preparado al otro lado. Si tan solo entendiéramos que servir a Dios es un privilegio, no una carga. Somos nosotros los que necesitamos de Él, Él no necesita de nosotros. El sigue y seguirá siendo Dios por toda la eternidad. Somos nosotros los que necesitamos de Su presencia para poder alcanzar la plenitud. Sin Él no tenemos nada, pero si lo tenemos a Él, lo tenemos todo.

Y es que, si lo permitimos, Su presencia transforma todo lo que toca. Por eso quien busca el rostro de Dios no se puede quedar igual; porque la presencia de Dios trae a tu vida muchas bendiciones:

1. **La presencia de Dios trae gozo** - Es un gozo que te llena y que sobrepasa cualquier prueba o tribulación que puedas estar pasando. Simplemente saber que Dios está contigo te llena de un gozo inexplicable. Mientras más tiempo pasas en Su presencia, más te llenas de Su gozo. Toda depresión y tristeza se tiene que ir cuando tú entras en Su presencia en adoración. Nunca la oscuridad ha vencido la luz. Cuando llega la luz, las tinieblas se tienen que ir. Cuando llega el gozo de Dios, la tristeza se tiene que ir. Ante la presencia de Dios, tus actitudes y perspectivas cambian y te das cuenta que aquello que parecía tan horrible, no es más que una leve tribulación momentánea que producirá en ti un cada vez más excelente y eterno peso de gloria.

2. **La presencia de Dios nos da descanso** - Cuando intentamos hacer las cosas con nuestras propias fuerzas, nos cansamos, y ahí es que necesitamos recibir el descanso de Dios. Por eso es que Dios tuvo que decirle a Moisés, *"Mi presencia irá contigo y te daré descanso"* (Éxodo

33:14). Solamente en Su presencia encontraremos el verdadero reposo. Nuestro verdadero reposo llega cuando entendemos que la batalla no es nuestra, es del Señor. El trabajo no es nuestro, es del Señor. Todo lo que tenemos no es nuestro, es del Señor.

El entender esto nos libera de tanta ansiedad, porque entendemos que lo único que necesitamos es Su presencia y Dios se encarga de lo demás. Si nosotros como iglesia entendiésemos esta poderosa verdad, descansaríamos en Su presencia en vez de estar tan ajetreados con crear programas y con tanta planificación. Se nos olvida que quien está a cargo de la Iglesia es el Señor, no somos nosotros. Nosotros lograremos el éxito cuando entendamos que a nosotros solamente nos toca obedecer. De lo demás se encarga Dios.

3. **La presencia de Dios trae paz** - El mundo nos dice que después de la tormenta viene la calma, pero Dios nos promete paz en medio de la tormenta (Juan 16:33). Si vamos a esperar a que en nuestras vidas no haya tormentas para encontrar la paz, nunca la encontraremos. Necesitamos encontrar esa paz en medio de la tormenta que sólo Dios puede dar. Esta es una lección que los discípulos de Jesús tuvieron que aprender en medio de las tormentas. Creer que cuando Jesús les dijo, "Pasemos al otro lado," (Marcos 4:35), les estaba diciendo, "Yo tengo el control. Pase lo que pase, confíen en Mí que Yo los llevaré al otro lado de esa tormenta." Jesús no les prometió un mar sin tormenta, igual que no nos promete a nosotros una vida sin pruebas; pero lo que sí les prometió fue Su paz aun en medio de esa tormenta, cualquiera que sea.

¿Quieres la paz de Dios en medio de tu crisis? Entonces adórale y permítele obrar en medio de tu crisis hasta que sientas Su paz, en vez de salir corriendo a comprar calmantes y pastillas. El mejor calmante es darte cuenta que Dios tiene el control, no tú. Si quieres que Dios resuelva los problemas en tu vida, tienes que abrirle la puerta y dejarlo entrar para que haga lo que sólo Él puede hacer. Y dejarlo obrar significa que no vas a meter tu mano para tratar de ayudarlo aun cuando parezca que todo está al revés. Sólo así vas a encontrar la paz de Dios. Sólo así Su presencia podrá tomar tus luchas y tu ansiedad, y reemplazarlas con Su paz y Su descanso.

4. **La presencia de Dios trae bendición** - Cuando estamos en el descanso y la paz de Dios, podemos confiar en que Dios traerá a nuestra vida las oportunidades correctas y las personas correctas. Es más,

veremos los milagros de Dios en nuestra vida porque ya no estamos haciendo nuestra voluntad, sino la voluntad de Dios. Todo aquello que haga falta en tu vida para que la perfecta voluntad de Dios se cumpla, Dios se encargará de hacerlo realidad.

La bendición de Dios no es solamente cosas materiales, es mucho más que eso. La bendición de Dios puede ser muchas cosas: salud, amor, paz interior, un buen trabajo, una buena familia, prosperidad en todas las áreas de tu vida. Puede ser sanidad, liberación, protección de tus enemigos, fuerzas para continuar cuando ya pensabas que no podías más.

Satanás hará hasta lo imposible por impedir que tú entres en la presencia de Dios. Te dirá que estás muy cansado, ocupado, que no es necesario, y se inventará mil excusas. ¿Sabes por qué? Porque sabe que una vez te conectes con Dios, no te podrá desconectar. Así que hará todo lo posible para distraerte, confundirte, y alejarte de Dios. Incluso utilizará el viejo truco de la culpa: "¿Tú te atreves a ir delante de Dios después de todo lo que has hecho mal? No pierdas tu tiempo; Dios no te va a escuchar". No le hagas caso, por favor.

Acepta que cada interrupción que envía satanás tiene como único propósito alejarte de Dios y distraerte. Es precisamente en esos momentos que tienes que perseverar; tienes que escoger adorar sin importar todo lo que se meta de por medio. Recuerda que las armas de nuestra milicia no son carnales, sino poderosas en Dios para derribar fortalezas (2 Corintios 10:4). Tu arma más poderosa es tu adoración, una adoración que nace de un corazón contrito y humillado, puro y consagrado a Dios. Esa adoración desarma al enemigo. No sabes cuánto lo confunde el hecho de que te esté tirando con todo su arsenal, y tú todavía sigas de pie adorando a Dios. Él no puede entender cómo tú sigues adorando a Dios aun cuando perdiste tu trabajo, te quedaste en la calle, o no tienes dinero. Sigue adorando que tu milagro viene de camino.

5. **La presencia de Dios nos da dirección y sabiduría** - Un clásico ejemplo de esto es la vida de José. No fue nada fácil convivir con unos hermanos llenos de envidia que lo vendieron a Egipto, para terminar siendo esclavo, y luego prisionero por un crimen que no cometió. Dentro de todo esto, Dios tenía un plan, aunque José no lo sabía. Sin

embargo, una cosa sí sabía, y era que Dios estaba con él. Fue esa presencia de Dios la que le dio paz y descanso; y al final le dio la sabiduría para interpretar el sueño del Faraón, llegando a convertirse en el segundo en mando en todo Egipto.

Nuestra fe en Él es lo que nos ayuda a mirar más allá del presente para reconocer Su perfecto plan. Caminar en fe significa precisamente andar tomado de la mano de Dios y seguir Su dirección en todo momento. Dios anhela revelarnos Su plan, paso a paso, pero es necesario que estemos dispuestos a andar con Él paso a paso.

Igual que a José, esos sueños que Dios ha puesto en tu corazón se cumplirán en el momento de Dios. Confía en que cuando el sueño parece demasiado grande, es porque sólo Dios puede ayudarte a cumplirlo. Confía en que, **si el pozo no detuvo a José, ni el muro detuvo a Josué, ni los leones detuvieron a Daniel, ni Goliat detuvo a David, entonces NADA detendrá el plan de Dios para tu vida.** Así que aunque no entiendas lo que Dios está haciendo en tu vida, espera y confía, que pronto Dios te revelará Su perfecto plan.

Sinceramente, la presencia de Dios es la solución a todos nuestros problemas porque es en la presencia de Dios que encontramos todo lo que necesitamos, dirección, gozo, paz, descanso. Si todo el cuerpo de Cristo entendiera esto, nuestro mundo sería completamente diferente. Imagínate un mundo donde la presencia de Dios llena nuestros templos, nuestras oficinas, nuestras escuelas, y nuestro gobierno. ¡Qué glorioso sería! Nuestra adoración puede lograr esto y mucho más.

Dios está buscando una generación de hombres y mujeres que busquen Su presencia por encima de todo, de sus anhelos, de sus deseos; y que estén dispuestos a esperar en Dios, pase lo que pase, tome el tiempo que tome. Un pueblo dispuesto a buscar Su rostro en humildad, de todo corazón, poniendo a Sus pies sus metas, sueños, y planes para sujetarlos a la perfecta voluntad de Dios. Y en esta búsqueda encontrarán paz, gozo, amor, y un descanso eterno que nada puede superar ni sustituir. Quien busca a Dios de todo corazón, lo encuentra; y descubre que Dios tiene planes para un futuro glorioso, mucho más impresionante de lo que nosotros podamos ver con nuestros ojos materiales. Lo creo, y lo espero.

MI ORACIÓN

Gracias, Señor, porque en Tu presencia hay plenitud de gozo; en Tu presencia encontramos paz, bendición, todo lo que necesitamos. Ayúdanos, Espíritu Santo, a entender el propósito de nuestro desierto, y a dejar lo que tengamos que dejar atrás para encontrarnos contigo, para escuchar solamente Tu dulce voz. Gracias porque no estamos en esta jornada solos, Tu Espíritu nos ayuda a hacer todo aquello que Dios nos ha llamado a hacer. Perdónanos por todas las veces que quisimos huir del desierto porque no entendíamos su propósito. No más. De ahora en adelante permitimos todo lo que en Tu inmensa sabiduría, decidas que es lo mejor para nosotros, aunque no nos guste. Simplemente porque Te amamos y queremos ver Tu glorioso rostro. Muéstranos lo que tenemos que soltar para que podamos ver Tu gloria. Te doy gracias por el Espíritu Santo, que nos va moldeando conforme a Tu imagen. En el nombre de Jesús. Amén.

CAPÍTULO 9

Confianza absoluta

Suelta la ramita

Confiar en Dios es simplemente
creer que Él te ama.

– Joyce Meyer

Adoración es más que algo que hacemos en la
iglesia, es un estilo de vida que exalta el nombre
de Jesús en todo.

–Jarrid Wilson

CONFIANZA ABSOLUTA
-
SUELTA LA RAMITA

Cuentan de un hombre que en una ocasión iba caminando por una vereda muy estrecha por el lado de una montaña, pero como era de noche, no vio una piedra en el camino y tropezó. Al tropezar, se fue rodando barranca abajo, cayendo muy rápido, tratando de agarrarse de lo que pudiera encontrar, cualquier cosa. Cayendo y rodando, de repente sus manos se agarraron de una ramita pequeña que había florecido al lado del barranco entre las piedras. Agarrándose de esa pequeña ramita con todas sus fuerzas, y reconociendo que esa ramita no iba a poder aguantar su peso por mucho tiempo, empezó a gritar: "¿Hay alguien ahí? ¿Alguien me escucha?" Y de repente alguien le contestó, "Sí". El hombre aliviado pregunta, "¿Quién es?" La voz vuelve y le contesta, "El Señor."

El hombre seguía mirando para todos lados, dándose cuenta de que el barranco era demasiado ancho y que en cualquier momento esa ramita se podía desprender; así que le dice, "Ayúdame, Señor". El Señor le contesta, "¿Tú confías en mí?" A lo que el hombre rápidamente le responde, "Absolutamente confío en Ti, Señor." Entonces el Señor le dice, "Pues suelta la ramita." De repente se hizo un enorme silencio. Hasta que el hombre vuelve y grita, "¿Hay alguien más allá arriba? ¿No hay nadie más? ¿Cualquiera?"

¿CONFÍAS EN MÍ?

Qué fácil es decirle a Dios, "yo confío en Ti absolutamente", hasta que Dios te dice, "suelta la ramita". Ahí es que la cosa se pone difícil. Ahí es que comenzamos a dudar, a analizar, y a justificar. Y ese, precisamente, es el reto que Dios nos lanza a todos nosotros hoy: aprender a confiar en Dios hasta el punto de poder soltar y dejar ir... lo que sea. No importa cuan importante sea para ti. No importa si piensas que si lo sueltas te mueres. No importa si piensas que es algo sólido, fuerte, y estable. Si Dios te está llamando a soltarlo, es porque tiene algo mejor para ti. Solamente necesitamos depender, confiar. Y soltar. De eso es que se trata aprender a confiar absolutamente en Dios.

Pero este reto no es nuevo. Este mismo reto se lo lanzó Jesús a todos los que querían ser Sus discípulos:

"Grandes multitudes iban con él; y volviéndose, les dijo: Si alguno viene a mí, y no aborrece a su padre, y madre, y mujer, e hijos, y hermanos, y hermanas, y aun también su propia vida, no puede ser mi discípulo. Y el que no lleva su cruz y viene en pos de mí, no puede ser mi discípulo. ..... Así, pues, cualquiera de vosotros que no renuncia a todo lo que posee, no puede ser mi discípulo"
(Lucas 14:25, 26, 33)

Yo no sé con lo que Dios te está confrontando y te está diciendo: "suelta." Yo sólo sé que en algún momento de tu vida tendrás que soltar algo para poder seguir a Jesús. Nuestro problema muchas veces es que estamos tan arraigados a tantas cosas, que es necesario soltarlas para poder seguir a Jesús. Tal vez eso a lo que te aferras es precisamente el peso que te impide seguir hacia adelante para alcanzar una mayor bendición. Podemos estar aferrados a nuestra familia, a nuestro trabajo, a tantas cosas. Porque lo que compone nuestro mundo natural es nuestra familia, nuestro trabajo, nuestras finanzas, nuestros sueños, nuestras cosas, y estamos ahí agarrados de eso que nosotros creemos que es fijo, que es algo establecido.

Pero Dios te está diciendo, "Suelta. Suéltame tu familia. Suéltame tus finanzas. Suéltame tu problema". Yo no sé cómo se llama lo que Dios quiere que tú sueltes, lo que sí sé es que te quiere llevar al punto en que Él te pregunte, "¿Tú confías en mí absolutamente?" y tú puedas contestar sin duda alguna, "Sí, Señor, confío en Ti absolutamente".

Esta es la revelación de Dios para tu vida hoy: que Dios te ama y porque te ama, en ese amor es que puedes encontrar absoluta confianza y descanso. Dios quiere que tú entiendas que todo lo que nosotros vivimos en esta vida, todo lo que nos pasa, todo aquello a lo que nos aferramos, es pasajero, es cambiante, es temporal. Nada es fijo ni seguro. Lo único fijo, seguro, y eterno, es Su amor.

Tengo una amiga que estuvo trabajando por 25 años en la banca y, de la noche a la mañana, cerró el banco donde trabajaba, y se quedó en la calle sin dinero, sin trabajo, sin casa, sin nada. Pero fue en medio de ese difícil proceso que descubrió a *Jehová Jireh*, el Dios proveedor. No fue hasta que lo perdió todo que encontró lo que verdaderamente vale más que todo el tesoro del mundo: una fe en Dios inquebrantable. Y ahora cuenta que no cambia haber vivido esa experiencia por todo el dinero del mundo; porque le enseñó a confiar plenamente en Dios.

Yo puedo tener a mi esposo a mi lado hoy, y mañana ya no está, porque puede pasar cualquier cosa fuera de mi control. Como en la vida todo es cambiante, yo no puedo aferrarme a que mi esposo es el absoluto. **El único absoluto se llama Dios y sólo Dios.** ¿Ustedes me están entendiendo? Y Dios quiere llevarnos a ese punto de decir que estoy totalmente dispuesto a confiar. A los pastores de iglesia, "¿ustedes están dispuestos a confiar lo suficiente para soltar la iglesia en manos de Dios, y decirle, lo suelto todo en Tus manos, y dejo que seas Tú el que obre?" ¿Pueden descansar en la confianza de que Dios lo hará?

El que confía está descansando en Dios, en Su amor, y Su Palabra. El que está confiando en Dios está poniendo su ancla en Dios. ¿Dónde tú vas a soltar tu ancla en este día? **Porque la confianza absoluta te llevar a soltar el ancla de tu vida en aquello que es inconmovible. Y lo único en esta vida que es inconmovible se llama Dios y sólo Dios.** Y por cuanto Dios es El Inconmovible, muchas veces nos permite experimentar sacudimientos en nuestras vidas a tal extremo que digamos, "Señor, se está derrumbando esto, está colapsando aquello." Pero el propósito de Dios con ese sacudimiento es mucho mayor de lo que pensamos.

EL INCONMOVIBLE

Hace un tiempo atrás, Dios le dijo al reconocido evangelista Morris Cerrullo, "Hijo, dile a Mi pueblo que en los últimos tiempos lo que no ha sido sacudido será sacudido para que se pueda ver lo que es Inconmovible, lo que no es cambiante; para que el hombre no fije su mirada en lo pasajero. Va a ser sacudida la familia. Va a ser sacudida la economía. Va a ser sacudida la salud. Va a ser sacudido absolutamente todo, pero dile a Mi pueblo que pongan su mirada en Mí porque todo lo que no ha sido sacudido será sacudido para que puedan ver lo que es Inconmovible." **Dios es el único que es Inconmovible,** por lo tanto, en esta vida que estamos transitando necesitamos aprender a desprendernos.

Dios está buscando gente que sea desprendida. ¿A qué me refiero con ser desprendidos? Llegar al punto de poder decir de todo corazón, "mi esposo no es mío, mi esposo es del Señor. Mis hijos no son míos, son del Señor. Las finanzas no son mías, son del Señor. Mi trabajo no es mío, el Señor me lo dio y me bendice a través de Él, pero no es mío. Fue Dios quien me puso ahí, y en cualquier momento me puede sacar". En otras palabras, todo va hacia Dios. Todo se dirige a Dios. El origen es Dios. El centro es Dios. El fundamento es Dios. Y sólo Dios. Y esa es la razón por la cual nuestra confianza absoluta tiene que estar puesta solamente en Dios. Por eso es que Dios quiere que nosotros aceptemos el reto de confiar plenamente en Él.

"Tú guardarás en completa paz a aquel cuyo pensamiento en ti persevera; porque en ti ha confiado. Confiad en Jehová perpetuamente, porque en Jehová el Señor está la fortaleza de los siglos"
(Isaías 26:3-4)

CORTA LA SOGA

¿Qué quiere decir confianza absoluta? Quiere decir que es total, lo máximo. No hay cambio, no hay marcha atrás, no hay desviación. Cuando tú dices que algo es absoluto, es que está establecido y no existe nada más fuera de eso. Y el resultado de esa confianza absoluta va a ser que tú vas a fijar tu ancla en aquello que es Inconmovible, y en nada más.

Hay una ilustración muy conocida de un alpinista que va cargando con todo su equipo buscando la fama de subir a la cima de una gran montaña. Y el hombre va subiendo, y va escalando, y escalando, y, aunque va llegando la noche, él quiere seguir hasta la cima. Nada lo va a detener. De momento se da un resbalón, pierde el balance, y comienza a caer hacia el vacío. Él está amarrado de la cintura, pero va descendiendo tan rápidamente que se le olvida que estaba amarrado de la cintura. De repente, la soga amarrada a su cintura llega a su fin y abruptamente se detiene su caída. Parecía que se iba a partir por la mitad, dando vueltas hasta quedar suspendido en el aire. Gracias a Dios que había cumplido con las normas de seguridad, y había amarrado la soga de un ancla en la roca más arriba.

Pero ahora había caído la noche, y estaba suspendido en el aire en total oscuridad, sin poder ver nada; así que comenzó desesperado a clamar a Dios, "Señor, ayúdame." En medio de la nada, escucha la voz de Dios susurrarle, "Corta la soga", y luego solamente se escucha un silencio ensordecedor. El alpinista finalmente dice, "¿Qué?" y Dios le responde, "¿Tú quieres que yo te ayude? Entonces corta la soga." El alpinista contesta, "¿Cómo voy a cortar la soga?" Entonces se aferró más a la soga, y dijo, "¿Tú estás loco? Esto es lo único que me tiene a mí suspendido en el aire." Y Dios le dijo, "¿Confías en Mí?" A lo que el alpinista tartamudeó, "eee, esteeee, bueno, sí, pero…" "Entonces corta la soga", contestó Dios con autoridad.

El alpinista nunca se atrevió a cortar la soga, y al otro día lo encontraron congelado. ¿Sabes a cuántos pies de distancia se encontraba del piso? A tres pies de distancia del piso. Si hubiese confiado en Dios y cortado la soga, hubiese vivido para contarlo. Pero, lamentablemente, prefirió confiar en el "ancla" que tenía en la tierra en vez de confiar en el Ancla que tenía en los cielos, El Inconmovible.

Hoy día, el ser humano dice que confía en Dios, pero es solamente de la boca para afuera; en su corazón, tiene su confianza puesta en tantas cosas materiales, en todo aquello que es temporal, que es cambiante. Y por eso le cuesta trabajo confiar en el único Dios Creador, Proveedor, Inconmovible y Fiel. Lo único que Dios pide de nosotros es que depositemos nuestra confianza en Él y solamente en Él. Yo sé que es difícil y requiere mucho esfuerzo y valentía, pero vas a ver que la recompensa es extraordinaria. Dios nunca te defraudará.

"Aconteció después de estas cosas, que probó Dios a Abraham, y le dijo: Abraham. Y él respondió: Heme aquí. Y dijo: Toma ahora tu hijo, tu único, Isaac, a quien amas, y vete a tierra de Moriah, y ofrécelo allí en holocausto sobre uno de los montes que yo te diré"
(Génesis 22: 1-2)

OFRÉCELO

Dios no sólo le pidió a Abraham que le entregara su hijo, sino que le pidió su único hijo, el que amaba. Cualquiera podría pensar que Dios estaba intencionalmente enfatizando que le estaba pidiendo lo más preciado, lo más amado. "Suéltamelo". Más allá de pedirle su único hijo, al que amaba, **Dios le estaba pidiendo a Abraham lo único que Abraham no podía reemplazar**. Si Dios le hubiese pedido mil carneros, Abraham no hubiese tenido ningún problema en sacrificarlos, y conseguir mil carneros más.

Pero lo que Dios le pedía era algo que Abraham había estado esperando y anhelando toda su vida. Algo que por sus propias fuerzas nunca pudo lograr, y lo único que le era imposible producir o crear. Algo que ni con todo el dinero del mundo hubiese podido comprar. Y cuando por fin llega, Dios le pide que lo sacrifique. Pero eso no era lo más difícil. Dios no solamente le estaba pidiendo que sacrificase a su hijo, le estaba pidiendo que sacrificara sus planes, sus sueños, sus anhelos, su futuro. Todo eso iba a morir cuando muriese su hijo.

Y es que **Dios no te va a pedir lo menos importante en tu vida; te va a pedir lo más importante, aquello que te va a poner a cuestionar tus lealtades y tu fe**. ¿Estás dispuesto a soltar tus anhelos, tus planes, tus sueños? Porque a veces mis sueños no son los sueños de Dios. Lo que yo quiero hacer no es lo que Dios quiere hacer, o tal vez no es el momento. Y nosotros, **si servimos a Dios, vivimos en esta tierra con el propósito de Dios siempre presente en todo lo que hacemos**. Aunque a veces quisiera tomar otro rumbo, a fin de cuentas no puedo ignorar que los caminos de Dios son más altos que mis caminos, y Sus pensamientos son más altos que mis pensamientos (Isaías 55:8-9). Tan lejos como están los cielos de la tierra están Sus caminos por encima de mis caminos, y Sus pensamientos por encima de mis pensamientos.

Eso significa que mi naturaleza humana no puede jamás llegar a la altura del conocimiento de Dios. Aunque yo no lo entiendo todo, reconozco que Dios se sabe toda la película de principio a fin porque ya la vio. Es más, Él fue quien la escribió, la dirigió y la protagonizó. ¿Cómo no voy a confiar en Aquel que escribió mi pasado, presente y futuro, El único que sabe mi principio y mi fin? Dios sabía que yo iba a llegar donde yo estoy en el día de hoy. Dios sabía que iba a tener unos retos grandes. Sin embargo ese mismo Dios que me vio desde antes de la fundación del mundo ya hizo provisión para el día de hoy.

En otras palabras, aunque yo no lo entiendo todo, y definitivamente no lo sé todo, cuando deposito mi confianza en Dios, estoy descansando en Su soberanía, Su promesa, y Su provisión. ¿Y cómo tú sabes que estás confiando en Dios? Tus palabras, tus acciones, y tus actitudes. Muchas veces nuestras actitudes pueden proyectar hasta qué grado nosotros estamos confiando en Dios, mucho más que nuestras palabras.

¿POR QUÉ?

Una de las cosas que el enemigo siempre ha buscado hacer es rebelarnos contra Dios. En medio de cada situación difícil, susurra a tu oído, "Mira la situación en que tú estás. Mira lo que tú estás viviendo. Tú pudieras estar mejor. Tú pudieras tener más cosas, más dinero, hasta fama, etc." Buscando la forma de que nuestra boca reniegue de Dios y cuestione a Dios, reclamando, "¿Por qué esto me tiene que pasar a mí? ¿Por qué esto no le pasa a otro? ¿Por qué?" Esa es su estrategia favorita: llevarte a buscar una explicación, un "¿por qué?" Llevarte a seguir dando vueltas en el mismo carrusel de la duda sin llegar a ninguna parte.

¿Cuántos han vivido la etapa de los "por qué"? Créanme, que yo sé de los "por qué". Yo tengo un doctorado en esto del "¿por qué?" Yo he estado en tantos momentos donde te ahogan la fe esos "¿Por qué esto? ¿Por qué no puede ser así? ¿Por qué si yo quiero ir para allá no puedo?" Y todo ese tiempo Dios te está diciendo, "La verdad es que... no es necesario que tú entiendas lo que está sucediendo en tu vida en este momento. Lo único que ahora mismo tú necesitas entender es que Yo soy el Autor de tu vida, sigo siendo Dios, te amo, y sé lo que estoy haciendo. Antes de la fundación del mundo, Yo preparé el sendero por donde tú vas a caminar, y quiero que lo descubras porque allí vas a encontrar grandes riquezas en Mi presencia".

Cuántas veces Dios llamó a profetas y siervos, como Moisés, Gedeón, David, Salomón, Jonás, y cuando ellos le cuestionaron: "Pero ¿quién soy yo? Es que yo no sé, no puedo, y no quiero". Dios solamente les contestaba: "Yo voy contigo". En otras palabras, Dios NUNCA tomó en cuenta sus cualidades, calificaciones, talentos, ni se puso a justificar el llamado ni a darles explicaciones. Solamente les dijo: "Yo voy contigo". O sea, lo que realmente les estaba diciendo era: "tranquilo, **no es por quien seas tú, es por quien soy Yo**". Y en ese "Yo voy contigo", iba envuelta la provisión de Dios, el cuidado de Dios, el poder de Dios, y la dirección de Dios.

El problema está en que, a pesar de todo eso, de saber que Dios va con nosotros, y que vamos a descubrir cosas asombrosas, como quiera queremos irnos por el otro camino. El camino más fácil. El camino por donde todos los demás andan. Pero, ¿qué es lo que Dios quiere para nosotros? Algo asombroso, muy por encima de lo que nosotros nos podamos imaginar. Por eso es que nos sigue insistiendo en que nos vayamos por Su camino, no por el nuestro.

"Entonces dijo Abraham a sus siervos:
Esperad aquí con el asno, y yo y el muchacho iremos
hasta allí y adoraremos, y volveremos a vosotros"
(Génesis 22:5)

VOLVEREMOS

Fíjate que la confianza de Abraham fue tanta que le dijo a sus siervos, "Ustedes quédense aquí que nosotros vamos para allá, adoraremos, y nosotros **volveremos**". Eso es todo en plural. Él no dijo, "Nosotros vamos para allá y yo volveré". No. Habló en plural. Eso quiere decir que dentro de él, durante esos tres largos días de trayectoria, él estuvo pensando y analizando, y en algún momento tuvo que decir, "Señor, yo decidí creerte. Yo no entiendo. Yo no sé cómo, pero confío en Ti, y sé que de alguna manera, mi hijo y yo volveremos juntos".

¿Cuántos decidieron creerle a Dios en este día? Yo decidí creerle a Dios aunque estos ojos se apaguen. Y créanme que este proceso con mi vista ha sido lo más difícil que he pasado en toda mi vida; pero yo sé, yo creo, yo confío, que Dios sabe lo que está haciendo. Yo he depositado mi vida en las manos de Dios. Por eso es que, como dice la alabanza de Bethliza: cada mañana, yo decidí creerle a Dios. Sin preguntas ni reservas. Decidí creerle.

¿DÓNDE SE ENCUENTRA LA PROVISIÓN DE DIOS?

La confianza en Dios tiene una impresionante bendición, o una recompensa, y es que cuando obedecemos las instrucciones de Dios, encontramos la provisión de Dios. ¿Y dónde está esa provisión de Dios? Está en el lugar de la asignación, del llamado. Si Dios te dio una asignación y te saliste de la asignación, la provisión no está fuera del lugar de la asignación. Así que **donde está tu asignación, allí está la provisión de Dios**. ¿Cuántos le dan gloria a Dios por eso?

Y ¿cuándo viene esa provisión? Viene durante el proceso de la asignación. Si Abraham se hubiese ido a cualquier otro monte, hubiese terminado sacrificando a su hijo, porque el cordero, la provisión de Dios, no se encontraba en ningún otro monte. Solamente se encontraba en el Monte Moriah. Dios no le dijo que fuera a ningún otro monte. No le dijo que fuera a la montaña más cerca de su casa. Lo envió a tres días de camino, porque allí se encontraba el monte llamado Moriah, que quiere decir "Jehová provee." En ese monte era que estaba la provisión de Dios, en ningún otro. Esto es lo que Abraham reconoció cuando le dijo a su hijo, "*Jehová Jireh*", comprobándole a Dios, y a Isaac, que su confianza estaba puesta en el Dios que provee.

"Y extendió Abraham su mano y tomó el cuchillo para degollar a su hijo. Entonces el ángel de Jehová le dio voces desde el cielo, y dijo: Abraham, Abraham. Y él respondió: Heme aquí. Y dijo: No extiendas tu mano sobre el muchacho, ni le hagas nada; porque ya conozco que temes a Dios, por cuanto no me rehusaste tu hijo, tu único"
(Génesis 22:10-12)

El compromiso y la confianza de Abraham fue tal que tomó el cuchillo en su mano, y alzó su mano, para demostrarle a Dios que realmente estaba dispuesto a sacrificar a su hijo. Cuando Dios vio su entrega, su compromiso, en el momento en que ya estaba a punto de matarlo, le dijo, "Detente." No porque Dios no supiera de lo que Abraham era capaz, sino porque muchas veces es necesario que manifestemos nuestra entrega y compromiso. A eso me refiero. No es para el beneficio de Dios, es para nuestro beneficio.

Les voy a dar un ejemplo: un profesor en la escuela está haciendo un experimento. Ya el profesor sabe lo que va a pasar en el experimento, pero le dice a sus estudiantes, "En estos momentos vamos a ver qué sucede cuando hagamos este experimento." Aunque el profesor está diciendo, "Vamos a ver qué sucede," él ya sabe lo que va a suceder, porque él ha hecho este experimento miles de veces. Pero los alumnos no. Entonces cuando termina el experimento, el profesor se adentra desde la perspectiva del alumno y dice, "Ahora vemos que esto es lo que sucede." ¿Ven la diferencia? No es porque el profesor lo vea ahora. El profesor lo vio hace rato. Pero el profesor está hablando desde el punto de vista de los estudiantes cuando dice, "Ahora vemos." Eso fue lo que pasó con Abraham aquí. Dios sabía desde un principio lo que Abraham iba a hacer, pero era necesario que Abraham lo viera; que Abraham se entregara por completo y estuviera determinado hasta lo último por sí mismo. El estudiante es el que descubre. Dios lo descubrió hace rato. ¿Entendieron eso?

Así que Dios suplió en ese momento el carnero que iba a ser sacrificado al decirle, "Detente. Ahora reconozco que temes a tu Dios." Miren lo que implica el texto, "Ahora reconozco. Ahora es manifiesto a todos. Ahora se puede ver..." como el profesor. Pero no porque Dios no supiera desde antes, porque ya Él sabía que eso iba a suceder, sino para dejarle manifiesto a Abraham que Dios había visto su entrega total y su compromiso. Usando el lenguaje de un profesor enseñando a sus alumnos, lo que le dijo es, "Ahora me has demostrado que tú vas en serio, que estás tomando esto en serio." Dios es omnisciente. Él sabe. Claro que sabe. Lo sabe todo. Dios lo sabía hace rato, el que no lo sabía era Abraham.

NUESTRA MAYOR EXPRESIÓN DE FE

La Palabra de Dios dice que la fe sin obras es muerta (Santiago 2:17). O sea, yo puedo decir una y mil veces que yo creo; pero mis acciones tienen que ir a la par con mis palabras. Mis hechos tienen que acompañar y reafirmar mis palabras. Si no lo hacen, entonces mi fe no es real. Igualmente, la adoración que no se expresa, que se guarda en el corazón, también es muerta. Por lo tanto, **nuestra fe es nuestra mayor expresión de adoración; y nuestra adoración es nuestra mayor expresión de fe.** Ambas son expresiones centradas en Dios. Cuando tienes fe, crees en Sus promesas y te aferras a ellas sin importar lo que tus ojos estén viendo en el momento. Cuando lo adoras, estás proclamando que crees en Sus promesas aunque toda la evidencia alrededor diga lo contrario.

Eso fue lo que hizo Abraham cuando llevó a su hijo al Monte Moriah a sacrificarlo. Abraham estaba proclamando a los cuatro vientos su fe en Dios y su confianza en que, de alguna manera, Dios iba a cumplir Su promesa. Después de todo, Isaac fue un regalo de Dios, parte de un perfecto plan y una promesa de una descendencia tan numerosa como la arena de la mar.

Así que Abraham confió en que, de alguna manera, el Dios de la promesa proveería, y por eso contestó a su hijo con toda seguridad: "Jehová proveerá." Por eso es que **nuestra adoración siempre irá acompañada de nuestra fe**. Esa fe en el Dios de lo imposible. Esa fe que proclama confianza en Dios, aunque no sepa cómo va a terminar todo el asunto, pero, de alguna manera, Dios hará. Nuestra adoración se enfoca en Dios, y no en lo que vemos o sentimos, ni siquiera en nuestras limitaciones humanas. La adoración nos lleva más allá de lo que vemos, y nos lleva a confiar en ese Dios que no vemos pero conocemos, y que sabemos que es fiel y verdadero. Ese Dios que nunca nos ha abandonado ni nos abandonará jamás. Esta fe le abre las puertas a Dios para obrar en nuestras vidas y nuestras situaciones.

"Así ha dicho Jehová: Maldito el varón que confía en el hombre, y pone carne por su brazo, y su corazón se aparta de Jehová. Será como la retama en el desierto, y no verá cuando viene el bien, sino que morará en los sequedales en el desierto, en tierra despoblada y deshabitada. Bendito el varón que confía en Jehová, y cuya confianza es Jehová. Porque será como el árbol plantado junto a las aguas, que junto a la corriente echará sus raíces, y no verá cuando viene el calor, sino que su hoja estará verde; y en el año de sequía no se fatigará, ni dejará de dar fruto"

(Jeremías 17:5-8)

DOS CUADROS
COMPLETAMENTE DIFERENTES

Si Abraham no hubiese confiado en Dios, la historia hubiese sido completamente diferente. Como la que acabamos de leer en Jeremías 17.

En el libro de Jeremías 17:5-8 Dios presenta dos cuadros completamente diferentes: uno del que confía en Dios, y otro del que no confía en Él. La versión Reina Valera de Jeremías 17:5-6 dice: "Así ha dicho Jehová: Maldito el varón que confía en el hombre, y pone carne por su brazo, y su corazón se aparta de Jehová. Será como la retama en el desierto, y no verá cuando viene el bien, sino que morará en los sequedales en el desierto, en tierra despoblada y deshabitada." Fíjate que dice que no verá, que no se dará cuenta, cuando llegue el bien, porque no lo reconoce, está ciego.

Cuando no confías en Dios, llegas al punto que te ciegas, que no puedes ver la bondad de Dios, porque tu mirada, tu confianza, está puesta en otra cosa. No puedes distinguir una cosa de la otra, y llegas a conformarte con el desierto, con la vida que vives, seca y vacía. Pero Dios está buscando plantarte en el río, plantarte en Su presencia, porque es ahí donde vas a florecer y te vas a mantener de pie. No te vas a morir, ni vas a perder el camino; porque la presencia de Dios es la que te guarda y te guía. Dios es responsable de ti. Dios es tu Padre. ¿Y qué padre quiere el mal para sus hijos? Ninguno. Nunca Dios está para destruirte, Dios está para levantarte.

Lo que vemos en este panorama es una planta que no recibe cuidados porque su confianza no está puesta en Dios y, por ende, no está plantada junto al río. Te sientes abandonado en el desierto, porque no recibes cuidados. Pero, en contraste, dice que bendito el hombre que confía en Dios, que pone su esperanza en Dios. Marquen ese versículo bíblico para cuando el enemigo venga de alguna manera a tratar de atribularlos. Dile a tu alma, "óyelo bien, yo estoy plantado junto al río. Dios me sostiene. Dios me preserva. Dios me restaura".

Mira lo que dice: que la zarza no recibe cuidado, y no se da cuenta cuando viene el bien; pero la otra, la que está plantada junto al río, no le teme al mal tiempo. No le teme a nada. La Palabra dice que Dios no nos ha dado espíritu de cobardía, sino de poder, amor y de dominio propio (2 Timoteo 1:7). Eso quiere decir que el temor no viene de Dios. Porque cuando tú estás confiando en Dios, la Biblia dice que el perfecto amor echa fuera el temor (1 Juan 4:18). Cuando entiendes el amor de Dios, y conoces el amor de Dios, reconoces que Dios te cuida, que Dios te ama, y que a Dios le importa tu vida. Ese Dios es responsable de tu vida.

El perfecto amor echa fuera el temor, porque cuando el perfecto amor de Dios es derramado en tu corazón, tú empiezas a ver las cosas desde otra perspectiva completamente diferente. Lo ves todo desde la postura de Dios, que es que todas las cosas obran para bien para los que aman a Dios (Romanos 8:28). No dice que algunas cosas, dice que todas las cosas obran para bien a los que aman a Dios. Repítelo en este día. TODAS las cosas obran para bien... las que entiendo, y las que no entiendo... las que me gustan, y las que no me gustan.

No solamente vemos en este panorama de Jeremías una planta que no tiene cuidados, porque no está plantada junto a la presencia de Dios; sino que vemos la otra planta que no teme a nada, esa está tan fresca como una lechuga, aun en el tiempo malo, porque su confianza está puesta en Dios. Por eso es que la gente nos llama locos. Dicen, "Mira esa señora que está pasando por la peor crisis, y ¿todavía tiene ganas de adorar, y todavía tiene fuerzas? Yo no entiendo eso. Porque lo que esa señora está atravesando es para volverse loca." Pero lo que ellos no saben es que Dios te sostiene, te colma de paz, y te guía en medio de la peor tormenta.

No solamente está refrescada esta planta cuando viene el tiempo de calor; sino que, miren lo que dice, una está desnuda y la otra esta vestida con un bello follaje. Porque está a la intemperie, la zarza está expuesta al sol candente. Sin embargo, la otra está llena de follaje, ¿tú sabes por qué? Porque la gracia de Dios nos viste. Y el favor de Dios está sobre tu vida.

No solamente eso. Una es estéril y la otra da fruto. En otras palabras, yo no quiero ser una zarza en un sitio seco, desnuda, sin cuidado, y sin fruto. Eso es el hombre cuando no confía en Dios, ni pone en Dios su esperanza; está a la intemperie, sin protección, sin cuidado, y sin fruto. Sin embargo, cuando tú estás bajo la gracia y el favor de Dios, el follaje representa la misma gracia y el favor de Dios. Eres capaz de producir fruto, no por tus fuerzas ni por tus habilidades, sino porque el Espíritu Santo produce en ti ese fruto que es el carácter de Dios. Si confío en Dios, me convierto en un árbol frondoso, con follaje, refrescado, y en el tiempo malo no tengo que temer. ¿Por qué? Porque mis raíces están cimentadas en el río. ¡Increíble! ¿Qué más podemos pedir?

La versión Dios Habla Hoy lo dice de otra manera: "El Señor dice, 'maldito aquel que aguanta de mí su corazón. Que pone su confianza en los hombres y en ellos busca apoyo. Será como la zarza del desierto que nunca recibe cuidados, que crece entre las piedras y en tierra de sal donde nadie vive'." ¡Qué impresionante! Miren con lo que compara la Palabra a aquel que no confía en Dios. Imagínense el retrato de una zarza que lo que tiene es espinas, no tiene ni hojas, en un lugar seco y agrietado donde no hay nada. El que no confía en Dios es como esa zarza, pero no termina ahí. Miren este otro texto; subráyenlo; háganlo suyo. Porque puede que hoy ustedes estén bien, pero mañana no, y este texto los puede ayudar a ustedes como me ayudó a mí. "Pero bendito, dichoso, el hombre que confía en Mí. Que pone en Mí su esperanza. Será como el árbol plantado a la orilla de un río que extiende sus raíces hacia las corrientes y no teme cuando llegan los calores."

Oigan eso... no teme cuando llegan los calores, aunque los demás anden corriendo de aquí para allá como unos locos. "Pues su follaje está siempre frondoso. En tiempo de sequía **no se inquieta.**" ¡Ay, Dios mío, gloria a Dios! El confiar en Dios nos da equilibrio, quietud, paz. Hay gente por ahí diciendo, "Voy a perder la mente. Estoy que no sé qué hacer con mi vida." Pero la Palabra de Dios nos dice que el confiar en Dios nos da paz y equilibrio espiritual.

Y dice, "Siempre frondoso. En tiempo de sequía no se inquieta." Eso quiere decir que el tiempo de sequía no le da estrés. No hay razón para vivir en afanes y preocupaciones, porque su confianza está puesta en Dios. Este árbol está al lado del río. Está feliz dando sus hojas, su follaje.

Y sigue diciendo, "y nunca deja de dar fruto." Ese árbol da fruto cuando viene el calor. Ese árbol da fruto cuando las cosas están malas. Ese árbol da fruto no importa donde sea ni como sea. Está dando fruto en el tiempo bueno y en el tiempo malo porque sus raíces se extienden hasta las corrientes del río. Bendito el que confía en Dios. Mire, hermano, vamos a comernos esta palabra en este día, vamos a digerirla y absorberla. Bendito el que confía en Dios. Bendito el que tiene su esperanza puesta en Dios. Eres bendito, no eres avergonzado, ni decepcionado, porque confiaste en Dios.

Yo no sé, a lo mejor llevamos años confiando, esperando, y nos estamos preguntando cuándo será el momento en que vamos a ver las promesas de Dios cumplidas. Yo no puedo ver lo que está sucediendo en el mundo espiritual. Pero yo sí sé una cosa, estamos bajando el ancla en Aquel que estableció el mundo, en Aquel que puso promesas en tu vida, en Aquel que decretó sobre tu vida; y cuando Él decreta una cosa, Él la cumple en Su momento específico. Yo sé que en estos momentos, los momentos tal vez de sequía, son los momentos donde somos desafiados, los momentos donde nuestra mente es bombardeada con preguntas: "¿Por qué esto no sucedió así? ¿Por qué esto no sucedió de esta otra manera?"

Pero yo les quiero decir una cosa: si Dios decretó esa promesa sobre tu vida desde antes de la fundación del mundo, y estableció que se iba a cumplir en un momento preciso, esa promesa es eterna. Es cuestión de tiempo, porque el momento de Dios es perfecto. Su promesa se cumplirá, no en el *Kronos* humano, sino en el *Kairos* de Dios; que es el tiempo perfecto de Dios.

Mira bien el contraste de las dos escenas en Jeremías. El profeta está aquí hablando de dos escenas que son tan opuestas como la noche y el día. Primero, uno de los arboles está en el desierto, y el otro está en el río. ¿Saben qué me recuerda esta comparación? El pueblo de Israel cuando Dios le tuvo que señalar en un momento dado, *"Porque dos males ha hecho mi pueblo: me dejaron a Mí, fuente de agua viva, para cavar para sí cisternas, cisternas rotas que no retienen agua" (Jeremías 2:13).*

Y me recuerda también cuando les dijo, *"¡Ay de los hijos que se apartan, dice Jehová, para tomar consejo, y no de mí; para cobijarse con cubierta, y no de mi espíritu, añadiendo pecado a pecado! Que se apartan para descender a Egipto, y no han preguntado de mi boca; para fortalecerse con la fuerza de Faraón, y poner su esperanza en la sombra de Egipto. Pero la fuerza de Faraón se os cambiará en vergüenza, y el amparo en la sombra de Egipto en confusión" (Isaías 30:1-3).* ¡Dios tenga misericordia para que nosotros no cometamos ese mismo error!

¿Qué es tipo del río en la Biblia? El río no es otra cosa que la Palabra de Dios. El río no es otra cosa que la presencia de Dios. El río representa el fluir de Dios, por eso dice en Jeremías que las raíces del árbol se extienden hacia el río porque se alimentan del río. Dios está diciéndote hoy, "Extiende tus raíces hacia Mí, hacia Mis profundidades, y yo te voy a suplir, a alimentar." Cuando extiendes tus raíces directamente hacia el río, de esa sustancia, de esa vida de Dios, vas a florecer y dar fruto en las buenas y en las malas. La presencia de Dios es la única que te puede sustentar. La presencia de Dios es la única que te puede equilibrar. La presencia de Dios es la única que te puede mantener en pie; y es la única que te puede preservar. Solamente la presencia de Dios.

Iglesia, es tiempo de meternos en la profundidad de la presencia de Dios. Es tiempo de extendernos hacia ese río. Cueste lo que cueste. Es tiempo de sumergirnos en ese río, en esa presencia y en esa Palabra de Dios. Tenemos que alimentarnos de ella porque vienen días terribles; pero, aunque vengan, no pierdas por nada la presencia de Dios. Ella es responsable de preservarnos en los días malos, en los días difíciles. Esa presencia es la que me da una mente clara. Es esa presencia la que me conserva, y me mantiene de pie aunque el enemigo tire todas sus bombas en mi contra. Dios me mantiene en pie porque fue Él quien me plantó firme sobre la Roca Eterna. Sin Su presencia no hay nada, estamos secos en el desierto.

Si no estás apegado a la presencia de Dios, entonces, ¿qué te sostiene? Nada. ¿Qué tú vas a sustraer en una tierra seca que está agrietada y llena de sal, donde no hay vida? No le queda nada, por lo tanto, nada bueno puede salir de ella. Lo que nace es una zarza que solamente puede producir espinas. No hay fruto porque no hay vida. Sólo la presencia de Dios es vida.

"Porque así dijo Jehová el Señor, el Santo de Israel: En descanso y en reposo seréis salvos; en quietud y en confianza será vuestra fortaleza"
(Isaías 30:15)

¿Cuántos han visto todos los beneficios en estos versículos? Porque obedecer a Dios y confiar en Dios es extremadamente beneficioso. ¿Sabes qué más? Que la recompensa de esa confianza es que Dios nos bendice de una manera sobrenatural, y te voy a describir tres de esas grandiosas bendiciones.

La primera bendición es que Dios nos bendice proveyendo las cosas que él demanda de nosotros. Dios nunca te va a pedir que le entregues algo que Él mismo no te haya dado. La misma Palabra de Dios dice que es el mismo Dios quien le da la semilla al que siembra (2 Corintios 9:10). Si vamos a ser honestos, todo lo que tenemos nos lo ha dado Dios, así que no hay nada que Él nos pueda pedir que no le pertenezca ya.

"Alma mía, en Dios solamente reposa, porque de él es mi esperanza. El solamente es mi roca y mi salvación. Es mi refugio, no resbalaré"
(Salmo 62:5-6).

La segunda bendición es que Dios nos bendice proveyendo seguridad en Sus promesas. Él juró por sí mismo que daría bendición a Abraham, y cumplió. En otras palabras, Él reafirma Sus promesas. Él hizo una promesa tan firme y sólida que, no habiendo nadie más grande que Él por quien jurar, juró por Él mismo que la iba a cumplir. ¡Ay, Dios mío! Yo encuentro eso serio. Dios no es hombre para que mienta, ni hijo de hombre para que se arrepienta (Números 23:19). Si el enemigo de alguna manera ha querido opacar las promesas de Dios en tu vida, dile, "Dios no es hombre para que mienta, ni hijo de hombre para que se arrepienta. Óyelo bien, satanás, lo que Dios dijo de mí, lo va a hacer... Y punto. Jehová cumplirá su propósito en mí porque lo prometió."

Y **la tercera bendición es que Dios nos bendice proveyendo para nuestras necesidades futuras.** Miren cómo el Señor nos cubrió con Sus promesas en el pasado, nos cubre en el presente, y nos seguirá cubriendo en el futuro. Esta es la noticia más hermosa... yo no tengo que tenerle miedo al futuro porque Dios ya prometió Su provisión para mi futuro.

En estos días me llamó un líder de adoración en Puerto Rico para decirme, "Yo no sé de dónde salió este miedo de que me voy a morir. Este miedo de que no voy a cumplir con lo que Dios me llamó a hacer." Y entró en una depresión terrible. Y yo le dije "Hermano, espérate un momentito. ¿Dónde están tus raíces? ¿Qué cosas tú estás escuchando o entreteniendo en tu vida?" Porque eso es el enemigo bombardeando la mente de una manera increíble. Cuando tú recibes un pensamiento, lo confrontas con la Palabra, y es una mentira, ¿qué tú vas a hacer con eso? Tienes que de alguna manera decirle al enemigo, "¿Con quién tú estás hablando? ¿Tú estás hablando conmigo? NO. Porque la Palabra de Dios no me dice eso", y vamos a confrontarlo con la verdad de Dios. ¿Y sabes qué? Cuando tú haces esto estás afirmando tu ancla en aquello que es Inconmovible.

Y escuchen esto: Esta narrativa de Abraham termina con la buena noticia de que el hijo de Abraham, ese hijo que fue entregado, tuvo doce hijos los cuales más tarde serían los patriarcas de las doce tribus de Israel. En Génesis 22:20-24 se introduce la futura esposa de Isaac. O sea, cuando la noticia viene, ya Dios le está diciendo, "Mira, Abraham, del hijo tuyo es de donde va a salir una nación grande y poderosa... y ya le tengo esposa." Es que Dios es extraordinario, porque Rebecca se menciona ahí. Búsquelo en los capítulos más adelante que el siervo va buscando la esposa y termina encontrándose con Rebecca. En otras palabras, **yo no sé qué viene mañana, pero la provisión de mañana ya está**. Yo quiero que se lo digas a tu alma y a tu corazón. La provisión de mañana ya está. O sea, Dios te provee hoy y te provee mañana. Te asegura el día de hoy sus promesas, y te asegura el día de mañana Sus promesas, porque Sus misericordias son nuevas cada mañana.

"En el día que temo, yo en ti confío. En Dios alabaré su palabra; En Dios he confiado; no temeré; ¿Qué puede hacerme el hombre?"
(Salmo 56:3-4)

Les cuento a ustedes de una situación que le pasó a una familia pastoral para que vean que cuando la persona confía en Dios, descansa en Dios aunque no entienda. Cuando confía en Dios, el ancla está puesta en Él, y sabe que Dios está en control. Pues esta familia pastoral tenía seis hijos. Iban por una avenida, y ocurrió un aparatoso accidente donde el automóvil de ellos explotó, y solamente pudieron salir a duras penas del automóvil. Los hijos estaban en la parte de atrás. Acuérdate que son seis hijos. Pudieron con mucho esfuerzo sacar solamente un hijo a la orilla de la calle, mientras el auto con los cinco hijos adentro estalla por el combustible del vehículo. Y esa pareja, con el más fuerte dolor en su corazón, vio quemarse a sus cinco hijos. Aunque el impacto de esta situación sorprende, lo que más me sorprende es la reacción de la pastora cuando se viró y le dijo a su esposo, "Cielo, toda la vida Dios nos ha estado preparando para este momento."

En vez de reclamar y gritar, "Dios, ¿por qué? ¿Por qué me pasó esto a mí que yo te sirvo?", esta mujer simplemente dijo, "Dios nos ha estado preparando para este momento." Yo honestamente no sé cómo yo hubiera reaccionado, pero me sorprendió leyendo este testimonio que ella no se fue en contra de Dios, ni se puso a cuestionar a Dios. Lo que dijo es que Dios sabía que esto iba a venir, y Dios nos ha preparado para enfrentar el día de hoy. Muchas cosas negativas pueden venir a nuestra vida; pero mi anhelo es que nos lleven hasta el punto de descansar en Dios a ese extremo de proclamar, "Dios sabe lo que hace."

Cuando vemos las vidas de las personas que han escrito los himnos más poderosos en la historia de la iglesia, vemos que esos himnos poderosos han salido como un perfume dentro de las experiencias más difíciles que cualquier ser humano puede pasar. Porque no hay nada que sea de mayor testimonio al mundo que un creyente cantando, adorando, en medio del dolor. Eso estremece hasta el mismo cielo. La persona que escribió, "*It is well. It is well with my soul.*" (Estoy bien. Estoy bien. Gloria a Dios.) ¿Cuántos han escuchado ese himno? Ese hombre tenía varias hijas y su esposa. Tenía negocio, era un hombre próspero, y a ese hombre se le quema el negocio. La esposa va con las hijas en un barco por altamar cuando el barco se hunde con todas ellas. Y el hombre se quedó de repente en la calle, y completamente sólo. Sin embargo, delante de las tumbas de sus hijas es que escribe este poderoso himno. Cuando leemos la letra de ese himno, habla acerca de todas las situaciones difíciles que podemos pasar, y con todo eso, al final dice, "estoy bien, gloria a Dios." Dios mío, eso tiene que ser Dios.

Es igual que el hombre que escribe el himno "Inexplicable", que lo escribe bajo una circunstancia similar. Un hombre joven (32 o 33 años de edad) luchando con un cáncer terminal, pero en su lecho de muerte, en medio de tan horrible dolor, escribe ese himno poderoso que nace de esa vivencia. Fue lo último que escribió justo antes de morir. Y ese hermoso himno dice: *"No Te puedo mirar, ni Te puedo tocar, no ha llegado el momento. Y a veces en mi afán creo que ya no estás, pero vuelvo y Te siento. Y cuando me tocas con Tu Santo Espíritu, lloro, canto y tiemblo."*

Y así mismo, detrás de muchas de estas alabanzas hay una historia de dolor. Sin embargo, dentro de ese mismo dolor, aprendieron a elevar una alabanza como ofrenda de olor grato delante de Dios. Una alabanza pura y santa que se elevó como el más dulce perfume ante el mismo trono del Señor. Aprendieron a transformar ese dolor en alabanza; y a descansar en Dios al confiar en Su perfecto plan y propósito.

¿Estaremos nosotros en esa disposición de descansar en Dios, de confiar absolutamente en Dios, y decir, confío en Dios por encima de la tormenta, la crisis, y el desierto? Mira esta letra de otro de los himnos antiguos más hermosos jamás escrito: *Confío en Dios muy cerca siempre está. En tierra o mar Su protección me da. Tan solo sé donde quiera esté, mi Padre amante cuidará de mí. Confío en Dios, quien es mi amparo fiel. En luchas cruel mi defensor es Él. Se apaga el sol a su arrebol. Mi padre amante cuidará de mí.*

Estas palabras tan impresionantes de confianza absoluta en Dios sólo pueden nacer de un corazón que conoce plenamente a Dios. Tú no puedes tener confianza absoluta en quien no conoces. **No hay manera de tener confianza absoluta en Dios si no lo conoces**. Es necesario que tú lo conozcas para que puedas confiar en Dios.

Por eso es que Abraham cerró los ojos y salió a entregar su hijo sin cuestionar ni dudar, porque conocía a Dios. ¿Por qué lo sé? Porque la misma Biblia dice que él creía que Dios podía resucitar a su hijo aún de los muertos... sin haber visto jamás a Dios resucitar a nadie de los muertos. Sin saber cómo Dios lo va a hacer, pero confiando en que lo va a hacer. Eso es confianza absoluta. Confianza absoluta implica fe, pero va mucho más allá de la fe. La confianza absoluta abarca mucho más. Es descanso absoluto y despreocupación total. O sea, no puedes decir que tienes confianza absoluta en Dios, pero estás preocupado. No puedes decir que tienes confianza absoluta en Dios, pero estás en estrés.

No puedes vivir en los dos hemisferios. O vives en el hemisferio de la confianza absoluta en Dios, aunque no entiendas nada; o vives en el hemisferio de los que se saben los textos de fe de memoria, pero a la menor crisis, se afanan y caen en un colapso nervioso. O crees, o no crees. No hay nada entre medio. Confianza absoluta implica total descanso y seguridad, por encima de todo.

"En ti confiarán los que conocen tu nombre, por cuanto tú, oh Jehová, no desamparaste a los que te buscaron"
(Salmos 9:10)

Es una bendición incomparable conocer a Dios y confiar en Dios. Con este asunto de mis ojos y tantas cirugías, mi vida ha sido un verdadero proyecto de fe. Yo he tenido que aprender a confiar totalmente en Dios. Pero no todo el mundo entiende este proceso. Ahora mismo estoy orando por una persona que está peleando con Dios por mí. Sí, esta persona le está reclamando a Dios por mi situación de la vista: "¿Por qué Luisa? ¡Ella te sirve! No es justo." Y yo le he tenido que decir a esta persona una y otra vez, "No te pongas a pelear con Dios por mí. Dios sabe lo que hace."

En todo este proceso he aprendido a vivir un día a la vez, un paso a la vez. He aprendido a confiar en que hoy estoy más cerca de la meta que ayer. Que las promesas de Dios son fieles y verdaderas y, en el momento menos esperado, Dios cumplirá Su propósito en mí. Cuando tú te aferras de las promesas de Dios, te vas a dar cuenta que nada te puede derrumbar. Te sorprenderás de lo que vas a descubrir.

MI ORACIÓN

Gracias te damos porque dentro de todo esto, Padre celestial, Tú estás llevando nuestras vidas a ser transformadas por Tu Palabra. Ayúdanos, Señor, en esta transición de esta jornada, a soltar lo que tengamos que soltar, para que podamos aferrarnos al Inconmovible. Dios del cielo, en el nivel que estemos, donde estemos, sigue guiando nuestras vidas hacia las corrientes de Tu río, a Tu profundidad, a esa gloriosa presencia Tuya, porque sólo así podemos dar fruto aun en medio de las sequías de la vida. Señor, enséñanos a confiar plenamente en Ti, llévanos a la madurez espiritual que produce fruto que permanece, y que solamente se encuentra en ese maravilloso río de Tu presencia.

Señor, te damos gracias porque Tú has abierto nuestros ojos para entender que la adoración es una confianza absoluta. Un descanso que nace de una entrega total de nuestra vida y de lo que poseemos. Gracias por mostrarnos que la verdadera adoración es un estilo de vida diario, y que somos adoradores, sacrificio vivo delante de ti, en medio de un mundo que se deteriora tan rápidamente. Gracias porque Tú nos preservas. Permite que reflejemos Tu carácter como resultado final de caminar en Tu presencia y entregarnos incondicionalmente. Gracias, Señor por Tus bellas promesas, en el nombre de Jesús. Amén.

NOTAS

Una ofrenda agradable ante Dios

*Entregarse a Dios es
la esencia de la adoración.*

*– Louise Acevedo,
Ministro de Adoración*

*Sabio es aquel que entrega lo que no puede
retener para ganar aquello que no puede perder.
Jesús dijo a sus discípulos perseguidos: "Sé fiel
hasta la muerte y yo te daré la corona de la vida"
(Revelación 2:10).*

– Jim Elliot, mártir misionero

*Dios no quiere "algo" de nosotros. Él
simplemente nos quiere a nosotros.*

– C.S. Lewis

UNA OFRENDA
AGRADABLE ANTE DIOS

Un día, hace muchos años, estoy esperando el autobús para ir a la tienda de música a comprar cuerdas para mi guitarra. Tenía que ser ese mismo día porque al día siguiente yo iba a tocar la guitarra en la iglesia. Mientras estoy esperando el autobús, de repente veo a una señora caminando con una niña pequeña bajo ese sol candente. A la señora se le había dañado su automóvil, y tenía que tomar el autobús para ir a resolver la situación. Me doy cuenta de que no tiene dinero; y Dios pone en mi corazón darle del dinero que yo tengo para comprar las cuerdas. Yo tenía solamente el dinero exacto para tomar el autobús, y el dinero para comprar las cuerdas; pero me dio tanta lástima ver a esa pobre mujer caminando con su hija pequeña en ese sol tan candente, que le di del dinero que tenía para comprar las cuerdas. Ella, muy agradecida, tomó el autobús con su niña para ir a buscar ayuda.

Después que la señora se fue, le dije a Dios, "Bueno, Señor, necesito las cuerdas para tocar la guitarra en el culto mañana. Algo Tú harás. Ojalá el empleado de la tienda me pueda dar un descuento para que el dinero me alcance para comprar las cuerdas." Cuando entro a la tienda, me atiende un señor que conozco hace varios años, y me dice, "Muchacha, tanto tiempo que hace que no te veo. ¿Cómo tú estás?" Le contesto que estoy muy bien, y muy contenta porque me acabo de graduar de cuarto año. Me reclama que cómo es posible que yo no lo invité a la graduación; y yo me echo a reír. Y, acto seguido, me dice, "Pues, de regalo de graduación, te voy a regalar las cuerdas." Yo por poco me muero. Salí de la tienda con las cuerdas, el dinero del autobús, y hasta me sobró dinero para comprarme un helado. ¡Dios es fiel!

"Y como queréis que hagan los hombres con vosotros, así también haced vosotros con ellos. Porque si amáis a los que os aman, ¿qué mérito tenéis? Porque también los pecadores aman a los que los aman. Y si hacéis bien a los que os hacen

bien, ¿qué mérito tenéis? Porque también los pecadores hacen lo mismo. Y si prestáis a aquellos de quienes esperáis recibir, ¿qué mérito tenéis? Porque también los pecadores prestan a los pecadores, para recibir otro tanto. Amad, pues, a vuestros enemigos, y haced bien, y prestad, no esperando de ello nada; y será vuestro galardón grande, y seréis hijos del Altísimo; porque él es benigno para con los ingratos y malos. Sed, pues, misericordiosos, como también vuestro Padre es misericordioso"

(Lucas 6:31-36)

ENTRÉGALO

Esta es sólo una de muchas historias sobre la fidelidad de Dios cuando le entregamos lo que nos pide. Conozco otra impresionante historia de un predicador que invitaron a una iglesia en Estados Unidos. Había en esa iglesia un hermano que tenía un lujoso anillo que la esposa le había regalado. En medio del mensaje, Dios le dice a ese hermano, "Quítate el anillo y dáselo al predicador." "¿Cómo?", cuestionó el hermano a Dios. Dios simplemente le repite, "Dáselo al predicador." El hermano, en obediencia, fue donde el predicador después del servicio, y le dijo, "Dios me dijo que le entregara este anillo. Yo no entiendo, porque esto fue un regalo de mi esposa, pero se lo tengo que dar a usted."

Miren esto, para que vean que **lo que nosotros tenemos no es nuestro.** Nosotros simplemente somos mayordomos. Así que, el hermano le puso el anillo en la mano al predicador; y el predicador se fue a su casa con ese costoso anillo y su mente llena de preguntas: "¿Por qué este hombre me dio este anillo a mí? ¿Y ahora qué yo hago con este anillo?" Pero, ¿sabes qué pasó poco después? Que este predicador tenía un viaje misionero a Méjico; y, cuando iba saliendo para el aeropuerto, Dios le dice, "Llévate el anillo contigo." El predicador, aunque discutiendo con Dios, se llevó el anillo, "¿Y qué yo voy a hacer con este anillo tan caro en un viaje misionero?" A lo que Dios le contesta, "Tranquilo, sólo llévate el anillo."

En medio de un poderoso culto una de las noches allá en Méjico, de repente aparece un muchacho que parecía un deambulante de las calles.... Sucio y maloliente. Sin embargo, la reacción de todo el mundo en el culto fue ponerse en pie y aplaudir. El predicador se asustó, "¿por qué esta gente está reaccionando así con ese muchacho todo sucio y andrajoso?" Y en ese momento, Dios le dice al predicador, "Quítate el anillo que tienes en la mano y póanselo en la mano a él." El predicador cuestionó, "¿A quién? ¿Al que está sucio y maloliente?" Dios le contesta, "Sí. A ese." Sin entender nada, pero en obediencia, el predicador se baja del altar, camina hacia este joven, y le pone el anillo en su dedo.

Tan pronto el predicador se quitó el anillo de su dedo, y se lo puso en el dedo al joven; el joven cayó para atrás, y los demonios empezaron a salir de él. Se formó una algarabía mientras los hermanos comenzaron a interceder más fuertemente. De repente un pastor se arrodilla al lado del joven, que había caído de rodillas en el suelo, y lo abraza llorando. Otro pastor se acerca y le explica al predicador, "¿Tú sabes lo que está pasando ahí? Dios usaba ese muchacho poderosamente en la predicación. Todo el mundo en este sector conoce el calibre de este muchacho; y ha visto de donde cayó. Ese hombre que lo está abrazando es su papá, que es pastor."

Esa misma noche, Dios hizo un milagro en ese muchacho y lo levantó de donde había caído. No sólo lo levantó, sino que lo primero que hizo fue ponerle un costoso anillo en su mano, símbolo de autoridad restaurada. Con este anillo, Dios le demostró a este joven su perdón, igual como hizo el padre con el hijo pródigo cuando regresó a casa. Bendito sea nuestro Dios. Miren la cadena de eventos que Dios desató para tocar la vida de este joven: Un hombre de una iglesia por allá en Estados Unidos, que no sabe ni a dónde va a ir a parar su anillo, obedece a Dios cuando le dice que le entregue su anillo al predicador; y el anillo ni siquiera era para el predicador. Era para un joven que el predicador se iba a encontrar en otro país, con el propósito de demostrarle a este joven que Dios estaba restaurando su vida y su ministerio. Con ese sencillo símbolo, Dios le restituyó a aquel joven todo lo que el enemigo le había quitado.

Eso quiere decir que nosotros nunca sabemos cuál es el propósito de Dios cuando Dios nos pide que soltemos, que nos desprendamos, que regalemos. **Tú no sabes a qué magnitud, por medio de tu gesto, otros están viendo a Dios a través de ti. No te están viendo a ti, están viendo a Dios.** En medio de la necesidad de tus hermanos, tú puedes ser el canal que Dios usa para bendecir a otros, sin saberlo; y otros, sin saberlo, son el canal que Dios usa para bendecirte a ti. Es como si Dios entrelazara una gigantesca red, y todos nosotros somos parte de esa red. Y mientras tú das, la bendición fluye, pero si tú dejas de dar, ya se cierra esa puerta de tu lado y la bendición no puede fluir a través de ti.

Y es que **la razón por la cual somos bendecidos es para bendecir a otros; para convertirnos en un canal de bendición para otros.** La Palabra dice que es mejor dar que recibir (Hechos 20:35); lo cual es muy cierto, porque no hay palabras que describan el gozo que se siente al poder bendecir a otros. Y esa abundancia nunca va a parar de fluir, mientras tú no la detengas. El Señor siempre va a proveer. Aunque vendrán momentos en que pasemos necesidad, son simplemente parte de los procesos de Dios para afirmar nuestra dependencia de Él. Pase lo que pase, Dios sigue siendo Dios y Padre para sus hijos. Me fascina un proverbio que dice que **el que le da al pobre, a Dios le presta** (Proverbios 19:17). ¿Te imaginas tú prestándole a Dios? ¿Te imaginas cuando Él te pague de vuelta?

"Dad, y se os dará; medida buena, apretada, remecida y rebosando darán en vuestro regazo; porque con la misma medida con que medís, os volverán a medir"
(Lucas 6:38)

LA MAYOR OFRENDA

Yo busqué en el diccionario lo que significa la palabra "ofrenda". Según el diccionario, es una **dádiva o presente que se ofrece con 1) gratitud 2) respeto y 3) amor.** Cuando yo leí eso pensé, "¡Dios mío, qué tres palabras tan importantes!" La vas a ofrecer con gratitud. La vas a ofrecer con respeto. Y la vas a ofrecer con amor. **Sin esas tres importantes actitudes, puede ser la ofrenda más costosa del mundo, y no vale nada.** O sea, esta definición de ofrenda está hablando de unas actitudes que van mucho más allá de un mero acto superficial de dar.

Lo primero que hay que tener es gratitud. La gratitud viene siendo una actitud que se refleja no sólo en tu ofrenda, sino en todo lo que haces para Dios. Porque esa gratitud reconoce que todo lo que tenemos, y todo lo que somos, lo hemos recibido de Dios; y, por lo tanto, ese agradecimiento fluye naturalmente de nuestro corazón. Esa es la razón por la cual decimos que la adoración es un estilo de vida, no es algo externo ni pasajero. Fluye de adentro.

> *"Pero esto digo: El que siembra escasamente, también segará escasamente; y el que siembra generosamente, generosamente también segará. Cada uno dé como propuso en su corazón: no con tristeza, ni por necesidad, porque Dios ama al dador alegre"*
> *(2 Corintios 9:6-7)*

¿Por qué ustedes creen que Dios ama al dador alegre? Porque cuando el dador alegre da, lo hace de todo corazón, sin esperar nada a cambio; lo hace en amor y en gratitud. ¿Ustedes no saben que cada vez que ustedes están ofrendando están reflejando el carácter mismo de Dios? El carácter de Dios siempre ha sido dar. En Juan 3:16 dice que Dios amó; y, **porque amó, dio.** El ejemplo máximo de entrega vino de Dios mismo. Dios, pensando en nosotros, se desprendió de lo más que Él amaba. Dios no dio un arcángel; no dio un serafín, que son seres espectaculares que hay en el cielo. No dio nada de eso. Él se dio Él mismo. Eso es lo más grande, lo más increíble. Él dijo, "Me voy a despojar, y me voy a humillar, y me voy a quitar toda esta gloria, por amor. Me voy a vestir de humano, y me voy a entregar Yo mismo. Cueste lo que cueste. Por amor."

Y si Dios nos lo entregó todo, ¿cómo nosotros Sus hijos vamos a dar menos? Por eso adoración es ofrenda. Porque si nosotros somos un reflejo de Cristo, y cargamos Su vida dentro de nosotros, entonces el carácter de Dios en nosotros es dar, es ser desprendidos, igual que lo es Él. Dios enfatiza tanto el dar, el ser desprendido, porque **no podemos reflejar a Dios sin dar, sin desprendernos.**

Es por eso que **tu experiencia de adoración está incompleta e inapropiada sin una ofrenda.** La ofrenda tiene que ser parte íntegra de tu experiencia de adoración y de tu vida. Sin ella, nos volvemos egoístas y tacaños, que es lo opuesto de ser desprendidos; y eso no encaja con el carácter de Dios en nada. El egoísmo es el sistema de este mundo; y, tristemente, ese egoísmo del mundo se ha infiltrado en el pueblo de Dios. El pueblo de Dios se ha vuelto tan egoísta que no tiene tiempo ni de visitar al hermano a ver si necesita algo, ni si quiera para darle una llamadita. No hay tiempo ni siquiera para Dios. Hasta las oraciones se han vuelto egoístas. "Señor, mira <u>mis</u> hijos. Señor, mira <u>mis</u> finanzas, <u>mi</u> trabajo." Yo, yo, yo; ¿y qué de los demás? Se nos olvida que el modelo de la oración, el Padre Nuestro, es en plural, no en singular. Eso quiere decir que en nuestra oración tenemos que pensar en los demás. Pero ya ni pensamos en los demás, cuando Dios hizo todo lo contrario.

Quiero enfatizar esto porque, cuando nosotros aprendemos a ser desprendidos, es que la bendición grande empieza a bajar. Y aclaro, que el aspecto de ser desprendido no tiene que ver solamente con dinero. ¿Qué más tú puedes ofrendar que se dé con gratitud, respeto y amor? Tu tiempo. Y a veces eso es lo que más nos cuesta ofrendar. Yo he estado en lugares que tan pronto se habla de donar tiempo, se levanta la murmuración y la queja, porque no queremos dar de nuestro tiempo. Preferimos sacar par de pesos del bolsillo antes que sacar par de horas para la obra de Dios. Hay otros que Dios les está pidiendo que pongan sus talentos al servicio de Dios; pero les cuesta trabajo porque han enterrado sus talentos. En realidad, es más fácil enterrarlos que multiplicarlos, pero te pierdes de una extraordinaria bendición.

Son tantas cosas que podemos ofrendar, pero la clave aquí es desprendernos de lo que sea que Dios nos pide. Recuerden esa palabra: **Desprenderse**. Esa palabra es difícil, pero necesaria. Cuando no aprendemos a desprendernos, Dios no puede bendecirnos porque nuestras manos ya están llenas. Cuando estamos en esta actitud de que "esto es mío y no lo voy a soltar," no podemos recibir más. Y esa no es la actitud de Dios. En Su tiempo en la tierra, Él siempre se estaba dando... sanando, multiplicando, alimentando. Y Su último acto sobre la tierra fue la mayor expresión de amor: se entregó a sí mismo a morir en la cruz del calvario para que nosotros pudiésemos tener vida. Con esa clase de amor, ¿cómo nosotros no vamos a ser agradecidos? ¿Cómo no vamos a ser desprendidos?

"En esto se mostró el amor de Dios para con nosotros, en que Dios envió a su Hijo unigénito al mundo, para que vivamos por él. En esto consiste el amor: no en que nosotros hayamos amado a Dios, sino en que él nos amó a nosotros, y

envió a su Hijo en propiciación por nuestros pecados. Ama-
dos, si Dios nos ha amado así, debemos también nosotros
amarnos unos a otros"
(1 Juan 4:9-11)

AMOR Y DAR SON SINÓNIMOS

Más allá de gratitud, en el dar tiene que haber amor, porque en esta jornada **amar y dar son sinónimos**. ¿Qué quiere decir sinónimos? Que son lo mismo, son iguales. ¿Por qué son lo mismo? Porque cuando tú te envuelves en amor hacia lo que tú amas, de una manera u otra el amor se expresa dando. **El verdadero amor se da, se entrega**. Un cristiano no puede decir que ama cuando no está dispuesto a dar, a ofrendar; porque amar y dar van de la mano. En el matrimonio es igual; una persona está dando a la otra persona por que está expresando su amor. ¿Entienden el punto? Es dar calidad de tiempo, regalar detalles, escuchar. El amor hace eso; se entrega; se desprende de lo suyo. En el verdadero amor, lo mío deja de ser mío para ser tuyo.

En 1 Corintios 13 dice que el amor todo lo puede, todo lo sufre, todo lo espera, todo lo soporta; y hay quienes piensan que ese tipo de amor es imposible. Y lo es... por tus propias fuerzas. Por lo tanto, tú no vas a amar por tus propias fuerzas; tú vas a amar por el amor de Dios y te lo pruebo. Cuando tú te ofrendas a Dios, todo lo que Dios quiere es vivir Su vida a través de la tuya. La Biblia dice que el amor de Dios ha sido derramado en nuestros corazones por el Espíritu Santo (Romanos 5:5). Eso quiere decir que **es el Espíritu Santo que produce el fruto del amor en nosotros, porque el amor es un fruto del Espíritu**. Cuando nosotros nos rendimos a Dios, ese fruto sale solito, sin tener que forzarlo ni empujarlo.

Yo, hasta el día de hoy, no he visto un árbol de manzanas pujando para dar a luz manzanas. El día que yo oiga un árbol de manzanas pasando trabajo para dar a luz una manzana, me muero. El árbol de manzana simplemente muestra su fruto fácilmente; porque su fruto es producto natural de su proceso de crecimiento. Así mismo, el Espíritu Santo va a producir Su fruto en nosotros naturalmente; y una de las varias manifestaciones de ese fruto es el amor. Tal vez piensas, "Yo no puedo amar con esa clase de amor." Eso es muy cierto, tú no puedes...

pero para eso Dios depositó, Dios derramó, por medio del Espíritu Santo, Su amor en tu corazón, para que tú puedas amar. Y por eso es que podemos amar por encima de lo que sintamos, porque no es un sentimiento, no es algo que yo haga, sino que es un fruto que dentro del proceso de crecimiento se va a produciendo naturalmente. Pero solamente se puede producir por medio de una entrega total.

"Así que, hermanos, os ruego por las misericordias de Dios, que presentéis vuestros cuerpos en sacrificio vivo, santo, agradable a Dios, que es vuestro culto racional"
(Romanos 12:1)

ENTREGA TOTAL

Esto es el verdadero culto que hay que ofrecer a Dios: la entrega. Una verdadera entrega, no un encuentro emocional donde tú proyectas una apariencia, pero genuinamente no está ocurriendo nada en tu corazón. Es todo lo contrario, un proceso interno que se refleja hacia afuera. Dios está pidiendo una verdadera entrega, que es una ofrenda viva, santa y agradable a Él.

¿Estaríamos nosotros verdaderamente dispuestos a entregarlo todo? Porque a veces decimos que estamos dispuestos a entregarlo todo, y hasta lo cantamos a voz en cuello el domingo; pero, si somos honestos, siempre hay algún espacio que decimos, "Todo lo demás sí; pero esto no, esto es mío. Esto no lo voy a soltar." Y el Señor te dice, "Suéltalo; porque tú no sabes el plan que Yo tengo contigo." Y ahí comienza la lucha entre lo que Dios quiere hacer en nuestras vidas, y lo que nosotros queremos hacer. Si queremos un ministerio poderoso, tenemos que soltar, aunque no nos guste.

Siempre me ha impactado que los discípulos, dejándolo todo, le siguieron. Sin mirar atrás y sin pensarlo dos veces. Sin aun haber visto ni un sólo milagro, ni la multiplicación de los panes y los peces; sin haberlo visto resucitado, simplemente creyeron por fe, y lo soltaron todo. Eso es fe. Tal vez vieron en Jesús el mayor y más impresionante ejemplo de entrega que jamás hayan visto. Uno que lo dejó todo para que nosotros pudiésemos tenerlo todo. Uno que entregó Su vida para que nosotros pudiésemos tener vida. Eso es amor. **El verdadero** amor consiste en esto: entrega, ofrenda, rendirse. El corazón de la adoración es entrega, rendirse. Entregarse a Dios es la esencia de la adoración.

"En esto hemos conocido el amor, en que él puso su vida por nosotros; también nosotros debemos poner nuestras vidas por los hermanos. Pero el que tiene bienes de este mundo y ve a su hermano tener necesidad, y cierra contra él su corazón, ¿cómo mora el amor de Dios en él? Hijitos míos, no amemos de palabra ni de lengua, sino de hecho y en verdad"

(1 Juan 3:16-18)

¿A cuántos Dios les ha pedido que entreguen algo? Levanten la mano. Yo tengo que levantar las dos manos. Aunque reconozco que no ha sido fácil, con el tiempo he aprendido que a fin de cuentas es mejor obedecer a Dios. Te ahorras muchos dolores de cabeza. Yo no sé qué cosas Dios te ha pedido que sueltes, que entregues; pero sí sé que, **por más que entregues, nunca vas a entregar más de lo que Dios entregó por ti. Lo entregó todo.** No escatimó ni a Su propio Hijo, sino que lo entregó por todos nosotros (Romanos 8:32).

Yo sé que estas verdades nos están confrontando; porque a la medida que nosotros vamos leyendo esto, nos vamos evaluando. Mi intención con escribir esto no es que digas, "ay, qué mal estoy." No. Es mirarnos todos en el espejo de la Palabra para ver dónde estamos en nuestro caminar con Dios, y dónde podemos estar. Finalmente, lo que Dios quiere hacer es sacar lo mejor de nosotros, y bendecirnos mucho más allá de lo que pensamos.

MÁS ALLÁ DE TUS CAPACIDADES

La intención de ese desprendernos, de ese dar, es para llevarnos a dar más allá de nuestra capacidad, porque en ese dar hay bendición, hay abundancia, hay paz. Fíjate que cuando amas vas a ir más allá de lo requerido, de lo necesario. Vas a ir más allá de diezmar, y no va a ser una carga ni una molestia. Porque, aunque el diezmo es un acto de amor y obediencia donde le devolvemos a Dios lo que le pertenece; la ofrenda te lleva a dar más allá de lo requerido, y aún más allá de tus capacidades. Esa ofrenda, esa entrega, te va a llevar más allá de lo que jamás pensaste.

A pesar de que Dios le pidió a Abraham que ofreciera a su hijo Isaac en sacrificio, en realidad el asunto no era Isaac, sino Abraham mismo. Abraham tal vez estaba pensando que era Isaac lo que él estaba entregando; pero, no, en realidad Dios no estaba buscando a Isaac, Dios estaba buscando a Abraham. Muchas veces no nos damos cuenta de eso; creemos que el asunto es lo que está de frente cuando Dios con quien está trabajando es conmigo mismo. Y si nosotros sacamos el tiempo en medio de las circunstancias para evaluarnos, nos damos cuenta de que Dios con lo que realmente está trabajando es con nosotros mismos, porque todas las demás cosas son pasajeras. Lo que permanece está por dentro, no por fuera.

Aunque nos quejemos y nos molestemos; eventualmente llegará el momento en que tengamos que decir, "Dios, tienes toda la razón. Toma mi vida, y pon cada cosa en su lugar." Fíjate que esto se trata de Abraham ofreciéndose a sí mismo, porque Dios lo que estaba buscando, más que a Isaac, era que Abraham rindiera su voluntad, su intelecto, y su camino. En otras palabras, que se entregara a sí mismo, entregara su voluntad y sus pasos. Dios quería que se rindiera total y exclusivamente a Dios para poder convertirlo en un padre de naciones.

"Y cuando llegaron al lugar que Dios le había dicho, edificó allí Abraham un altar, y compuso la leña, y ató a Isaac su hijo, y lo puso en el altar sobre la leña"
(Génesis 22:9)

EL COSTO DE MI OFRENDA

Sé que no es lo que queremos escuchar, pero vivir una vida de adoración te puede costar. Y esta es la parte donde muchos dicen, "Ay, no, yo prefiero vivir como yo quiera, y hacer lo que yo quiera. No cuentes conmigo. Mi vida es mía." Pero en realidad la vida cristiana se trata de una vida de entrega, de rendirse por completo a Él, a Su voluntad y a Su propósito. Es salirse del asiento del conductor para sentarse en el asiento del pasajero, y dejar que sea Dios quien tome el control. El problema es que eso es lo que muy pocos quieren hacer.

En este caso, que estamos hablando de Abraham, ¡qué clase de ofrenda le está pidiendo Dios! Le está pidiendo lo más valioso en todo el mundo. NO le está pidiendo las vacas, los bueyes, los criados, ni las riquezas. Le está pidiendo su hijo, lo que más él ama. Pero Abraham no midió el costo, simplemente lo entregó. ¡Eso está demasiado difícil! Yo estoy pensando en mi hijo, en mi hija, que Dios me diga a mí, "Vete al monte allá arriba y entrégalo." Yo no sé si yo podría hacerlo. Esa clase de entrega requiere una valentía y una fe especial. Una ofrenda como esa no es una ofrenda cualquiera. ¿Has pensado en el costo de tu ofrenda? ¿Tiene un límite, o es incondicional? Nos ayude Dios a llegar a ese nivel de entrega que no tiene límites ni espacios reservados, donde todo le pertenezca a Dios.

EL JOVEN RICO

Yo creo que el más contundente ejemplo de lo que cuesta dejarlo todo por seguir a Cristo fue el joven rico (Marcos 10). Y, en mi opinión, este asunto de la entrega, de la ofrenda, es lo que Jesús le quería enseñar a este joven rico, si tan sólo este joven lo hubiese entendido:

"Al salir él para seguir su camino, vino uno corriendo, e hincando la rodilla delante de él, le preguntó: Maestro bueno, ¿qué haré para heredar la vida eterna? Jesús le dijo: ¿Por qué me llamas bueno? Ninguno hay bueno, sino sólo uno, Dios. Los mandamientos sabes: No adulteres. No mates. No hurtes. No digas falso testimonio. No defraudes. Honra a tu padre y a tu madre. Él entonces, respondiendo, le dijo: Maestro, todo esto lo he guardado desde mi juventud. Entonces Jesús, mirándole, le amó, y le dijo: Una cosa te falta: anda, vende todo lo que tienes, y dalo a los pobres, y tendrás tesoro en el cielo; y ven, sígueme, tomando tu cruz. Pero él, afligido por esta palabra, se fue triste, porque tenía muchas posesiones. Entonces Jesús, mirando alrededor, dijo a sus discípulos: ¡Cuán difícilmente entrarán en el reino de Dios los que tienen riquezas! Los discípulos se asombraron de sus palabras; pero Jesús, respondiendo, volvió a decirles: Hijos, ¡cuán difícil les es entrar en el reino de Dios, a los que confían en las riquezas!"

(Marcos 10:17-24)

El joven rico sabía que algo le faltaba, lo que no sabía era qué.... Y por eso fue donde Jesús a buscarlo. De alguna manera sabía que Jesús era el único que podía tener eso que le faltaba. Un joven que había guardado los mandamientos toda su vida, que conocía la ley; pero no conocía a Dios. Y ese Dios en esta historia le estaba exigiendo una justicia mayor que la de los escribas y fariseos, pero sobre todo, mayor amor.

Dios le estaba diciendo, "Yo sé que tú conoces la ley, pero tienes que ir más allá de conocer la ley. Necesitas conocer al Dador de la ley, y necesitas poner en práctica esa ley. No es meramente memorizarte la ley. Es cumplirla. Y por encima de todo, amar." Y fue por eso que Jesús, en Su misericordia, lo primero que hizo fue recordarle todos los puntos de la ley que hablaban del amor al prójimo. Este joven se creía que había cumplido con todo eso desde su juventud, así que Jesús lo tuvo que confrontar con la verdad.... Si es verdad que has cumplido con todo esto desde tu juventud, entonces no debe ser difícil vender todo lo que tienes para darlo a los pobres.

Lo que Jesús realmente quería mostrarle a este joven era que, aunque se sabía la ley de memoria, no la entendía, ni la estaba cumpliendo. Y este joven se fue triste para su casa, porque no estaba dispuesto a soltar ni un sólo centavo de lo que él entendía ser suyo. Por medio de este joven, Jesús estaba enseñando a los fanáticos religiosos que tenían que ir mucho más allá de memorizarse la ley, tenían que vivirla. Si este joven hubiese entendido que **cuando Dios te pide algo, en realidad te está haciendo un favor.** Tal vez este joven sentía que Cristo lo estaba despojando a él, pero en realidad le estaba dando una oportunidad para ser bendecido aún más de lo que había sido bendecido. Le estaba dando una oportunidad para acumular tesoros en el cielo; y esos tesoros nadie te los puede quitar.

Verás, **cuando sueltas lo que tienes, abres las manos para recibir la abundancia de Dios aquí en la tierra, y encima de eso, acumulas tesoros en el cielo.** Esa es la razón principal por la cual Dios te pide que entregues lo que tienes. No porque Dios lo necesite, Dios ya es Dueño de todo, sino porque en esa entrega te entregas a ti mismo, y esa entrega abre el camino para la verdadera bendición. Este joven rico estaba atado a las riquezas materiales porque creía que eran el todo en su vida, y que sin ellas no iba a poder vivir.

Ahí estaba el gran problema: para este joven, sus riquezas eran su dios. ¡Cuán difícil les es entrar en el reino de Dios a los que *confían en las riquezas!* ¿Por qué? Porque terminan adorando las riquezas en vez del Creador y Dueño de las riquezas. **Todos adoramos a algo, consciente o inconscientemente.** En realidad, nosotros solamente escogemos **qué** decidimos adorar, porque la naturaleza humana es adorar algo. Puedes adorar a Dios, o a las riquezas, o una persona, o la fama, pero **cualquier cosa que adores, fuera de Dios, terminará destruyéndote.**

Si adoras el dinero, entonces nunca tendrás suficiente y pasarás toda tu vida como esclavo de las riquezas. Como dijera el hombre más sabio en la historia, la codicia quita la vida de sus poseedores (Proverbios 1:19). Si adoras lo material y lo físico, entonces siempre encontrarás a alguien más bello que tú, con mejores cualidades que tú, con más bienes materiales que tú. Nunca podrás ser feliz, porque la verdadera felicidad del ser humano solamente se encuentra en Dios.

Lo curioso de la adoración es que puedes adorar muchas cosas, pero solamente Dios satisface. Nada puede llenar el lugar que le pertenece a Dios. Ese trono le queda grande a cualquier cosa que no sea Dios. El espíritu no se satisface con nada de este mundo porque fue hecho en la eternidad, para la eternidad, y la eternidad solamente se satisface con la eternidad. ¡Wow! Eso quiere decir que esa parte espiritual, eterna, se llena con Dios y nada más. No se llena con dinero, con fama, con bienes, con riquezas; no se llena con nada de esta vida. El espíritu del ser humano es como una casa hecha en forma de Dios, y solamente Dios la puede llenar. Solamente Él satisface. ¿Cuántos le pueden dar gloria a Dios por eso?

"No os hagáis tesoros en la tierra, donde la polilla y el orín corrompen, y donde ladrones minan y hurtan; sino haceos tesoros en el cielo, donde ni la polilla ni el orín corrompen, y donde ladrones no minan ni hurtan. Porque donde esté vuestro tesoro, allí estará también vuestro corazón"
(Mateo 6:19-21)

Quiero aclarar, antes de que alguien se ofenda, que las riquezas no son malas. Felicito a todos aquellos que por su esfuerzo han logrado obtener algo en la vida; el problema es cuando las riquezas se convierten en el "todo" de la vida del ser humano, porque el "todo" de la vida del ser humano solamente lo puede ser el Autor de todas las cosas. Dios dijo en Su Palabra que Suya es la plata y Suyo es el oro (Hageo 2:8-10); Suya es la tierra y su plenitud, el mundo y los que en él habitan (Salmo 24:1).

Quien se crea que tiene dinero, que sus posesiones son suyas, vive una ilusión, porque todo lo que poseemos es de Dios. Nada trajimos a este mundo, y nada nos llevaremos. Me he dado cuenta que quienes encuentran más difícil ofrendar a Dios es porque se creen que su dinero les pertenece; y que se van a empobrecer por darle a Dios. Quiero aclarar esos dos puntos bien sencillamente. Primero, todo lo que nosotros tenemos nos lo ha dado Dios, y le pertenece a Dios. Cuando llegamos a este planeta no trajimos nada; y cuando nos vayamos no nos vamos a llevar nada. Por lo tanto, todo es de Dios.

Segundo, **nadie se ha empobrecido jamás por darle a Dios.** Nunca le vas a dar a Dios más de lo que Dios te ha dado a ti. Dios mismo dijo en Malaquías 3:10, "*Traed todos los diezmos al alfolí y haya alimento en mi casa; y probadme ahora en esto, dice Jehová de los ejércitos, si no os abriré las ventanas de los cielos, y derramaré sobre vosotros bendición hasta que sobreabunde.*" Alguien me contó una vez que la palabra hebrea original para ventanas, en realidad significa **compuertas**, como las compuertas de una represa. La traducción más exacta diría: Dios abrirá las compuertas de los cielos, y derramará bendición hasta que sobreabunde. Dios no está jugando, está hablando en serio. Pruébalo y verás. Necesitamos estar dispuestos a dar ese paso de fe, a probarlo, a entregar, a soltar, lo que tengamos que entregar por Cristo; y te garantizo que cuando sueltes eso que piensas que no puedes soltar, verás la gloria de Dios.

"Grandes multitudes iban con él; y volviéndose, les dijo: Si alguno viene a mí, y no aborrece a su padre, y madre, y mujer, e hijos, y hermanos, y hermanas, y aun también su propia vida, no puede ser mi discípulo. Y el que no lleva su cruz y viene en pos de mí, no puede ser mi discípulo. ..... Así, pues, cualquiera de vosotros que no renuncia a todo lo que posee, no puede ser mi discípulo"
(Lucas 14:25–33)

Este mismo reto Jesús se lo lanzó a Sus discípulos cuando estuvo sobre la faz de la tierra. Verás, muchos seguían a Jesús simplemente por los panes y los peces, por lo que iban a recibir de Él (cualquier parecido con la actualidad es pura coincidencia). Así que, Jesús tuvo que ser un poco directo con aquellos que lo seguían, para que entendieran que esto no era cuestión de lo material. Esto no era solamente los panes y los peces, es un asunto espiritual.

Jesús les estaba abriendo los ojos y diciéndoles, "Piensen bien en la decisión que van a tomar. Si van a tomar la decisión de seguirme, esto va a requerir mucho de ustedes. No es cuestión de recibir comida gratis; van a pasar persecución por mi nombre, van a sufrir. NO va a ser color de rosa". Y es que, **para poder profundizar en asuntos espirituales, a veces tenemos que desprendernos de las cosas materiales**. Porque lo material a veces nos nubla la mente, nos desenfoca. Si no tenemos cuidado, hasta nos contamina. Hay personas que no pueden vivir sin una televisión gigante, sin un carro último modelo, sin una casa lujosa, sin ropa cara... y no se dan cuenta de que todo eso se queda. El día que te vayas de esta tierra no te llevas absolutamente nada. Todo se queda aquí.

"Porque tú dices: Yo soy rico, y me he enriquecido, y de ninguna cosa tengo necesidad; y no sabes que tú eres un desventurado, miserable, pobre, ciego y desnudo. Por tanto, yo te aconsejo que de mí compres oro refinado en fuego, para que seas rico, y vestiduras blancas para vestirte, y que no se descubra la vergüenza de tu desnudez; y unge tus ojos con colirio, para que veas"
(Apocalipsis 3: 17-18).

LA VERDADERA RIQUEZA

"Unge tus ojos con colirio para que veas..." Lo más que me choca de esta oración es que Dios se la está diciendo a la iglesia de Laodicea, no a un grupo de inconversos, no a cualquiera. Dios le está hablando a una iglesia. ¿Cómo esta iglesia llegó a este punto? Se descuidó. Se desenfocó. Aunque tengo que reconocer que el ser humano nunca ha visto las cosas como Dios las ve. Nosotros vemos las cosas dentro de las limitaciones de nuestros cinco sentidos, de nuestra humanidad.

Medimos el éxito basado en posesiones materiales, cuando Dios nos dice que las posesiones materiales son lo menos importante. Medimos nuestro valor basado en cosas externas, cuando lo más importante del ser humano está adentro.

El problema con las riquezas externas es que desaparecen en un abrir y cerrar de ojos. Muchos lo han tenido todo, y lo han perdido todo, en un segundo. Y si tu valor está basado en lo material, tu vida entera colapsa en un segundo. Tu verdadera riqueza tiene que estar basada en algo más sólido que las cosas materiales, que son pasajeras. La verdadera riqueza solamente se encuentra en Dios. Todo lo demás se puede perder en un instante.

SALVADOR, HERMANO, AMIGO

¿Qué tú descubres cuando te entregas a Dios? Descubres que Jesús **no es un tirano, es tu Salvador**. ¡Cuántos habrá hoy en día en la iglesia pensando que Jesús es un tirano y no un Salvador! Porque su mente, su pensamiento, ha sido distorsionado por lo que les enseñaron; y por eso piensan que es un tirano. ¿Quién es un tirano? Alguien que se impone, que quiere obligar a los demás a aceptar sus condiciones. No suena como alguien agradable; y hasta es capaz de esclavizar a quienes se le antoje. Es un dictador. Hay cristianos que viven así, pensando que Dios es un tirano; y lo que quieren compartir con otros es ese Dios tirano, que es lo que conocen.

¿Tú puedes disfrutar un Dios tirano? No. Porque si nos vamos al aspecto de gobierno terrenal, cuando tú estás bajo el dominio de un tirano, el tirano lo que hace es imponer su criterio, sin importarle el bienestar de nadie. El tirano es el único que tiene ojos y ve; los demás están ciegos y nadie ve lo que pasa. El dictador llama y hay que salir corriendo. Nadie puede opinar. Y cuando usted va a un lugar donde lo que existe es una dictadura, usted lo que ve es la gente maldiciendo al dictador. Así que yo no puedo disfrutar un Dios tirano. La Biblia dice que cuando nos rendimos, cuando nos entregamos descubrimos que Jesús es el Salvador y no un tirano. ¿Cuántos pueden darle gracias a Dios que Él es nuestro Salvador? Él me salvó del lodo cenagoso, me levantó, y me puso sobre una piedra, me puso en un lugar firme. Me dio un cántico nuevo. Me renovó. Ese es un Dios bueno y maravilloso.

No solo descubrimos que Dios es Salvador, sino que también descubrimos que Jesús **no es un jefe, sino hermano**. Parece increíble, pero hay pastores que están tratando la obra de Dios de esa manera. "Yo mando aquí en esta iglesia. Aquí se hacen las cosas como yo digo porque Dios me eligió a mí." Entonces el problema es que utilizan, o se escudan, detrás de esta connotación que se le ha dado a los ministros de que son "los ungidos del Señor," para imponer sus criterios personales en vez de dirigir la iglesia por el Espíritu Santo. El problema está en que ese no es el modelo bíblico. Todos somos parte del mismo cuerpo, y hay una sola cabeza, que es Cristo.

Fíjate que dije que Jesús no es un jefe, es un hermano; porque el corazón de Dios es tener una familia. Dios quiere ser Padre de muchos hijos; y esto viene desde la eternidad cuando estaba esa relación especial entre el Padre, Hijo, y Espíritu Santo, cuando estaban ellos compartiendo en esa intimidad. A Dios se le ocurrió la fantástica idea, "Nosotros como Padre, Hijo, y Espíritu Santo tenemos una hermandad, una armonía, aquí no hay nadie por encima del otro, sino que somos uno. Yo quiero expandir esta gloria, la quiero compartir." Eso fue lo que Dios quiso hacer cuando hizo al hombre. Lo que Dios disfruta dentro de Sí mismo como Padre, Hijo y Espíritu Santo, en Su carácter, lo quiso compartir. No es lo mismo que una relación con un jefe, donde dices, "pues, el jefe es el que manda, es el que está por encima de mí, y tengo que hacer lo que diga, aunque no quiera." Jesús no es un jefe. Jesús es mi hermano mayor. Primero era el unigénito, ahora es el primogénito entre muchos. Así que ahora estamos viendo a Jesús como hermano.

¿Qué yo les estoy diciendo con esto? Que muchos en el pueblo de Dios tienen la visión distorsionada. Lo ven como un jefe, lo ven como un tirano, lo ven como un dictador. ¿Se han topado con alguien así? Sin embargo, Jesús **no es un dictador sino un amigo**. Mira donde Dios quiere llevarnos a nosotros: Relación de Salvador, relación de hermano, relación de amigo. ¿Cómo tú crees que una persona con esa perspectiva se va a sentir? Yo veo una persona feliz; yo veo una persona tranquila. Yo veo una persona que está descansada. Por eso Jesús dijo, *"Venid a mí los que estáis trabajados y cargados que Yo os haré descansar" (Mateo 11:28).* Yo veo una persona completamente sana emocional y espiritualmente, porque ve a Dios como su amigo, su hermano, y su Salvador.

Cuando yo estaba criándome en la iglesia, cometía errores, como cualquier joven, pero los hermanos tenían una percepción de que yo era la hija del pastor. Por lo tanto, yo tenía que andar derechita porque los hijos de pastor tienen que andar más derechitos que todos los demás. Y todo era reglas y mandamientos.... Que no mire para allá, y no vaya para allá. Yo me crié así. Entonces la forma en que yo veía a Dios estaba muy distorsionada. Llegó un punto en mi vida en que yo me acosté en mi cama y le dije a Dios, "Pues, mátame, porque yo no sé vivir esta vida. Yo no puedo. Un día estoy arriba, y un día estoy abajo. No puedo más." Cuando joven, uno dice un montón de disparates, pero el problema era que, como me presentaban al Cristo Samurai, que tumba cabezas, yo vivía con miedo de fracasar. Todo el tiempo estaba pensando, "Voy a fracasar y Dios me va a matar. Dios va a acabar conmigo." ¿Quién puede disfrutar a Dios así? Entonces tampoco podía desarrollar una intimidad saludable con Dios, no había manera. Tenía que derrumbar todas esas percepciones incorrectas para poder ver que Dios es mi amigo, que Dios es mi hermano, que Dios es mi Salvador. Que cuando yo cometo un error, yo puedo venir a Cristo y decir, "Señor, fracasé, pero aquí estoy. Perdóname. Gracias porque la sangre de Cristo me limpia de todo pecado".

Entonces el problema es que, cuando tú tienes esa relación tan linda y tan estrecha con Dios, hay gente que te dice, "tú no estás en la verdad". Porque quieren meterte también en la misma olla de condenación que ellos están, con un Dios condenador, dictador, tirano. Cuando la Palabra de Dios me dice que ninguna condenación hay para los que están en Cristo Jesús (Romanos 8:1). En otras palabras, ellos andan como arrastrando cadenas; y ellos quieren que tú andes arrastrando cadenas con ellos también. Yo no. Yo soy feliz porque conozco a Cristo como mi amigo. Soy feliz porque Él es mi hermano y Él es mi Salvador.

LOS TRES OBSTÁCULOS

Como todo en esta vida, existen obstáculos que pueden impedir nuestra entrega total a Dios; solamente te quiero mencionar tres. ¿Cuál es el primero? Temor. El segundo obstáculo: Orgullo. Y el tercero: Confusión. Cualquiera de estos tres obstáculos puede detener o impedir nuestra entrega total a Dios. ¿Por qué? Porque **el temor, el orgullo y la confusión te impiden confiar en Dios; y no puedes entregarte a Dios si no confías en Él.**

¿Vieron eso? Tú no te puedes entregar a Dios si tú todavía no confías en Él. Pero no puedes confiar en Él hasta que lo conozcas. **Mientras más lo conoces, más confías en Dios.** Un buen ejemplo es el de Felipe (¿se acuerdan que hablamos de él?), cuando le pidió a Jesús ver al Padre, y Jesús prácticamente le contestó: "Chico, soy Yo mismo, El que he hablado contigo todos los días, que he estado revelándome todo este tiempo. ¿Qué es lo que tú has estado viendo y escuchando todos estos años?" O sea, estuvo al lado de Jesús, pero nunca lo conoció, no realmente.

"En el mundo estaba, y el mundo por él fue hecho; pero el mundo no le conoció"
(Juan 1:10)

Por eso es que te enfatizo tanto en que NO estamos hablando de una relación superficial. Estamos hablando de una relación profunda y progresiva; porque no puedes confiar en Él si no lo conoces bien. Yo no quisiera decir que hay gente en las iglesias que sirve a Dios por compromiso y no por relación, porque eso sería algo muy triste. Pero, lamentablemente hay quien dice, "Tengo que ir a la iglesia para que no me tilden de hereje; pero mi corazón no está ahí."

Eso quiere decir entonces que no lo conoces; y si no lo conoces, no confías; y si no confías, tienes temor. Y los temores son las cosas que más nos alejan de Dios. Me imagino que ustedes han visto que cuando una persona peca, el temor los arropa; y, por no conocer plenamente a Dios, se alejan más de Dios, de Su casa y de Su familia. Por eso es tan importante conocer a Dios, porque, si no, el temor me lleva a huir, a correr, a esconderme.

El primer ejemplo del temor fue Adán. Lo primero que hizo cuando pecó fue esconderse. Cuando Dios le preguntó, "¿Dónde estás?" Su respuesta fue, *"Tuve miedo y me escondí" (Génesis 3:10)*. ¿De dónde salió ese miedo, si él nunca antes había tenido miedo? Porque el enemigo plantó miedo en su corazón, y ese miedo dio a luz desconfianza. Aquí estamos viendo que la persona que no tiene una relación estrecha con Dios vive llena de temores. El temor no es de Dios. No sólo no es de Dios, sino que hace falta el verdadero amor para echar fuera el temor. Cuando tú conoces a Dios verdaderamente, ese perfecto y verdadero amor echa fuera el temor porque el verdadero amor inspira confianza.

El segundo obstáculo para nuestra entrega total es el **orgullo**. El orgullo es algo que Dios realmente aborrece, lo abomina. La gente no sabe, no tienen idea, cómo Dios se siente cuando una persona es orgullosa. La persona orgullosa tiene la tendencia a ser independiente, a sentirse superior a los demás. La persona orgullosa se cree que no necesita a Dios, ni depende de Dios. Bueno, ya usted sabe que satanás cayó por eso; su caída fue precisamente su orgullo, su belleza, su esplendor. Eso hizo que se sintiera orgulloso, y quisiera creerse igual a Dios. Se le olvidó que él era la criatura, y Dios era el creador.

El orgullo es algo que va muy tomado de la mano de la prepotencia. En la gran mayoría de los casos, una persona orgullosa es prepotente; mira a los demás por encima del hombro; hace a los demás sentirse inferiores, porque es una persona inescrupulosa. No le importa humillar a cualquiera, porque lo único que le importa es sobresalir por encima de los demás. Y ¿por qué razón Dios aborrece el orgullo? Por una razón muy simple: Él, siendo dueño y creador de todo, teniéndolo todo en el cielo, no le importó dejarlo todo para humillarse. Se humilló aún más que los mismos hombres para simplemente demostrar a las personas que el medio para llegar hacia Dios es la humillación. Él se humilló a Sí mismo para reconciliarnos con el Padre.

Lo único en la tierra que era de Cristo era la cruz. Lo demás era todo prestado... el pesebre, el manto, ni su vivienda era suya. Y si Él, siendo Dios, el creador de todo, lo dejó todo por nosotros y se humilló hasta lo sumo, ¿quién aquí en la tierra tiene de qué enorgullecerse? Nadie. Por más que nos creamos que somos la octava maravilla, nuestra vida no es más que polvo, florece como la flor del campo, y en un soplo desaparece (Salmo 103:14-16). El único eterno es Dios.

Lo más peligroso que hay es cuando una persona en el ministerio está montada en su orgullo. Es tan triste cuando vemos ministros, líderes de adoración, que se les ve el orgullo a plena vista. Algunos se atreven a decir, "yo soy el que atrae la gloria aquí." Nosotros no podemos darnos crédito de que nosotros traemos algo. Nosotros dependemos de Dios. Nosotros simplemente somos vasos de barro con un poderoso tesoro adentro.

Y te voy a decir algo más: cuando una persona es orgullosa y trata de humillar a otros, esa persona tiene que ser humillada por Dios. Así lo dice la Palabra en Lucas 18. Si Cristo nos dio el mayor ejemplo, manteniéndose humilde, dependiendo del Padre en todo tiempo, y dándole la gloria al Padre en todo tiempo, ¿cómo nosotros vamos a hacer otra cosa? Ser orgulloso trae consecuencias nefastas, y te lo voy a demostrar por la Palabra. Amán era un tipo orgulloso. Amán quería sobresalir por encima de todo el mundo, especialmente los judíos (Ester 3). ¿Y qué era lo que Amán tenía en mente? Ahorcar a Mardoqueo porque lo hacía sentir inferior. ¿Y quién terminó en la horca? Amán (Ester 7). El orgullo te puede costar hasta la vida.

Y, ¿qué le pasó a Saúl? Saúl era un prepotente. Busquen la forma en que Saúl se expresaba. Saúl decía, "¿Samuel no acaba de llegar? ¿Y quién es Samuel? Yo soy el rey. Yo puedo hacer el sacrificio." Yo leo eso y pienso, ¡cómo puede ser tan ciego! Porque, por esa arrogancia, no pudo esperar por Samuel para presentar el sacrificio. Cuando Samuel llegó dijo, "¿Qué pasó aquí? ¿No sabes que mejor es obedecer que presentar sacrificio?"

No solamente eso, sino que el orgulloso siempre termina haciendo lo suyo. Y se lo pruebo otra vez por la Palabra.... Dios le dijo a Saúl, "elimina toda esta gente de este pueblo y no dejes a nadie, ni siquiera animales. No dejes nada." Cuando viene Samuel le dice: ¿Qué están haciendo? Saúl le dice: "Bueno, escogimos retener lo mejor para los sacrificios a Dios." Pero se le olvidó que la Palabra dice que mejor es obedecer a Dios que ofrecer sacrificio (1 Samuel 15:22). Aunque Dios le dijo que eliminara a los reyes, Saúl decidió no sacrificar a los reyes y dejarlos vivos. La mujer se escapó, y la historia dice que de ahí es que sale Amán, el que intentó exterminar al pueblo judío. En otras palabras, cuando Dios dio instrucciones de eliminarlos era porque sabía que la descendencia de esa gente iba a intentar destruir al pueblo de Dios. Pero la prepotencia, el orgullo, te lleva a creerte que lo sabes todo. El orgullo no te lleva a aceptar errores, y mucho menos a admitir que otro sabe más que tú. Las personas orgullosas no admiten nada que los haga lucir mal.

¿Qué le pasó a Nabucodonosor? Se paró y dijo, "Mira la gran Babilonia que Yo edifiqué..." (Daniel 4) Sin reconocer que fue Dios quien le dio la sabiduría. O sea, la persona orgullosa se atribuye a sí mismo los logros que provienen de Dios. ¿Y qué termina sucediendo? Ellos se ponen en el pedestal que sólo le corresponde a Dios. Entonces por esa razón el orgullo es un obstáculo para tú convertirte en un verdadero adorador, porque obstaculiza el área de dependencia, el área de reconocer que Dios es soberano. A Él, y solamente a Él, es que le corresponde toda la gloria. Cuando alguien es orgulloso, quiere llevarse todo el crédito. Pero eso no proviene de Dios. El crédito tiene que ser todo de Dios.

"...pues Dios no es Dios de confusión, sino de paz"
(1 Corintios 14:33)

El tercer obstáculo es la **confusión**, y creo que hay mucha gente confundida en el pueblo de Dios. Si vemos a Dios distorsionado, no podemos disfrutar a Dios. ¿A qué nos referimos? Bueno, yo les puedo hablar de la historia del hijo pródigo. Los dos hermanos y su padre; pero les voy a confesar un secreto: yo creo que el pródigo no sólo era el que se fue de la casa. El pródigo también era el que se quedó en la casa. ¿Pero cómo tú vas a decirme eso, hermana Luisa? Pues sí. Permíteme explicarte: Cuando el hijo menor regresó de gastarlo todo, el hijo mayor se molestó, en vez de alegrarse.

Cuando el padre le dijo a los siervos que le pusieran en su mano el anillo, símbolo de autoridad, eso le dio todavía más coraje al hijo mayor. Entonces, para colmo, el padre manda a matar el becerro engordado para celebrar el regreso de su hijo menor. ¡El becerro gordo! El becerro gordo era un becerro especial reservado para altos funcionarios del gobierno y gente sumamente importante que viniera a la casa. Ese becerro no era para cualquiera. Así que, cuando el hijo mayor se entera, explota: ¿Qué? Este lo derrochó todo, regresa como un deambulante, huele a cerdo, y ¿le van a matar el qué? ¿El becerro gordo? ¡NO! ¡Esto es el colmo! Y encima de eso, ¡una fiesta! No puedo. Me voy."

Y todo el mundo está allá en la fiesta, contento, celebrando, y el hijo mayor está afuera en una esquina con su trompa montada como un elefante. El padre sabio se da cuenta de que en medio de toda esta algarabía falta su hijo mayor y sale a buscarlo. Cuando lo encuentra, se le acerca y le dice, "¿Qué pasa, hijo mío?" Ahí el hijo descargó toda su furia: "Ah, ese perdido, ingrato, se va, lo malgasta todo, y ahora tú lo recoges de vuelta como si nada; y para colmo, le haces tremendo festín como si fuera lo más grande aquí." El padre, tratando de aplacarlo, le contesta, "Pero hijo, este es mi hijo que yo creí que estaba muerto, y ahora está vivo." "Oh sí, pero en cambio a mí tú no me das ni siquiera un cabrito para irme a comer con mis amigos," le contesta furioso el hijo mayor. A lo que el padre le responde, "Hijo, pero si **todo lo que yo tengo es tuyo**."

¿Se dan cuenta de la mentalidad de este hijo? Yo creo que este es el mayor ejemplo de una visión distorsionada de Dios, una mente en confusión. Número uno, yo no veo en esta historia ni intimidad, ni una relación estrecha con su padre. Yo veo que tiene un concepto pésimo y sumamente equivocado de su padre. Básicamente, lo que el padre le está diciendo es, "Pero si todo esto está a tu disposición. Siempre lo ha estado. Tú hubieses podido hacer tu fiesta en cualquier momento. Hubieses podido disfrutar de todo lo que hay aquí, si te hubieses dado cuenta de que siempre fue tuyo." El hijo tuvo toda su vida el privilegio de ser hijo, pero nunca lo disfrutó. Eso es triste.

Lamentablemente, hay gente en la iglesia que vive así... no se gozan nada. Y, para colmo, si ven a otro que se está gozando, se molestan. ¿Tú sabes por qué? Porque están viendo a Dios de una forma distorsionada. Están confundidos. NO ven a Dios como Él es. No disfrutan a Dios aun estando dentro de la iglesia. Es más, dentro de la misma iglesia, están como el hijo pródigo que se quedó en la casa, porque viven mirando la gente que cometen una falta, tras otra, tras otra. Y le reclaman a Dios, "Pero, ven acá, ¿y tú vas a seguir perdonando a este que sigue haciendo las cosas mal?" O sea, tenemos el atrevimiento de cuestionar la misericordia de Dios, cuando Dios tiene misericordia de quien quiera tener misericordia. (Romanos 9:18).

¿Cuál es el problema? Que esos cristianos que no conocen a Dios tienen una visión altamente distorsionada de Dios. No disfrutan las bendiciones de Dios y no quieren que otros las disfruten. Son un montón de gente bautizada en jugo de limón, un bautismo en amargura; y por eso tienen cara de ciruela. Así no se puede disfrutar a Dios. Si hay alguien leyendo esto hoy que está bautizado con limón, hoy Dios puede cambiar tu amargura en aguas dulces, y tu lamento en baile.

¿Tú sabes una cosa? Yo anhelo que cada persona que lea este libro pueda abrir sus ojos y disfrutar a Dios al máximo. Dile a tu alma, "disfruta a Dios al máximo." Seamos la gente más feliz de la tierra. Eso es lo que Dios quiere. Esa es mi oración para cada vida. ¿Van a surgir problemas? Sí, siempre habrá problemas; pero Dios está con nosotros para ayudarnos a vencer; y si disfrutamos Su presencia, hallaremos Su bendición y Su paz.

LOS TRES BENEFICIOS DE RENDIRTE

Aunque haya problemas, siempre va a haber bendiciones. Eso es una promesa de Dios. Ya hablamos de los obstáculos; ahora vamos a hablar de las tres bendiciones, los beneficios, de rendirnos. Número uno, si nosotros tenemos completamente claro lo que es rendirnos y entregarnos, **vamos a experimentar paz.** Cuánta gente no está disfrutando de paz dentro de la iglesia, y están corriendo para arriba y para abajo en crisis, porque no se han rendido. La Biblia dice que cuando tú te entregas, Dios te da quietud santa.

"Estas cosas os he hablado para que en mí tengáis paz.
En el mundo tendréis aflicción; pero confiad,
yo he vencido al mundo"
(Juan 16:33)

Otro beneficio que vamos a experimentar es una gloriosa **libertad.** La libertad viene de conocer a Dios plenamente y confiar en Él. Miren, yo he visto en tantos años en el evangelio que la religión mata. La religión te pone cargas que no puedes llevar. La religión destruye. En la religión tú no disfrutas de Dios. La religión es un espíritu que no viene de Dios. El ser religioso se basa en lo externo, no en lo interno. Una de la cosas con las que Jesús siempre tuvo un choque fue con ese espíritu de religiosidad de su época. A los pecadores, por más que se estuviesen arrastrando en el pecado, Él les mostraba misericordia. Pero cuando lees las Escrituras, se nota que Él no soportaba los religiosos. Los llamaba hipócritas, sepulcros blanqueados, que **por fuera se ven** limpios, pero **por dentro** están llenos de muerte.

Mira el gran problema: la marcada diferencia entre lo que hay por fuera y lo que hay por dentro. Eso era lo que Jesús tanto les recriminaba. ¿Por qué los criticaba tanto? Porque la religión es un espíritu diabólico, y la religión no te lleva a Dios, al contrario, te aleja de Dios. La religión te lleva a rituales vacíos, espectáculos vanos, orgullo, vanidad, prepotencia, nunca amor, nunca a Dios. Sin embargo, una relación estrecha con Cristo sí te lleva a Dios. Por eso la Palabra dice en Juan

8:32 que **conoceremos la verdad y la verdad nos hará libres**; y dice en Juan 14:6 que Jesús es el camino, y la verdad, y la vida; nadie viene al Padre sino por Él.

"Así que, si el Hijo os libertare,
seréis verdaderamente libres"
(Juan 8:36)

El tercer beneficio que vamos a experimentar es **el poder de Dios.** Y eso viene como consecuencia de nosotros rendirnos al Señor. Esa entrega va a permitir el fluir de Dios en toda Su esencia; y esa esencia no tiene límites. Cuando una persona se rinde, le abre las puertas a los milagros de Dios, a las bendiciones de Dios, al poder de Dios. Yo sé que al principio se siente como que te están quitando todo, que te estás quedando sin nada, pero al final es Dios mismo quien Te hace la promesa que tu descendencia será mayor que las estrellas. Y la bendición que recibió Abraham fue tan grande que no se compara con nada que él haya recibido en su vida.

Es tanta la bendición que recibimos de parte de Dios cuando nos entregamos, nos rendimos, que nada se compara. Atrévete a descubrir lo que Dios tiene para ti, si tan sólo te rindes. Dios está esperando por ti.

LÁNZATE

Cuentan de un edificio que se estaba quemando en llamas, y llamaron a los bomberos para desalojar el edificio. Pensaron que habían sacado a todas las personas, pero un padre buscaba desesperado a su hijo en medio de la multitud frente al edificio. De repente, se escuchan unos gritos, y se dan cuenta que el niño todavía estaba en el cuarto piso. El resto del edificio había colapsado en llamas, así que no había manera de subir a rescatarlo. Los bomberos rápidamente sacaron una gigantesca red de lona, y empezaron a gritarle al niño para que se lanzara por la ventana para caer en la red. Ellos están desde abajo gritándole urgentemente al niño, "Lánzate, que nosotros te vamos a atrapar. Confía en nosotros que nada te va a pasar." Pero el niño allá arriba seguía agarrado de la ventana, y por nada del mundo se quería lanzar al vacío.

Los bomberos estaban entrando en pánico porque veían que el edificio seguía derrumbándose detrás del niño, y le gritaban más fuertemente, pero el niño no se movía de la ventana. Se le estaba acabando el tiempo, y los bomberos no podían hacer nada. De repente, el niño vio a su padre en medio del humo, y su padre lo único que hizo fue extenderle sus brazos. Tan pronto el niño vio a su padre, con los brazos abiertos, se lanzó al vacío sin pensarlo dos veces, justo antes de que se derrumbase por completo el edificio.

¿Por qué nadie más pudo convencer al niño de lanzarse al vacío? Porque el niño no conocía a ninguna de las personas allá abajo, pero conocía a su papá. El niño sabía que su papá no iba a permitir que nada malo le pasara, y lo iba a cuidar, porque lo había cuidado toda su vida. La confianza en su papá fue tal que él no lo pensó dos veces, y se lanzó al vacío. Si nosotros pudiésemos confiar en Dios así como ese niño, pero esa confianza nace solamente de un corazón que conoce a Dios. Cuando yo conozco a mi Padre, y sé que mi Padre me ama, simplemente confío y descanso. Dios se encargará de lo demás.

MI ORACIÓN

Señor, levanto esta humilde oración por todos aquellos creyentes que aún no han conocido esta poderosa verdad. No saben que, Señor, a Ti te interesa tener una relación íntima, una amistad estrecha, pero esa relación no se puede dar mientras nosotros te veamos como un tirano, como un jefe, como una persona déspota. De esa forma no te podemos disfrutar, Señor. Yo te pido que hoy abras los ojos de aquellos que en esta hora están mirándote de esa manera y que no han tenido la oportunidad de conocerte. Quita el miedo, el orgullo, y la confusión para que podamos verte tal cual eres.

Que podamos escuchar claramente Tu dulce voz pidiéndonos que entreguemos todo aquello que más amamos a Tus pies para que podamos ver Tu gloria. Que a través de tu Espíritu Santo puedan ser abiertos nuestros ojos, y podamos ver que Tú eres más que amigo, más que hermano, y más que Salvador. En el nombre de Jesús. Amén.

CAPÍTULO 11

Disposición de sufrir

—

El mayor sacrificio

Tus experiencias de adoración más íntimas y profundas muy probablemente serán en tus días más oscuros – cuando tu corazón está roto, cuando te sientas abandonado, cuando no tengas más opciones, cuando el dolor es inmenso – y tornas tu mirada solamente a Dios.

– Rick Warren

La adoración es la sumisión de toda nuestra naturaleza a Dios.

– Archbishop William Temple

La adoración que nace del corazón en los momentos de adversidad implica una actitud de humilde aceptación del derecho de Dios de hacer lo que desee en nuestras vidas.

–Jerry Bridges

DISPOSICIÓN DE SUFRIR
EL MAYOR SACRIFICIO

Encontré un pedazo de un artículo de periódico antiguo pero muy curioso por Internet. Me llamó tanto la atención que lo quiero compartir contigo:

¡EXTRA! ¡EXTRA!

El Canon de Westminster Abbey ha nombrado los

7 pecados capitales del mundo moderno:

Política sin Principios

Riquezas sin Trabajo

Placer sin Conciencia

Conocimiento sin Carácter

Comercio e industria sin Moralidad

Ciencia sin Humanidad

Adoración sin Sacrificio

Frederick Lewis Donaldson, Sheffield, England

20 de marzo de 1925

¡Qué increíble! ¡Y lo más increíble fue cuando leí que esto fue escrito en el año **1925**! Parecería estar describiendo el mundo de hoy. ¿Por qué la adoración sin sacrificio era considerada un "pecado capital" por este alto líder religioso? Porque un componente integral, y necesario, de la adoración es la disposición de sufrir. "Hermana Luisa, ese tema no me gusta." Pues permíteme contarte que necesitamos cambiar radicalmente nuestra manera de ver el sufrimiento.

Hoy le pido a Dios que cambie nuestro concepto del sufrimiento, por nuestro bien, porque esa disposición de sufrir es parte integral de nuestra adoración. ¿Para qué sirve ese sufrimiento? Para aumentar e incrementar la capacidad de impartir. ¿Qué tú vas a impartir? Mucho. Eso es lo que veremos más adelante. Y además de aumentar nuestra capacidad de impartir, **esa disposición de sufrir provee mayor gozo**. ¿Mayor gozo? Sí, mayor gozo. ¿Cómo es eso posible? Te lo voy a explicar.

LAS PARADOJAS DE DIOS

He aprendido a través de tantos años en el Evangelio que la vida en Cristo está llena de paradojas. Son esas cosas que no podemos explicar, que al mundo le parecen locura, pero que en el Evangelio son perfectamente normales. Utilizo la palabra "paradoja" porque es una palabra derivada del latín que significa "lo contrario a la opinión común."

Y es que Dios es así, contrario a lo común. Solamente Dios puede hacer que funcione esta paradoja: el que da, recibe (Hechos 20:35); el que es odiado, ama (Mateo 5:44); el menor es el mayor (Mateo 18:1-5); el que pierde la vida, la salvará (Lucas 9:23); el más pequeño es el más grande (Lucas 9:48); el último es el primero (Marcos 9:34); el que muere, recibe vida (Colosenses 3:1-5); el que lo deja todo, recibe aún más (Marcos 10:28-30); el débil es el fuerte (2 Corintios 12:10); y **el que se niega a sí mismo y toma su cruz, es el único digno de seguir en pos de Él** (Mateo 16:24).

Quien no entiende esta verdad fundamental del Evangelio, que en Dios las cosas son al revés, se frustra con Dios, y se va de la iglesia. Quien lo entiende, sube a un nivel de madurez espiritual mayor donde no se deja arrastrar ni por lo que ve, ni por lo que siente, porque reconoce que aunque todo parezca estar al revés, Dios está en control y sabe lo que hace. Quien entiende estas paradojas, se da cuenta de que, cuando la Biblia dice que a los que aman a Dios, todas las cosas les ayudan a bien (Romanos 8:28), significa que a los que aman a Dios, TODAS las cosas les ayudan a bien. No son solamente las cosas que yo entiendo, o que a mí me hacen sentido, son TODAS.

Por eso es tan importante esta disposición de sufrir. Quien quiera una vida color de rosa, está en el lugar incorrecto. Dios nunca nos prometió una vida color de rosa. Una vida color de rosa jamás producirá en ti el carácter de Dios, y nunca te permitirá ver Su gloria y Su poder.

CAPACIDAD DE IMPARTIR

¿A qué me refiero con que **la disposición de sufrir aumenta la capacidad de impartir**? En resumen, se refiere a que, a través de cada una de esas experiencias difíciles, Dios cambia nuestro corazón, y nos da un corazón completamente diferente: un corazón mucho más compasivo, generoso, comprensivo, más parecido al de Dios. A través de ese sufrimiento, Dios te hace un trasplante de corazón... cambia un corazón duro, de piedra, egoísta, por un corazón sensible que siente amor y compasión por los demás. Yo puedo sentir una gran compasión por las personas enfermas porque yo he vivido tantos problemas de salud que me puedo identificar con todo aquel que se sienta enfermo. Mi corazón se me sale del pecho, y puedo sentir una empatía, una comprensión, y un amor que tal vez alguien que nunca ha estado enfermo no puede sentir.

No es lo mismo haber vivido la experiencia a que te la cuenten. No es lo mismo yo decirte que atravesé por 18 cirugías de la vista, que haber vivido el interminable y doloroso proceso. No te puedo explicar lo que es vivir la esperanza de que tal vez esta sea la última cirugía; y que, de repente, te digan que no funcionó. No te puedo explicar lo que es vivir la frustración de no poder ver, cuando quisieras hacer tantas cosas que los demás toman por sentado. No hay palabras para describir el vivir en carne propia el dolor y los efectos secundarios de tantas inyecciones y medicamentos. Esas experiencias las viví yo, y puedo identificarme con aquellos que hayan vivido algo parecido.

Esas experiencias también me capacitaron para poder impartir aliento y paz a otras personas que están atravesando por lo mismo. Les puedo decir con toda confianza que, si hasta aquí me ha ayudado Dios, a ellos también los puede ayudar. Y eso ha sido un bálsamo de aliento para muchos, porque han visto lo que yo viví; y ven que todavía estoy de pie. Si yo pude, entonces crece la fe y la esperanza de que ellos también pueden, con la ayuda de Dios. A Dios sea la gloria.

EL GOZO AL OTRO LADO DEL SUFRIMIENTO

Sé que suena imposible, pero hay un gozo que solamente vas a experimentar al otro lado del sufrimiento. ¿Cómo es eso posible? ¿Cómo esa disposición de sufrir es capaz de impartir gozo? Esa es otra de las paradojas de Dios. Verás, es que, mientras mayor es la prueba, mayor es el gozo que vamos a disfrutar en el Señor al otro lado del sufrimiento. Te voy a decir una cosa, si así de profundo es tu sufrimiento, así de grande va a tener que ser el gozo que viene detrás del sufrimiento. La dimensión tiene que ser muchísimo más grande. Créelo.

Mientras yo meditaba en eso, encontré un contraste acerca de lo que la Palabra dice que es sufrimiento contra lo que nosotros pensamos. La Biblia nos promete que en el mundo tendremos aflicción (Juan 16:33). No dice que tal vez, o puede ser, sino que lo da por hecho. Ninguno de nosotros está exento. Nos convertimos al Señor, venimos a los pies de Cristo; y Dios no nos esconde dentro de una burbuja para que nadie nos pueda tocar. De hecho, Jesús estaba preparándose para partir, y sabiendo lo que los discípulos iban a enfrentar, en ese momento final les dijo, *"en el mundo tendréis aflicción, más confiad; Yo he vencido al mundo" (Juan 16:33)*. Hay una versión que dice, "Yo he vencido al mundo por ti." Dios sabe que tú estás en el mundo, y no estás escondido dentro de una burbuja; pero por esa misma razón te hizo la promesa de que iba a estar contigo hasta el fin, y que confiaras en Él, porque Él ya venció.

Yo no sé en qué envoltura van a venir envueltos los sufrimientos que tú tengas que enfrentar, pero sé que van a venir de diferentes maneras a tocar tu vida. Sé que te van a incomodar; pero **nuestro sufrimiento, en las manos de Dios, siempre tiene un propósito. Nada de lo que venga a nuestra vida es por equivocación, ni por error, ni para destruirnos.** Yo quiero que entiendas esto en este día. Dios no está en el asunto de destruir gente. Dios está en el asunto de levantar gente, restaurar gente, cambiar gente. Cambiar tu familia. Cambiar tus prioridades. Y dentro de todo ese proceso, impregnar Su carácter dentro del ser humano. El que vino a robar, matar y destruir se llama satanás, y nosotros no tenemos nada que ver con él. Dios vino para dar vida, y vida en abundancia.

"Entonces Abraham extendió su mano y tomó el cuchillo para sacrificar a su hijo"
(Génesis 22:10)

CON EL CUCHILLO EN UNA MANO
Y EL CORAZÓN EN LA OTRA

Este hombre estaba bien decidido que iba a sacrificar a su hijo. Pero yo no creo que este aspecto de sufrir empezó ahí, en el momento de poner el cuchillo para traspasar a su hijo, sino que el sufrimiento empezó desde que Dios le dijo, "Abraham, toma a tu hijo, a tu único, al que amas, y entrégalo." Esto es bien interesante. Dios le está diciendo que sabe que ese es el hijo que ama, y es el único. "Yo sé que es el único. A ese que tu más amas. A ese único. Sacrifícalo." Así que Dios estaba muy consciente de lo que le estaba pidiendo a Abraham.

Yo creo que esa disposición de sufrir, de entregar, fue lo que lo capacitó para convertirlo en el Padre de la Fe, y Patriarca de una Nación tan poderosa como Israel. Sin pasar por ese sufrimiento, Abraham no hubiese estado preparado para lo que venía después.

Vamos a empezar por hablar de los elementos del sacrificio de Abraham, comenzando con la madera que Abraham mismo cortó para el sacrificio, que representa el colgar de un madero, crucifixión, así como la Biblia dice que nosotros estamos juntamente crucificados con Cristo (Gálatas 2:20). ¿Por qué necesitamos estar juntamente crucificados con Él? Porque tenemos que morir al pecado, al mundo, y a la carne, para luego poder ser resucitados en Él en una nueva criatura. **Sin muerte, no hay resurrección**. Qué curioso que tenemos que morir para poder resucitar, porque sin muerte no hay vida. Otra paradoja de Dios.

¿Qué otro elemento hubo en este sacrificio? El fuego. Y tengo que aclarar que **el propósito del fuego no es destruir, es transformar y purificar.** El fuego que se utiliza en el altar representa la presencia de Dios; y su propósito es transformar y purificar. ¿Ustedes creen que eso es un proceso fácil? No. A mí me pasaron por el fuego, pero acuérdense que lo que Dios va a sacar en medio del fuego vale mucho más que este leve sufrimiento momentáneo. Los metales como la plata y el oro tienen que ser procesados por el fuego para remover la escoria, las impurezas. Todo lo que no pertenece al metal se quema en el fuego. Cuando esos metales salen al otro lado, salen al rojo vivo, purificados. Yo creo que cuando yo pase el rojo vivo de la prueba, yo voy a salir al otro lado como oro puro y refinado.

¿De qué es tipo ese fuego? Del Espíritu Santo, que te purifica y saca las cosas que te estorban en tu camino. Cuando nosotros le permitimos al Espíritu Santo trabajar en nosotros, Él va moldeando y sacando aquellas cosas que impiden nuestro crecimiento. Nos lo va a señalar hasta que trabajemos con esas áreas que tenemos que trabajar. Me lo ha hecho a mí. Cuántas veces me ha dicho, "eso no me agrada"; y yo he tenido que ceder. ¿Qué tenemos que hacer? Ceder. Dile a tu alma, "Cede".

¿Qué es lo otro que logra ese fuego santo? Te cambia a Su imagen. El Espíritu Santo te cambia a la imagen de Él. ¿Qué más hace? Nos purifica para estar ante el Dios Santo. Eso quiere decir que tiene que ir cortando y sacando todo aquello que nos apega al mundo para que nos vayamos apegando más a Dios. Y este proceso se logra a través de esa disposición de sufrir. El Espíritu Santo juega un papel sumamente importante aquí, porque el hombre no puede cambiar al hombre. El pastor puede predicar hasta ponerse violeta, pero el pastor solamente presenta la Palabra. Nosotros somos los que tenemos que decidir responder.

¿Qué tú vas a hacer con lo que oíste? ¿Sentarte a decir, "qué lindo está eso"? NO. La Palabra nos confronta para que tomemos acción. Dios nos ha traído hasta esta jornada del adorador para que nosotros nos miremos por medio del lente de la adoración como un estilo de vida; y que este año tengamos una manera de mirar las cosas completamente diferente. No vestirnos de religión y decir, "aquí estoy con la misma cosa." NO. Dios quiere hacer un cambio interno para que todo lo demás que tú hagas tenga fruto, tenga resultado, y veas la gloria de Dios en todo lo que hagas. Dios quiere cambiarnos. Ese es el propósito de la jornada: pulirnos, prepararnos, para una vida eterna con Dios.

LA PERLA

Mientras estaba meditando en esto del sufrimiento, estaba pensando en algo particular que nosotros conocemos de la naturaleza. ¿A cuántos le encantan las perlas? Las perlas son preciosas y son costosas. Muy costosas. Tan costosas que pueden cobrar millones de dólares por un pequeño collar de perlas. Pero yo les quiero hablar ahora de ese proceso que produce una perla. La perla es una joya muy fina, pero la forma en que se crea la perla es muy dolorosa (otra paradoja). Cuando ustedes ven la almeja en el fondo del mar, adentro se encuentra el área que está viva, como una gelatina, un organismo muy blando y frágil.

Y esa almeja está muy feliz ahí en el fondo del mar, sin molestar a nadie, tranquila. Cuando de repente, del fondo del mar, o del río, le cae adentro un granito de arena, o un pedacito de hueso, o alguna cosa que al caer dentro de ese organismo tan frágil causa una fuerte irritación. Así como nos puede causar irritación la prueba y la dificultad que estamos viviendo.

¿Y sabes qué sucede a causa de esa irritación? La reacción natural y normal de esa almeja es que empieza a convulsionar para tratar de deshacerse de ese granito. Así mismo, es normal nuestra reacción humana a las pruebas que llegan a nuestra vida que nos irritan, que nos entristecen, que nos molestan. Es normal que, en nuestra naturaleza humana, oremos, "Señor, quítame esta situación. Sácame de aquí." Pero el Señor te contesta, "No puedo; porque estás en un proceso necesario, y no puedes saltar este paso del proceso."

Y es que **el proceso de Dios no se puede alterar, cambiar, o saltar, porque Dios quiere sacar de ti algo nuevo**. Dios quiere sacar de ti algo valioso. Dios quiere sacar algo de ti bien especial para poderlo poner en Su vitrina. Nosotros somos vitrinas de Dios. ¿Lo sabías? Como cuando vamos a las tiendas, que la gente lo que está buscando es lo que está en las vitrinas. La gente lo que está diciendo es, "Mira qué lindo eso que está en la vitrina." Y se enfocan mirando lo que está expuesto en las vitrinas. Pues nosotros somos vasos de barro con un impresionante tesoro adentro (2 Corintios 4:7). Y lo que Dios quiere exhibir es ese tesoro. Dios quiere exhibir lo que está en esa vitrina, que es sumamente valioso. Pero hay un proceso que tenemos que pasar para que Él pueda sacar algo extraordinario de nosotros.

Al final del proceso, el propósito es que todos alrededor puedan alabar a Dios, y tengan que reconocer que fue Dios quien lo hizo, porque de otra manera no hubiese sido posible. ¡Aleluya! El resultado final es que tenemos que darle crédito a Dios. Porque lo que Dios quiere poner en la vitrina se llama "Dios". No somos nosotros, ni nuestros talentos, ni nuestros planes... es Dios. Tenemos que darle la gloria a Dios en todo. Y, precisamente, esa cosa que te incomoda, eso que tú quieres que cambie, es lo que Dios va a utilizar para Su gloria. Eso que tú pones en oración y dices, "Señor, yo quiero pestañear ahora mismo y aparecer en otro lugar. Yo quiero otras circunstancias, cualquier cosa menos esto que estoy pasando". Eso es el pedacito de metal, o de piedra, o de arena que utiliza Dios para convertirlo en una perla.

Porque cuando la almeja está en este difícil y doloroso proceso, comienza a soltar una sustancia que se llama nácar, porque quiere envolver ese pedazo de hueso o de materia que tiene incrustado adentro para que no le duela más. Y así comienza esta almeja, poco a poco, a forrar ese dolor con nácar, hasta convertir su dolor en una valiosa perla. Pero esto no ocurre de la noche a la mañana. Se dice que este proceso de las perlas toma hasta tres años. Curiosamente, me acabo de dar cuenta que, desde el momento en que comenzó mi proceso de perder mi trabajo, mi incapacidad por la vista, y todas las cirugías, hasta el 2015 que se comenzó a escribir este libro, pasaron exactamente tres años. En Dios no hay casualidades, y yo creo que mi perla está a punto de salir.

Sé que hay procesos que se pueden tomar su tiempo, pero recuerda que el producto final que Dios va a sacar de ti será glorioso. Bueno, mira el ejemplo de los primeros discípulos. Cuando Dios escogió a los 12 discípulos, todos ellos eran "pedacitos de hueso". Ellos eran hombres que no tenían valor ni atractivo. Tal vez la gente hubiese podido juzgar a los discípulos, y decirle a Jesús, "Pero, ¿y tú vas a escoger a este? Pero si este es un mentiroso. Y este es un tramposo. Y este es impulsivo". Y podían seguir buscándole las faltas, uno por uno. Pero doy gloria a Dios por Jesucristo que no nos desecha por nuestros defectos, que no mira nuestras faltas, porque está mirando el producto final que va a forjar en nosotros: esa impresionante y gloriosa perla. ¡Alabado sea el nombre de Dios!

Doy gracias a Dios porque, cuando miró a Luisa, no estaba mirando todos sus defectos, estaba mirando lo que iba a hacer con Luisa, y lo que va a poner en la vitrina de Luisa. Pero yo tuve que aceptar que tenía que pasar por el proceso, y que no se puede alterar. Porque es en medio de ese proceso, de esa prueba, que la sustancia valiosa comienza a salir. Gloria a Dios. Esa almeja está revuelta ahí dentro, igual que puede estar revuelta mi alma, que no quiere sufrir, no quiere dolor, no quiere pasar por nada difícil, pero ¿sabes qué? La perla no es otra cosa que un pedacito de arena o de hueso forrado de nácar. La perla no es otra cosa que el resultado de esa prueba. Y con lo que se está forrando no es nada más y nada menos que con el carácter de Dios.

Dios quiere formar Su carácter en nosotros. Dios quiere que en medio de la prueba, Su fruto se manifieste, que Dios mismo sea reflejado. Dios quiere que en medio de esa prueba veamos a Dios. No que veamos a una persona renegando a Dios, dándole la espalda a Dios, rebelándose contra Dios. De nada nos sirve vivir en medio de este proceso cuestionándole a Dios, "¿Qué es lo que tú estás haciendo?" Dios está haciendo una obra maravillosa que tus ojos pronto verán, y está envolviendo ese problema en una sustancia divina, porque esa sustancia de nácar no fluye hasta que ese irritante está dentro de esa almeja. Mientras esa prueba no está ahí, esa sustancia no sale. Hasta que esa situación no esté ahí, no vamos a poder ver cómo Dios forja, impregna, Su misma imagen en nosotros. Sin ese difícil proceso, no se puede crear la perla.

Algo particular que me llamó la atención de la perla es que no se puede cortar. No está hecha para ser cortada como el diamante o como cualquier otra piedra preciosa. Su belleza y su valor se encuentran, precisamente, en que permanece intacta, como mismo el proceso la creó. Eso quiere decir que cuando Dios hace algo con nosotros, que nos envuelve, somos uno con Dios. La vida nuestra y la vida de Dios se vuelven una. Estamos escondidos con Cristo en Dios y nada nos puede separar. En otras palabras, de nosotros, del pedacito de piedra, tú no ves nada, lo que se ve es solamente la hermosa perla. Todo lo demás quedó escondido adentro. Porque la almeja siguió arropando y arropando esa piedrecita, y dándole forma, hasta que todo eso quedó ahí dentro. Lo que está fuera no es otra cosa que esa gloriosa perla de nácar.

¿Sabes por qué adoración es disposición de sufrir? Porque es bien fácil adorar cuando las cosas están bien. Es muy fácil adorar cuando nosotros estamos económicamente bien, la salud está bien, todo en el trabajo está bien, todo en el ministerio marcha bien. Cualquiera adora, canta, y danza cuando todo le va bien; pero yo creo que **la alabanza más dulce y sublime que puede salir de un ser humano es esa que nace en medio del dolor, cuando sus lágrimas inundan el alma.** Aunque estés sintiendo dolor en lo más profundo de tus entrañas; pero, con todo y eso, hay una determinación de postrarte ante tu Dios a exclamar, "Te voy a alabar aunque venga lo que venga, aunque duela; te voy a alabar porque **tú eres mi Dios en las buenas como en las malas.**"

Un día particular salí de un retiro de mi iglesia, y cuando llegué a mi casa, mientras estoy descansando, Dios me dio una visión. Y Él me decía en la visión, "Mira, ¿te acuerdas de este problema?" y me pasó como una película de mi vida. "¿Te acuerdas de esta situación?" y me fue mostrando los momentos más negros y más difíciles que yo había pasado en mi vida. Y el Señor me decía, "Yo estaba ahí. ¿Y te acuerdas de esta situación? Yo estaba ahí. ¿Y te acuerdas de esta otra donde tú creías que habías llegado al final, del final, del final? Yo estaba ahí." Yo sólo podía exclamar, "Ay, Señor, tienes razón." Y Dios me seguía recordando, "Aunque tú no me hayas sentido con tus sentidos, Yo estaba ahí. Yo siempre estuve ahí."

Porque lo peor de esto no es la crisis, ni las situaciones, es que nuestras emociones se van al fondo del abismo. A mí no me importa cuán fuerte sea una persona, en medio de una prueba, tus emociones van a ser sacudidas. Vas a tener ese momento donde tú emocionalmente no vas a tener las fuerzas para cantar, "yo tengo un gozo en mi alma." Lo menos que vas a querer cantar es eso. Tú vas a estar llorando del dolor que estás pasando. Esos no son momentos de andar cantando, según la mentalidad humana. Pero es en ese preciso momento que florece ese gozo inexplicable, cuando te enfocas en tu Dios. Es en esos momentos difíciles, cuando nuestra vida parece que se derrumba por el dolor, que nosotros tenemos que vivir por lo que dice el Señor. Tú no vives por tus emociones, porque si tú vivieras por tus emociones estuvieras todo el tiempo por el piso. Tú vives porque "así dice el Señor."

Y cuando Dios me está pasando esa película de mi vida aquel día, nació de mi corazón una alabanza. Esta es la única canción que yo he compuesto hasta el sol de hoy, y dice, "En las buenas como en las malas, Jesucristo es mi amigo fiel. En el invierno como en verano, Jesucristo es mi amigo fiel. Desde que le conocí, no me ha dejado. Él va conmigo hasta el final. Estoy confiada pues mi futuro está en Sus manos. Jesucristo es mi amigo fiel."

Puede pasar el invierno frío y crudo, donde los arboles no tienen ni una hoja, pero Dios ha prometido estar ahí. En el verano y la primavera, Él también está ahí. ¿Tú sabes qué quiere decir eso? Que en todas las etapas de tu vida Dios está presente, aunque no lo veas ni lo escuches. En una ocasión una persona hablaba acerca de la prueba, y le cuestionaba a Dios, "Señor, esto es demasiado. Yo no te oigo, yo no te veo, yo no siento nada. Esta prueba está difícil. Tú como que estás ausente, como que Te estás haciendo de la vista larga." El Señor le contestó, "Cuando tú estás en un salón de clase y estás tomando un examen, el maestro guarda silencio. El maestro está en el salón, pero guarda silencio porque tú estás tomando el examen. El hecho de que guarde silencio no significa que no está presente."

¿Recuerdas que ya hablamos de esto en capítulos anteriores? Esta prueba es solamente un proceso, y aunque parezca que Dios guarda silencio, Dios prometió que nunca nos iba a dejar solos. Él dice en la Biblia que estará con nosotros hasta el fin (Mateo 28:20). Eso quiere decir que Él está presente en medio de esta situación difícil aunque mis sentidos no lo encuentren. Su Palabra me dice que Él está en mi vida, que Él vino a hacer morada en mí. Él está aquí para vivir 24/7.

¿Sabes lo que Dios está haciendo en medio de todo este proceso? En medio de todas estas cosas, Él está formando un cristiano que tenga una afinidad con Dios, un cristiano maduro, que no sea débil. Dios quiere un cristiano que tenga voluntad de acero. Un cristiano en el cual se pueda depositar un gran tesoro, y lo pueda valorar y administrar de acuerdo a la voluntad del Dueño. Un cristiano que las pruebas no lo sacudan. Pablo llegó a decir de su propia boca, "nada me mueve." Cuando este hombre dice, "nada me mueve", no está hablando alguien que ha tenido una vida color de rosa; te está hablando alguien que sufrió mucho, que pasó por naufragios, azotes, hambre, y cárcel. Hubo un momento donde lo apedrearon y lo dejaron por muerto enterrado debajo de las piedras. Sin embargo, en Hechos 14 dice que él se levantó y regresó al pueblo donde lo apedrearon. Se levantó y siguió predicando. Lo habían dejado por muerto, pero eso no lo detuvo. Porque él había decidido, "nada me mueve". Nada me detiene.

Porque la prueba lo que hace en tu vida es esto: te da identidad. Te define. Tú sabes de dónde vienes y a dónde vas. Sabes en Quién has creído. Y sabes que Cristo imparte un poder sobrenatural a cada creyente para que, cuando lleguen las situaciones difíciles, no sean conmovidos. Para que cuando vengan las tormentas, no huyan de ellas, sino que las puedan enfrentar con toda confianza, y puedan decir con convicción, "yo soy más que vencedor por medio de Aquel que nos amó" (Romanos 8:37). Dios quiere gente que se ponga de pie ante el mismo infierno sin temor. Que puedan decir, "Yo sé a Quién sirvo y de Quién soy; y sirvo a Dios, no por lo que Él me da, sino por puro amor. Yo le sirvo porque mi mayor anhelo es agradarle, por encima de todo."

¿Sabes que hay cristianos que solamente le sirven a Dios por conveniencia? Que quieren que Dios se los ponga todo en bandeja de plata, pero no quieren compromiso con Dios. No hay una entrega, lo que quieren es servirle a Dios de lejos. El que tiene compromiso con Dios va a sufrir confrontaciones, y va a tener enemigos. El que tiene compromiso con Dios, va a proclamar en medio de la tormenta, "A mí no me importa lo que pase en esta tierra, a mí lo que me importa es que el Padre, el Hijo, y el Espíritu Santo estén de mi lado. Yo solamente necesito que el cielo esté de parte mía, porque Él es quien me sustenta. Él es quien me preserva. Nadie más que Dios me tiene de pie."

Qué mejor ejemplo de esta disposición de sufrir que la historia de Sadrac, Mesac, y Abed-Nego (Daniel 3). Se rehusaron a adorar a cualquiera que no fuera Dios, aun cuando los amenazaron de muerte, y los echaron en un horno de fuego. En medio de ese horno de fuego, se mantuvieron de pie, y lo único que se quemó fue sus ataduras. Ellos salieron al otro lado victoriosos, porque se rehusaron a comprometer su fe.

Les confieso que yo era una de las que le reclamaba a Dios, "¿Por qué, Señor? Si yo nací en un hogar cristiano, y mis padres son ministros; ¿por qué yo tengo que pasar por un divorcio? ¿Por qué yo tengo que pasar por situaciones tan adversas? ¿Por qué mis hijos se rebelan y no quieren servirte, como si ellos no hubiesen tenido un hogar cristiano? Les enseño todo lo que les puedo enseñar a mis hijos para que sigan Tu camino, y no quieren saber de Ti. ¿Por qué?"

Todos nosotros hemos vivido unas experiencias que hemos pensado, "Pero, ¿y de dónde salió esto?" Pero te voy a decir una cosa, mientras vivas en la tierra, estas cosas pueden suceder. Hasta en la Palabra habla de reyes con convicción, que amaban a Dios; pero los hijos salieron unos desordenados. Los padres les enseñaron el bien, pero los hijos escogieron su propio camino.

Yo decía que eso no me podía pasar a mí, hasta que un día un hermano predicando demolió mis argumentos. El hermano estaba hablando de la mujer del flujo de sangre, y explicaba, "La Biblia dice que la mujer que tenía flujo de sangre era inmunda, y nosotros lo leemos bien a la ligera; pero esa mujer sufrió lo que usted no tiene idea. Esa mujer había sido echada fuera de la comunión de la familia y la comunidad, porque, como era inmunda, no podía estar con su esposo, no podía estar con sus hijos, no podía ser parte de la comunidad, y si se acercaba a cualquier persona, porque era inmunda, corría el riesgo de morir apedreada. La mujer llevaba doce años en esa condición. No doce meses, doce años. Así que yo me imagino a esta pobre mujer encerrada en un cuartito por doce años. Metió todo lo que tenía en ese pequeño cuartito, donde estaba aislada de todos y de todo.

Dentro de ese difícil y largo proceso, alguien tiene que haberle hablado de Jesús, aunque fuera por una rendija de la puerta, por una esquina de la ventana. Si no, explíquenme cómo esta mujer llegó donde Jesús; si ella está aislada porque no puede tener contacto con nadie, ni siquiera con sus hijos. Alguien tiene que haber ido aunque sea a darle una palabra de esperanza a esa mujer tan necesitada. Pues cuando ese predicador estaba compartiendo esta palabra, algo empezó a subirse dentro de mí. Porque sólo tú sabes lo que tú estás pasando, que tú pasaste por un divorcio, hijos rebeldes, y un sinnúmero de cosas que tú estás preguntándote por qué. Porque tú estás pasando por la misma situación que atravesó esta mujer que estaba aislada, que estaba a punto de perecer, y no sabía qué hacer con su vida, pero tú tienes una palabra, tú tienes algo que dar, tú tienes algo que compartir con otras personas que están en tu misma situación.

Dios muchas veces permite estos procesos para que tengamos un corazón compasivo, para que nosotros sepamos cómo ayudar a la gente que nos encontramos en nuestro camino. Dios quiere transformarnos para que la imagen de Dios sea lo que se vea, y que las personas puedan abrirle su corazón a Dios. Dios no quiere que nos vistamos de religiosos. Jesús aborrecía los religiosos de su época, porque ellos no tocaban al necesitado ni de lejos con una vara de cien pies de largo. Eran hipócritas. Ellos no buscaban la forma de acercar el pueblo a Dios. Al contrario, ellos lo que hacían era alejarlos con sus palabras de condenación y juicio.

Dios quiere sacarnos de eso. Dios quiere hacernos gente de compasión. Gente que tiene un corazón sensible. Gente que pueden ir allá afuera y reflejar a Dios mismo. Dios nos procesa porque muchas veces estamos parados encima de un pedestal. Nos creemos, "Yo soy intocable. A mí nadie me puede hacer nada." Y Dios dice, "Eso es lo que tú te crees, pero Yo voy a trabajar contigo. Yo voy a moldear esto en ti. Y todas estas cosas están demás. Y esto no refleja Mi carácter." Por esa razón es que Dios nos tiene que poner sobre la rueda del alfarero para que nosotros vayamos muriendo poco a poco, para que Cristo pueda vivir en nosotros. Así que, dile a tu carne, "muérete." Dios no puede trabajar con gente viva, tiene que trabajar con gente muerta. Dios tiene que trabajar con nosotros muertos, ¿sabes por qué? Porque mientras nosotros estemos vivos queremos las cosas a nuestra manera y no a la manera de Dios.

NO PUEDES DAR LO QUE NO TIENES

Adoración es disposición de sufrir porque Dios quiere que tú impartas lo que tienes, y no puedes impartir lo que no tienes. Dentro del sufrimiento es que salen las lecciones de vida más valiosas. Es dentro del sufrimiento y en ningún otro lugar. Esa es la escuela de la vida, esa es la universidad. Así que vamos a cambiar la pregunta hoy; en vez de cuestionar, ¿por qué?, pregúntale al Señor, ¿para qué? ¿Qué lección Tú quieres que yo aprenda en esta situación? ¿Qué Tú quieres formar en mí? Aunque parezca ilógico, confía que Dios tiene un propósito en todo.

Estos pasados cinco años han sido muy difíciles para mí, porque ya yo voy por menos de diez porciento de visión. Ya yo estoy casi ciega. Yo te estoy predicando esto, pero me lo estoy predicando a mí misma. Este proceso de la jornada es parte de mi experiencia personal también. Tengo un lente de contacto que es tan duro como una piedra metido dentro de un ojo; y eso es dolor, dolor, dolor, todos los días. El ojo derecho tuvo un derrame justo antes de comenzar a grabar estas predicaciones, y querían inyectarme el ojo. Yo dije que no, que eso no iba a pasar. ¿Usted sabe lo que es meter una aguja dentro del ojo? Los doctores trataron de convencerme, "pero es que hay que hacerlo porque hay que detener el sangrado dentro del ojo." Finalmente tuvieron que inyectarme el ojo en varias ocasiones. El dolor es espantoso. Por eso les digo, en medio de este proceso, yo estoy también diciendo, "Señor, ¿qué Tú quieres que yo aprenda en esta situación? ¿Qué es lo que Tú quieres formar en mí?" Tengo que mirarlo de esa manera porque si no me desespero, me frustro, y me rindo. Todavía no sé cuál es el plan de Dios, pero sí sé que Dios tiene la última palabra. Yo sé que Dios no ha terminado conmigo. Yo sigo tratando de leer, y hasta he tenido que cambiar el monitor de la computadora de fondo blanco con letras negras a fondo negro con letras blancas, porque es como único puedo distinguir parte de las letras. Al menos con el fondo negro puedo distinguir las letras si las pongo en tamaño bien grande, porque con el fondo blanco lo único que veo es un papel totalmente en blanco. Aun así, como quiera, en medio de este proceso, yo le sigo creyendo a Dios.

VASOS DE BARRO

La adoración tiene que ser un estilo de vida, no una moda pasajera. Y a eso es a lo que Dios nos quiere llevar, a tener ese estilo de vida donde, día tras día, simplemente somos sacrificios vivos delante de Dios. Quiere llevarnos a convertirnos en vasos de barro para que la excelencia del poder sea de Dios. La Palabra de Dios dice en 2 Corintios 4:7, 9, 13, 16-18 lo siguiente: *"Pero tenemos este tesoro en vasos de barro, para que la excelencia del poder sea de Dios, y no de nosotros, que estamos atribulados en todo, mas no angustiados; en apuros, mas no desesperados; perseguidos, mas no desamparados; derribados, pero no destruidos; llevando en el cuerpo siempre por todas partes la muerte de Jesús, para que también la vida de Jesús se manifieste en nuestros cuerpos. Porque nosotros que vivimos, siempre estamos entregados a muerte por causa de Jesús, para que también la vida de Jesús se manifieste en nuestra carne mortal. De manera que la muerte actúa en nosotros, y en vosotros la vida. **Porque esta leve tribulación momentánea produce en nosotros un cada vez más excelente y eterno peso de gloria; no mirando nosotros las cosas que se ven, sino las que no se ven; pues las cosas que se ven son temporales, pero las que no se ven son eternas.**"*

Otra versión dice algo parecido: "Pero esta riqueza la tenemos en nuestro cuerpo (hablando de la presencia de Dios) que es como una olla o una vasija de barro para mostrar ese poder tan grande que viene de Dios y no de nosotros (¿viene de dónde? De Dios. Y está en una vasija de barro que soy yo, que soy frágil.) Así que aunque llenos de problemas, no estamos sin salida." Repite conmigo: Aunque llenos de problemas no estamos sin salida. "Tenemos preocupaciones pero no nos desesperamos. Nos persiguen, pero no estamos abandonados." Repitan eso conmigo: Nos persiguen pero no estamos abandonados. "Nos derriban pero no nos destruyen." Óyelo bien... Dice la Palabra de Dios que, aunque nos encontremos en el piso, eso no significa que estamos destruidos. Gloria a Dios y Aleluya. Yo lo creo.

La Escritura dice que tuve fe y por eso hablé. Otra versión dice que creí, por tanto hablé (2 Corintios 4:13). Tenemos que creer para poderlo decir. Tiene que pasar algo en tu corazón, algo tiene que ocurrir en tu vida interior, esa fe se tiene que activar, para que puedas confesarlo, gritarlo a los cuatro vientos, aunque te amenacen de muerte. Si no lo crees, no lo puedes confesar. Hay que creer para poder proclamar, declarar, y expresar tu fe. Atrévete a creerle a Dios. Decláralo con tus labios.

Por esta razón nosotros, con esa misma actitud de fe, creemos, y por eso hablamos, y por eso no nos desanimamos. No nos desalentamos, porque aunque por fuera nos vamos deteriorando, por dentro nos vamos renovando día a día (2 Corintios 4:16). Lo que sufrimos en esta vida es cosa ligera, cosa pasajera que pronto pasa, pero nos deja como resultado una valiosa recompensa. Como resultado nos trae una gloria eterna mucho más grande y abundante. Dios le dijo a Abraham que lo iba a bendecir grandemente, y lo hizo. Y eso mismo quiere hacer contigo... bendecirte mucho. Por más difícil que parezca tu prueba en este momento, cree que el producto final será glorioso.

EL CAPULLO DE TU PRUEBA

Es bien importante entender que, dentro de este proceso de prueba, nadie puede entrar a cambiar el proceso, y te voy a decir por qué: porque **alterar el proceso altera el producto final**. Te voy a contar una interesante historia de la vida real: Un hermoso día de verano, un niño estaba jugando en el jardín de su casa, y de repente se topó con un capullo de mariposa. El niño se dio cuenta de que el capullo se estaba rompiendo, y que la mariposa que estaba dentro del capullo estaba pasando mucho trabajo tratando de salir, así que el niño decidió ayudarla. Rápidamente se llevó el capullo para la mesa del comedor de su casa, y, con un cuchillo, abrió el capullo donde estaba la mariposa luchando. La mariposa se desplomó en la mesa y, casi de inmediato, murió. El niño confundido se puso muy triste y trató de salvar la mariposa, pero fue imposible.

Cuando el padre del niño llegó del trabajo, se encontró con el niño llorando, quien le explicó lo sucedido. Entre lágrimas, le contó al padre, "pero si yo lo que estaba era tratando de ayudarla. ¿Qué pasó?" El sabio padre lo sentó en su regazo, y le explicó, "Hijo, lo que pasa es que algo particular de la naturaleza es que la mariposa tiene que empujar, y empujar, para poder salir de su capullo. Y mientras está empujando, el sistema circulatorio empieza a funcionar, y sus alas empiezan a desarrollar fuerzas durante esa lucha para entonces ella misma poder abrir sus alas y volar. **Ese capullo tiene un propósito muy importante. La mariposa tiene que romper ese capullo por sus propias fuerzas; y tiene que salir, ella sola, para poder convertirse en mariposa. Si alteras el proceso, alteras su desarrollo.** Murió porque no pudo desarrollar la fuerza necesaria para volar."

En nuestros procesos espirituales tampoco podemos permitir que nadie altere esos procesos de Dios, ni podemos nosotros entrometernos a alterar los procesos de otros. Por mejores intenciones que tengan otros, nosotros necesitamos confiar en Dios y esperar en Él. Tome el tiempo que tome el proceso, necesitamos decirle a Dios, "Señor, yo sé que Tú sabes lo que estás haciendo, así que descanso en Ti." ¿Cuántos reciben eso? Yo no sé cómo se llama el capullo de tu prueba. Si el capullo de tu prueba es económico, si es de salud, si es de familia, sea lo que sea, no te desesperes y confía en Dios en medio de tu proceso.

Yo sé que tal vez yo no estoy pasando por lo que tú estás pasando hoy, pero lo que sí sé es que Dios quiere enseñarte que adoración es disposición de sufrir, y que ese sufrir tiene un propósito. El problema está en que la gente quiere una vida cristiana cómoda y fácil, no quiere sufrir. Pero te voy a decir una cosa, dentro de todo esto, Dios quiere producir en ti, forjar en ti, Su carácter. Y cuando Dios termine contigo, el producto final será una perla de gran valor. Esa perla es lo que Dios quiere poner en la vitrina, para que la gente tenga que decir, "eso fue Dios." Para que tengan que decir, "¿Tú sabes cómo era esa persona antes y cómo Dios la ha ido cambiando? Yo tengo que llegar a la conclusión de que fue Dios quien cambió esa persona, porque sólo Dios pudo haber hecho algo tan maravilloso." La gloria sea para Dios.

Yo quiero grabar esto en tu corazón. A veces nos sentimos como el clavo. Y al clavo no le gusta el martillo, porque, obviamente, el martillo es lo que le está dando golpes, y viene el otro golpe, y el otro. Pero ese martillo tiene una función. Un buen carpintero sabe que con dos o tres buenos golpes del martillo, el clavo queda fijado en el sitio designado con el propósito para el cual fue creado. Tal vez nosotros nos podemos sentir como ese clavo en algún momento. El martillo de la prueba no nos gusta, pero nos va a fijar en ese lugar específico donde estamos diseñados para estar. ¿Creen eso? Porque en medio del proceso de sufrir a veces nosotros nos sentimos como que estamos en el final de la vida; que no vamos a poder continuar, que no vamos a llegar al otro lado, que no vamos a ver el final del túnel; y decimos, "Esto es lo último. Se acabó. No hay nada más." Pero todavía no es el final. Tu mejor vida te espera al otro lado del sufrimiento.

No hay nadie que pueda evitar que pasemos por algún sufrimiento. Los apóstoles caminaron al lado de Jesús y todos ellos sufrieron. El único que Dios lo guardó un poquito del sufrimiento fue a Juan porque tenía propósitos de que escribiera el libro de Revelación. Pero el hecho es que los apóstoles sufrieron muertes violentas, tanto decapitados, como crucificados. Algunos de los apóstoles fueron azotados, encarcelados, apedreados, sólo por causa del Evangelio. Ellos pasaron por el sufrimiento, pero por alguna extraña razón, ellos lo pasaban con gozo (otra paradoja de Dios).

Pablo mismo decía (parafraseando), "Yo tengo por sumo gozo cada vez que paso por una prueba, porque así llevo las marcas de Cristo por todas partes." En otras palabras, él miraba las cosas de una manera completamente diferente. En Santiago 1:2-4, nos hace esta invitación: *"Hermanos míos, tened por sumo gozo cuando os halléis en diversas pruebas, sabiendo que la prueba de vuestra fe produce paciencia. Mas tenga la paciencia su obra completa, para que seáis perfectos y cabales, sin que os falte cosa alguna."* Ese es el verdadero gozo que solamente se encuentra al otro lado del sufrimiento.

"¿Quién nos separará del amor de Cristo? ¿Tribulación, o angustia, o persecución, o hambre, o desnudez, o peligro, o espada? Como está escrito: Por causa de ti somos muertos todo el tiempo; Somos contados como ovejas de matadero. Antes, en todas estas cosas somos más que vencedores por medio de aquel que nos amó. Por lo cual estoy seguro de que ni la muerte, ni la vida, ni ángeles, ni principados, ni potestades, ni lo presente, ni lo por venir, ni lo alto, ni lo profundo, ni ninguna otra cosa creada nos podrá separar del amor de Dios, que es en Cristo Jesús Señor nuestro."
(Romanos 8:35-39)

Es probable que en este momento nos sintamos como ovejas camino al matadero, PERO, somos más que vencedores por medio de Aquel que nos amó. Y por eso estoy SEGURA que NADA nos podrá separar del amor de Dios. Aleluya. Nada. El Apóstol dice en 2 Corintios 4 que lo que sufrimos en esta vida es cosa ligera que pronto pasa, pero nos deja como resultado una gloria eterna mucho más grande y abundante, porque no estamos poniendo nuestra mirada en lo que se ve, sino en lo que no se ve. Las cosas que se ven son pasajeras, pero las que no se ven son eternas. Ese es el propósito de esta jornada, que podamos disfrutar de las cosas eternas.

MÁS QUE A DIOS MISMO

Hay una pregunta que nos tenemos que hacer en medio de todo este proceso: ¿Amó Abraham a Isaac, la bendición de Dios, más que a Dios mismo? Teniendo que escoger entre los dos, tuvo que decidir qué escogería. ¿Se sometería a Dios, aunque implicara un enorme costo personal? Vamos a hacernos esta pregunta nosotros mismos hoy: ¿Seguimos a Dios porque realmente queremos servirle y anhelamos Su presencia, o le seguimos solamente por Sus bendiciones, por los "Isaac" que hemos recibido de Él? ¿Le seguimos por lo que esperamos recibir de Su mano? ¿Qué haríamos si, como Abraham, lo que Dios nos llamase a poner en el altar fuese la bendición más grande que Dios nos haya dado? ¿Lo haríamos? ¿Y si nos pidiese aquello que estamos esperando recibir y anhelamos recibir más que cualquier otra cosa en el mundo? ¿Si te pidiese que le entregases ese hijo que aún no ha llegado, o esa casa que aun esperas recibir? ¿Lo pondrías sobre el altar del sacrificio? Si Dios te pidiese que entregaras lo que más amas en todo el mundo, ¿lo harías?

Aunque no tengo duda que han sido muchas las bendiciones que hemos recibido de Dios, y las que recibiremos, Dios quiere que nuestro enfoque sea, más allá que la bendición, conocerlo a Él íntimamente. Todo lo demás es secundario. Como dijera el Apóstol Pablo en Filipenses 3:8-15: *"Y ciertamente, aun estimo todas las cosas como pérdida por la excelencia del conocimiento de Cristo Jesús, mi Señor, por amor del cual lo he perdido todo, y lo tengo por basura, para ganar a Cristo, y ser hallado en él, no teniendo mi propia justicia, que es por la ley, sino la que es por la fe de Cristo, la justicia que es de Dios por la fe; a fin de conocerle, y el poder de su resurrección, y la participación de sus padecimientos, llegando a ser semejante a él en su muerte, si en alguna manera llegase a la resurrección de entre los muertos.*" Otra paradoja de Dios. Todo lo que podamos recibir, aun la más grande bendición de este mundo, no es nada en comparación con la EXCELENCIA del conocimiento del Señor Jesucristo. Amén.

"Cantadle cántico nuevo; Hacedlo bien, tañendo con júbilo"
(Salmo 33:3)

CÁNTICO NUEVO

Tal vez **la mayor bendición de atravesar el sufrimiento es que, de ese sufrimiento, nace un glorioso y poderoso cántico nuevo.** Sí... es de la crisis, del dolor, de la tormenta, de las experiencias vividas, que nace un cántico nuevo. Cuando la Palabra nos hace un llamado a "cantar a Jehová un cántico nuevo", no está hablando de componer otra canción más; va mucho más allá de simplemente juntar dos o tres palabras que rimen. No se trata de escribir una canción nueva, se trata de **vivir una experiencia nueva con Dios.** Es un llamado a buscar más de Dios, a conocerlo más de cerca, a buscarlo en medio de tu crisis para que puedas experimentar Su gloria y ver Su salvación.

"Cantad a Jehová cántico nuevo; Cantad a Jehová, toda la tierra. Cantad a Jehová, bendecid su nombre; Anunciad de día en día su salvación. Proclamad entre las naciones su gloria, en todos los pueblos sus maravillas. Porque grande es Jehová, y digno de suprema alabanza; Temible sobre todos los dioses. Porque todos los dioses de los pueblos son ídolos; pero Jehová hizo los cielos. Alabanza y magnificencia delante de él; poder y gloria en su santuario. Tributad a Jehová, oh familias de los pueblos, dad a Jehová la gloria y el poder. Dad a Jehová la honra debida a su nombre; traed ofrendas, y venid a sus atrios"
(Salmo 96:1-8)

Todo cántico nuevo que aparece en la Biblia es porque ha nacido de una nueva experiencia con Dios. Si analizas cada cántico y cada salmo refleja una vivencia, una experiencia personal y única. No nacen de la nada, así porque sí; nacen de experiencias vividas con Dios, o lecciones aprendidas, o procesos que han pasado y Dios les ha salvado. Por lo tanto, cuando Dios en Su Palabra te invita a cantarle un cántico nuevo, en realidad te está invitando a que tengas una nueva experiencia en profundidad con Dios.

> *"Cantad a Jehová cántico nuevo, porque ha hecho maravillas; Su diestra lo ha salvado, y su santo brazo. Jehová ha hecho notoria su salvación; a vista de las naciones ha descubierto su justicia. Se ha acordado de su misericordia y de su verdad para con la casa de Israel; todos los términos de la tierra han visto la salvación de nuestro Dios"*
> *(Salmo 98:1-3)*

Cada cántico nuevo es una expresión individual y especial que nace en gratitud por todo lo que Él ha hecho por nosotros, por Su salvación, por Su bondad, por Su misericordia. Es una manifestación de Su poder y Su gloria; y un testimonio ante el mundo entero de la grandeza, soberanía, y poder de nuestro Dios. Un cántico nuevo no puede ser meramente un conjunto de palabras huecas y vacías, tiene que ser mucho más que eso.

> *"Pacientemente esperé a Jehová, y se inclinó a mí, y oyó mi clamor. Y me hizo sacar del pozo de la desesperación, del lodo cenagoso; Puso mis pies sobre peña, y enderezó mis pasos. Puso luego en mi boca cántico nuevo, alabanza a nuestro Dios. Verán esto muchos, y temerán, y confiarán en Jehová"*
> *(Salmo 40:1-3)*

David vivía constantemente componiendo cánticos nuevos a Jehová; porque cada día era una nueva experiencia con Dios; y de cada experiencia nacía un cántico especial, diferente a todos los anteriores, lleno de agradecimiento a Dios por Su salvación y Su fidelidad.

Igual que los cánticos de David, el cántico de Moisés es un cántico de victoria alabando a Dios por lo que hizo por Su pueblo (Éxodo 15). El cántico de Ana fue un cántico de alabanza por haber contestado su petición de un hijo. Cada uno diferente, pero cada uno un testimonio vivo del poder de Dios. Y no solamente cantaban esos cánticos a Dios, sino que se los enseñaban a sus hijos para que ellos se los enseñaran a sus hijos, hasta que llegaron a alcanzar nuestra generación. O sea, este cántico no era superficial, no era momentáneo, no era pasajero, sino que era un testimonio continuo, constante, y eterno de la fidelidad de Dios. Cualquiera podía escuchar los cánticos del pueblo de Israel para enterarse de las maravillosas y grandes obras de Dios.

"Cantad a Jehová cántico nuevo;
Su alabanza sea en la congregación de los santos"
(Salmo 149:1)

Dios anhela escuchar de Su pueblo un cántico nuevo, no los cánticos reciclados de las experiencias que otros han vivido. Dios no quiere que te mantengas estancado en los mismos testimonios de veinte años atrás, cuando primero te convertiste; Dios anhela que tú vivas nuevas experiencias en Él. Me preocupa escuchar personas contando que 20 años atrás Dios los usaba, predicaban, o cantaban para Dios. ¿Y qué hay de hoy? ¿No tienes nada nuevo que contar hoy? ¿Acaso Dios no ha hecho nada en tu vida desde esa fecha? ¿No hay ningún milagro nuevo? ¿No hay ningún testimonio nuevo, ninguna experiencia nueva con Dios?

Testifícale al mundo lo que Dios ha hecho por ti, y siempre tendrás un cántico nuevo delante de Dios; porque ese cántico nuevo nacerá de lo que Dios está haciendo por ti en el presente. Tu vida debe ser un constante testimonio de la fidelidad y la bondad de Dios, un constante cántico nuevo. **Cuando vivimos en la presencia de Dios, los cánticos nuevos fluyen naturalmente de Su presencia.** Por eso es que el cántico nuevo fluye naturalmente, con facilidad, cuando somos verdaderos adoradores, porque nace de nuevas experiencias vividas en la presencia de Dios, nace de los momentos en intimidad con Dios. No hay que forzar el cántico, ni forzar la adoración, porque fluyen como río desde la misma presencia de Dios.

Te invito a que busques, cada día, algo nuevo que cantarle al Señor. Sin importar tus circunstancias, busca ese cántico nuevo delante del Señor, y Él se encargará de hacerse presente en tu situación. Para un verdadero adorador, las circunstancias no impiden un cántico nuevo, por más difíciles que sean. Al contrario, lo impulsan hacia la presencia de Dios, donde encuentra la paz y el descanso que necesita. No hay otro lugar donde un adorador desee estar más que en la presencia de Su Amado Dios. Sólo ahí fluye la paz, el amor... y un cántico nuevo.

MI ORACIÓN

Padre, gracias por llevarnos a través de esta jornada que es una disposición de sufrir para aumentar la capacidad de impartir todo aquello que Tú has depositado en mí. Gracias porque esa disposición produce en mí mayor gozo que el que jamás imaginé, porque cuando pasamos al otro lado encontramos un gozo que es inexplicable. Esta jornada ha sido un tramo interesante, hasta retante, podemos decir. Nos invita a tomar decisiones. Nos invita a cambiar de curso, si es necesario. Nos invita a examinarnos introspectivamente para analizar dónde estamos y hacia dónde vamos.

Porque todo lo que pasó el patriarca Abraham lo llevó a subir al próximo nivel en su vida, y eso precisamente es lo que quieres hacer con nosotros. Nos quieres llevar a otro nivel de madurez, de crecimiento, en nuestra vida espiritual. Señor, te damos gracias por Tu presencia y por Tu Espíritu, que es quien nos guía y nos ayuda. Nosotros simplemente abrimos nuestros corazones para permitirte entrar, porque Te necesitamos, Señor, y si Tú vas con nosotros en este caminar, sabemos que Tú nos llevas de victoria en victoria. Permite, Dios, que este proceso sea el impulso que provoque cambios en nuestras vidas. Señor amado, que esta etapa sea la punta de lanza para llevarnos más allá de nuestro horizonte, a esa atmósfera extraordinaria donde Tú quieres llevarnos. Permite que esta palabra cale hondo dentro de nuestro corazón y provoque cambios. Señor, permite que el nácar tuyo empiece a fluir en medio de nuestros procesos. Que Tú seas reflejado Señor, que Tú toques nuestra vida de una manera especial. En el nombre de Jesús. Amén.

NOTAS

CAPÍTULO 12

Cuando Dios
encuentra un
verdadero adorador

Si no estás adorando a Dios siete días a la
semana, entonces no lo estás adorando
un día a la semana.

– A.W. Tozer

Dirigir la adoración se trata de un corazón que
se desvive por magnificar al Señor.

– Gangai Victor

CUANDO DIOS ENCUENTRA UN VERDADERO ADORADOR

Son pocas las cosas que te cambian la vida tanto como un encuentro con la verdad de Dios. Esta parábola que te voy a compartir aquí fue una de esas cosas que, literalmente, me cambió la vida. Jamás he vuelto a ver la adoración de la misma manera. Jamás he vuelto a adorar de la misma manera. Esta parábola fue lo que me hizo darme cuenta de que yo no tenía idea de lo que era la verdadera adoración. Fue con esta parábola que entendí **lo más importante de la adoración: que no importa cuánto yo "haga" porque no se trata de "hacer," se trata de "ser."**

Encontré un descanso inmenso en la gran verdad de que **mi desempeño no determina mi adoración. Es mi corazón lo que determina mi adoración.** Puedo tener un desempeño perfecto, pero un corazón vacío; y eso convierte todo lo que yo haga en ruido, no adoración. Finalmente vi que no se trata de lo que yo haga, porque lo que yo haga nunca me va a llenar como me puede llenar la presencia de Dios.

Mi oración es que esta parábola pueda impactar tu vida, así como impactó la mía.

LA PARÁBOLA DEL OJO DE LA AGUJA

por Charlotte Baker

Estaba en pie entre los hijos de los hombres, fuerte y alto. Mi corazón estaba lleno de entusiasmo. Mi vida entregada por completo a los propósitos de Dios. Ese día, le dije al Señor: "Yo haré poderosas hazañas en nombre de mi Dios." Entonces el Señor vino a mí y me preguntó: "¿Hijo del hombre, qué es lo que deseas tener?" Le contesté: "Señor, si sólo pudiera estar entre aquellos que dulcemente tocan un instrumento y que cantan bien en la casa de Jehová, entonces haría grandes cosas para mi Dios." El Señor vino a mí, y me concedió el deseo de mi corazón. Me puso en pie delante de los hijos de los hombres. Me permitió tocar, y me permitió cantar. Vi el día cuando los corazones de los hombres eran conmovidos por lo que el Señor me había dado. Después que vi que los corazones de los hombres fueron conmovidos, me eché hacia atrás y me dije a mi mismo: "Ahora estaré contento, porque he podido conmover los corazones de los hombres." Pero en mi hora secreta, incliné mi corazón delante de mi Dios y le dije: "Señor, me has dado lo que he pedido, pero mi corazón se siente apesadumbrado. Siento un anhelo por algo más".

Volvió a mí en la temporada de la noche y me preguntó de nuevo, "Hijo del hombre, pídeme otra vez lo que quieras de mí." Le dije: "Señor, veo hombres encorvados por las pesadas cargas. Veo corazones que están rotos. Veo tristeza y desánimo. ¡Dame el poder de exponer la palabra para que pueda compartir Tu Palabra y sus corazones sean libertados!" Volvió el Señor a mí y me dijo: "Hijo de hombre, te he concedido eso que has deseado." Con gran alegría, marché delante del pueblo de Dios. En mi juventud y entusiasmo, hablé la Palabra y los hombres fueron libertados. Hablé la Palabra y sus corazones fueron sanados. Conocí lo que era vendar a los quebrantados de corazón y derramar el óleo de gozo en lugar de luto. Mientras los hombres le alababan y glorificaban Su Nombre, regresé a mi cámara secreta. Incliné mi cabeza sumergido en tristeza. Le dije: "Oh, mi Dios. Oh, mi Dios. No estoy satisfecho."

Volvió a mí una vez más y me dijo: "Hijo de hombre, ¿qué es lo que nuevamente deseas de Mí?" Y le dije: "Oh, Dios mío, dame poder en mis manos para que así como Tú hiciste, pueda poner mis manos sobre los enfermos y ver la sanidad fluir." Me dijo: "Sea hecho como has pedido." Desde ese mismo día, según iba a las naciones de la Tierra, veía los enfermos siendo levantados de su lecho de enfermedad. Veía el dolor y el sufrimiento desaparecer. Me regocijaba al regresar a mi lugar secreto. Incliné mi cabeza delante de mi Dios y le dije: "Ahora, mi Dios, estaré satisfecho, porque me has dado lo que he deseado." No bien habían salido las palabras de mi boca, cuando mi corazón dentro de mí comenzó a gemir y llorar. Entonces le dije: "Dios mío, no entiendo esto. Otra vez mi corazón está triste"; y dije, "Señor, ¿una vez más me darás lo que te pido?" Él contestó: "Será hecho."

Así que dije: "Dios, deseo ir contra principados y potestades, los poderes de maldad en los lugares altos de este mundo en tinieblas espirituales". Él dijo: "Seguramente te lo doy. Ahora ve." Así que salí, y el Señor me permitió entrar en guaridas de iniquidad y cuevas donde los hombres se esconden de la luz por causa de su pecado y la maldad que está en ellos. Llegó un día cuando vi demonios gritar y estremecerse simplemente por la presencia del poder de Dios que reposaba sobre mí. Entonces volví a mi lugar secreto hecho pedazos. Le dije: "Dios, te he pedido todo lo que he deseado, y aun mi corazón no está satisfecho. Siento que ni siquiera me he acercado a aquello para lo cual Tú me has llamado. En mi juventud, yo me he gastado con todo lo que había deseado mi corazón, pero no estoy satisfecho."

Entonces una vez más, un amable y amoroso Dios me visitó una noche, y me dijo: "Ahora, ¿qué es lo que deseas?" Con mi corazón quebrantado, yo me incliné delante de Él y le dije: "Dios, sólo deseo aquello que Tú desees darme". Se acercó a mí y dijo: "Ven conmigo y te llevaré en un viaje." Me llevó más allá de donde se encontraban mis amigos; me llevó lejos de aquellos con quienes visitaba la casa de Jehová. Me llevó a un lugar desolado. Me dirigió hasta llegar a un lugar solitario en el desierto. Dije: "Oh, Dios mío, me has separado de los que más amo. ¿Qué estás haciendo conmigo?" Él dijo: "Te llevo al lugar donde todos los hombres deben llegar para que el más profundo anhelo de su corazón pueda ser realizado."

De repente, me encontré ante una puerta llamada, "el Ojo de la Aguja". Allí, ante el Ojo de la Aguja, escuché la voz del Señor decir: "Inclínate." Yo me incliné. Él dijo: "No, más bajo." Así que yo me incliné más bajo. Él dijo: "Más bajo. No te postras lo suficiente." Así que, me postré tan bajo como podía llegar. Yo cargaba en mi espalda mis libros llenos de conocimiento. Cargaba conmigo mis instrumentos de música. Llevaba conmigo mis dones y mis habilidades. Me dijo: "Tienes demasiado peso; no puedes pasar a través de esta puerta." Le dije, "Dios mío, pero Tú me has dado estos libros. Tú me has dado estas habilidades." Él me dijo: "Suéltalos o no puedes pasar." Así que, lo solté todo, y continué a través de una puerta muy pequeña llamada "el Ojo de la Aguja". Según atravesé esta puerta, escuché la voz del Señor decir: "Ahora levántate al otro lado."

Pero, cuando me levanté, una cosa muy extraña sucedió. Porque de repente, la puerta, que había sido tan pequeña que tuve que poner a un lado todo lo que tenía para poder atravesarla, ahora era tan ancha que nada podía llenarla. Mientras me ponía en pie ante la presencia del Señor, le dije: "Dios, ¿qué es esto que has hecho en mí, que ahora mi alma está satisfecha?" Él dijo: "Has atravesado la puerta de la adoración. Ahora, ven al Círculo de la Tierra, y te mostraré un gran misterio. Te revelaré lo que estoy haciendo entre los hijos de los hombres." Entonces el Espíritu del Señor me arrebató, y me llevó al Círculo de la Tierra, más alto que donde el águila puede volar, más allá de donde pueden tronar las nubes, más allá de donde brilla el sol, o la luna encuentra su camino. Allí en el trono de mi Dios, me dijo: "Mira hacia abajo a mi pueblo."

Pude ver cosas muy extrañas. Vi a mis compañeros reunidos alrededor de una puerta muy pequeña, y los vi consternados llorando. Se decían unos a otros: "Dios nos ha dado estos instrumentos de guerra. Esta espada es mi espada, y con ella voy a luchar contra el enemigo. Derribaré al enemigo. No puedo pasar por esta puerta porque si paso a través de esta puerta, tengo que soltar mi espada. Dios me ha llamado a ser un guerrero, y por lo tanto, no lo haré." Y escuché a otro decir: "¿Yo? ¿Soltar mi instrumento de música? ¿Dejar a un lado todo lo que Dios me ha dado, solamente para pasar por esa absurda puerta pequeña, para ser nada más que un simple hombre descubierto que sale al otro lado despojado de todo? ¡No puedo hacerlo!" Entonces vi cómo se echaban a un lado en su orgullo, con miedo de humillarse ante una puerta tan pequeña. Y luego miré otra vez, mientras el Señor me llevaba más cerca de la puerta, y vi a un hombre postrado bien bajo, despojándose de todo lo que tenía. Al atravesar la puerta inmensamente ancha al otro lado, todos sus instrumentos de música estaban allí. Su espada estaba allí. Sus libros estaban allí. El poder estaba allí.

Entonces la palabra del Señor vino a mí: "Ahora ve y di a este pueblo delante de ti: Yo le he dado a este pueblo talentos en abundancia y muchas habilidades. He llamado a aquellos que son instrumentistas a tocar. Pero les digo este día, si no entran a través de esta puerta muy pequeña, que es la puerta de la adoración; y se postran bien bajo, y sueltan ante Mi presencia sus instrumentos, sus talentos, sus habilidades, su visión y su poder, siempre estarán entre aquellos que sólo serán capaces de ministrar a los corazones de los hombres y bendecir los corazones de los hombres.

Pero hay una puerta abierta en la iglesia en esta hora que es una puerta muy pequeña. Por esa puerta entrarán sólo los que son adoradores. Estos pondrán sus talentos delante de su Dios. Estos dirán: 'Dios, seremos adoradores.' Entrarán por la puerta estrecha. Y al entrar por la puerta estrecha (escuchen otra vez la Palabra del Señor), se levantarán nuevamente al otro lado, **no para ministrar a los hombres, sino para ministrar a su Dios.**"

Ahora presento ante ustedes una elección. Pueden ministrar a los hombres, y causar que se estremezcan los corazones de los hombres con su talento. O pueden humillarse como aquel que atravesó por una puerta muy pequeña, y se convirtió en un adorador de Dios. **Entonces ministrarás al REY.**

(Parábola profética de la Dra. Charlotte Baker en 1981 traducida al español por Deyanira Roque – 4/17/15)

¿POR QUÉ LO HAGO?

Todo esto se reduce a una sola pregunta: ¿Por qué hago todo lo que hago? ¿Cuál es mi intención cuando canto o cuando toco mi instrumento? ¿Es ministrarle a los corazones, a las emociones, o es ministrarle a Dios? Hasta el día en que yo leí esta parábola, yo pensaba que mi labor era ministrarle a la iglesia; y me afanaba y preocupaba por ministrarle a la necesidad de mis hermanos. Hasta el momento en que entendí claramente que **quien le ministra a la iglesia es Dios, no yo. Yo simplemente me encargo de ministrarle a Dios; y Dios es quien se encarga de ministrarle a la iglesia.** Yo solamente soy el instrumento que Dios usa para ministrarle a Su iglesia. El entender esto te libera de tantas preocupaciones y afanes; porque aceptas que Quien único conoce la necesidad de Su pueblo es Dios, y Quien único puede satisfacerla es Dios. Nosotros sólo somos vasos de barro; la excelencia del poder es solamente de Dios.

Así que, **la pregunta más importante que todo líder y ministro se tiene que hacer es:** ¿Por qué lo hago? ¿Por qué canto o toco? ¿Cuál es mi motivación? ¿Será que Dios necesita mi adoración? No. Dios no necesita mi adoración. Él es el mismo ayer, hoy y por todos los siglos (Hebreos 13:8). A Dios ni lo cambia, ni lo inmuta lo que hagamos o dejemos de hacer. Antes pensaba que mi adoración movía a Dios.

Que mientras más enérgicamente lo adorara, más rápido Dios iba a responder.

Pero descubrí que yo no cambio a Dios. Él es el mismo, lo adore o no lo adore. Él no es como nosotros, que necesitamos que nos estén alabando para sentirnos mejor, o para motivarnos a hacer algo. Mi adoración no cambia el estado de ánimo de Dios, ni Su opinión de Sí mismo, o de mí. Si a Dios lo moviese mi adoración, y no se moviese sin mi adoración, entonces yo podría determinar lo que Dios hace, o no hace. Si esto fuese cierto, entonces yo controlaría a Dios; ya Él no sería soberano, inmutable, inalterable. Sus acciones dependerían de mis acciones, y dejaría de ser Dios.

Entonces, si mi adoración no mueve ni cambia a Dios.... ¿Por qué cambian las cosas cuando adoro? ¿Si mi adoración no mueve a Dios, ni cambia a Dios, entonces a quién mueve mi adoración? **A MÍ.** Mi adoración me cambia a mí. Dios es el mismo por siempre, pero yo no. Yo cambio. Mi estado de ánimo y mis emociones cambian, tan rápido y fácil como la marea del mar. Es por eso que necesito la estabilidad de la presencia de Dios para mantener un balance en mi vida. Necesito al Único que es, siempre ha sido, y siempre será, el mismo. Es por medio de Su presencia que reconozco que, aunque mi vida cambie, aunque mis circunstancias cambien, aunque todo cambie, Dios no cambia. Su poder, Sus cualidades, y Sus habilidades son las mismas desde la eternidad hasta la eternidad. Por lo tanto, Su presencia en mi vida es sumamente importante y necesaria. Y **la única manera de invitar esa presencia, esa paz, es con mi entrega, con mi adoración**.

Mi entrega y mi adoración se convierten en la llave que abre esa puerta para que Dios pueda entrar a mi vida, a mi día, a mi circunstancia, a mi familia. Mi adoración invita a Dios a formar parte integral de mi vida, y es la que le permite cambiar cualquier parte de ella. **Mi adoración no cambia a Dios, me cambia a mí.** Cambia mi perspectiva, cambia mi ambiente, cambia mi mentalidad, cambia mi actitud. Es la que abre mis ojos a la obra que Dios está haciendo en cada situación, y la que va a hacer.

¡Qué diferentes serían nuestras vidas, nuestras familias, hasta nuestros trabajos, si constantemente invitásemos a Dios a habitar en ellas por medio de nuestra adoración! A veces perdemos de perspectiva que Él es capaz de hacer mucho más abundantemente de lo que pedimos o entendemos (Efesios 3:20-21). El Dios de lo imposible sería capaz de hacer tanto más en nuestras vidas si nosotros le invitásemos a ser parte de ellas.

¡Cuántas historias tenemos en la Biblia del poder de Dios que se hizo manifiesto por la adoración de Su pueblo! Una de las más impresionantes fue cuando el rey Josafat, antes de la batalla contra los amonitas y moabitas, oró a Dios, adoró a Dios, y los enemigos se destruyeron entre ellos mismos (2 Crónicas 20). ¡Sólo Dios pudo haber hecho semejante cosa! Tu adoración, firmemente cimentada sobre tu fe, le abre las puertas a Dios para obrar en ti, y a través de ti, para lograr milagros increíbles. Es tu adoración lo que le permite a Dios meter Su mano en esos asuntos que tú no puedes resolver, para cambiar la situación por completo.

Así que, en este día, adórale porque anhelas Su presencia. Adórale porque quieres agradarle y obedecerle. Adórale por Sus promesas, Su fidelidad, Su amor y Su bondad. Que tu adoración nazca de tu gratitud por Él, y todo lo que Él ha hecho en tu vida, y te garantizo que verás la gloria de Dios.

EN PRIMER LUGAR

¿Cuál es la importancia de tu adoración? Que **tu adoración pone a Dios en primer lugar**. La adoración reenfoca nuestra atención de nosotros mismos, de nuestros problemas, hacia Dios. Nos hace recordar quién es Dios y qué ha hecho por nosotros, en vez de hundirnos en el lodo de la depresión y lástima. Es en medio de la adoración que nos damos cuenta de cuán egocéntrico es el ser humano. Seamos honestos: Lo primero que pensamos cuando algo nos sucede es: ¿Por qué a mí? Rara vez pensamos en cómo afecta a los demás. Aun desde que nacemos, nuestra única preocupación es nuestras necesidades básicas, y son nuestros padres los que tienen que enseñarnos a preocuparnos por los demás.

Por eso es que la adoración es tan necesaria para cambiar nuestra mirada de nosotros mismos hacia Dios. Nuestra adoración enfoca nuestros pensamientos en la majestad y el poder de Dios; eleva nuestra mirada, y nuestro corazón, de nuestra situación a nuestro Dios. Básicamente, nuestra adoración celebra quién Dios es, las cosas que ha hecho por nosotros, y reafirma nuestra gratitud por Su bondad, Su amor, y Su misericordia. **La adoración nos recuerda nuestra total y absoluta dependencia de Dios.**

Cuando perdemos de vista la verdadera razón para la adoración, el momento de adoración en nuestros servicios se convierte en un mero "preludio" para la parte "verdaderamente importante," la predicación. Cuando no entendemos la importancia vital de la adoración, le restamos la importancia que se merece. Se convierte en una canción más, una reunión más. Creo que nos falta comprender que el propósito principal de nuestros servicios es adorar. Podremos hacer muchas otras cosas, pero, si no adoramos a Dios en cada cosa que hacemos en el servicio, estamos perdiendo el tiempo. Quienes adoran a Dios en todo tiempo es porque han conocido a Dios, han descubierto todo lo que Dios es, y no pueden dejar de adorarle. Se han acercado a Dios lo suficiente como para ver Su gloria, Su carácter, Su poder, Su verdadera naturaleza; y han encontrado en Él mucho más de lo que jamás pensaron encontrar.

Para que tu adoración sea genuina, tiene que fluir de una relación íntima y profunda con Dios; porque **la verdadera adoración fluye naturalmente de un corazón agradecido.** Un corazón que reconoce que Dios es su gozo, su paz, su fortaleza, su consuelo, su todo; y el pensar en todo esto constantemente trae a tus labios palabras de gratitud y adoración. Ahora, esto no quiere decir que siempre vas a sentir el deseo de adorar. Te confieso que he pasado por varios momentos en que no he sentido el deseo de adorar, pero es en esos momentos en que más lo necesito. Sí... en esos momentos en que no sienta deseos de adorarlo, reconozco que es cuando más necesito adorarlo. ¿Por qué? Porque la adoración es el lugar donde Dios habita.

EL LUGAR DONDE DIOS HABITA

El nombre de la tribu de Judá, de donde proviene nuestro Salvador, nace de la palabra hebrea *Yadah*. *Yadah* significa "reverenciar o adorar con manos extendidas, confesar, adorar, dar gracias, ser agradecido". Por lo tanto, el nombre de la tribu de Judá significa adoración. Pero eso no es lo más interesante... mira lo más interesante del nombre de Judá: La madre de Judá, Lea, fue la esposa rechazada de Jacob, quien amaba a Raquel, la hermana menor de Lea. Dios tuvo compasión de Lea, y le concedió tener hijos cuando Raquel no podía. Lea nombró a su primer hijo Rubén, que significaba que "Dios había visto su aflicción y había respondido." Llamó a su segundo hijo Simeón, que significaba que "Jehová oyó que era menospreciada" (Génesis 29:31-35).

Fíjate que los nombres de sus primeros dos hijos significan aflicción y menosprecio. Sin embargo, en algún momento luego de sus primeros dos hijos, Lea cambió de actitud y escogió adorar a Dios. Llamó a su último hijo Judá, diciendo: **"Esta vez alabaré a Jehová."** Y ese fue el hijo que Dios escogió para que, de la casa de Judá, naciera nuestro Salvador. No de la tribu de Rubén, el primogénito, no de la tribu de Simeón, ni siquiera de la tribu de Leví. Solamente de la tribu de Judá. Y es el único del cual dice la Palabra: *"Desechó la tienda de José, y no escogió la tribu de Efraín, **sino que escogió la tribu de Judá**, el monte de Sión, **al cual amó"** (Salmo 78:67-68).*

¡Qué tremenda bendición! Mira qué impresionante es esto: Lea, la rechazada, la que no era amada, después de quejarse, llorar, y deprimirse, en un momento dado reaccionó, y escogió adorar. Y esa adoración la convirtió en la matriarca de la tribu del Salvador. Qué honor. Yo pienso que finalmente entendió que quejarse, llorar y deprimirse no resolvió nada, y por eso decidió que de ahora en adelante iba a fijar su vista en Dios y nada más. Fíjate en la importancia que Dios le da a la adoración, que cuando los israelitas le preguntaron a Jehová cuál sería la tribu que los dirigiría en batalla, Dios les contestó que la tribu de Judá será la que va adelante (Jueces 20:18). Tan importante era la adoración para Dios, que Dios estableció que la batalla fuese precedida por adoración; no por la tribu más fuerte, no por la tribu más grande, no por los guerreros... no.... Por la tribu de adoración.

Ahora te pregunto yo a ti.... en tus batallas, ¿qué tribu va delante? ¿La tribu de la queja? ¿La tribu de la depresión? ¿O la tribu de la adoración? En el Salmo 114:2, establece que Judá vino a ser el santuario de Dios, e Israel Su señorío. La palabra hebrea traducida como santuario significa "lugar sagrado, consagrado, dedicado, santo". En otras palabras, el dominio y soberanía de Dios eran evidentes en toda la tierra de Israel, pero Judá era Su centro de mando, el lugar seleccionado por Él mismo para ser Su habitación privada... en medio de la adoración y alabanza.

Tal vez esa fue la razón por la cual Judá fue la única tribu que fue preservada mucho después que las otras 11 tribus fueron destruidas por la apostasía (2 Reyes 17:18). Tal vez esa adoración fue lo que mantuvo los corazones del pueblo buscando de Dios cuando ya las demás tribus se habían apartado. Porque eso es lo que logra la adoración, te acerca a Dios y mantiene tu pensamiento en Dios cuando todo alrededor se está derrumbando. Tu adoración trae la presencia de Dios a tu situación más difícil y oscura.

Y eso fue lo que decidió hacer Lea, decidió adorar a Dios aun cuando no se sentía amada, ni valorada. Decidió concentrarse en Dios en vez de sentarse a llorar y a darse palmaditas en la espalda en auto-conmiseración y lástima. El resultado de esa decisión fue que encontró el favor de Dios para ella, su hijo, y su descendencia. Tantas veces luchamos por conseguir el favor de los hombres, y el favor de Dios, cuando lo único que necesitamos hacer es adorar. Tantas veces nos frustramos buscando a Dios, cuando Dios se hace presente con el mero hecho de adorar.

Imagínate que tú hubieses tenido un hijo llamado "Adoración". Cada vez que llames a ese hijo por su nombre, estás adorando a Dios. Cada vez que lo envíes a lavarse los dientes, a hacer sus tareas, a sacar la basura, estarás adorando a Dios. Es que, de imaginármelo, me causa risa…. "Adoración, saca la basura. Adoración, te toca lavar los platos. Adoración, recoge tu cuarto." No hay manera de hundirse en la depresión y frustración cuando cada momento del día estás adorando a Dios. Tu casa estará llena de la presencia de Dios porque lo que sale por tu boca constantemente es adoración. Tu enfoque cambiará por completo. Tal vez esa fue la razón por la cual Lea le puso por nombre Judá, para que cada vez que lo llamara por su nombre, su enfoque cambiara de depresión a adoración. Las mismas bendiciones que recibió Judá y su descendencia, las puedes recibir tú hoy si solamente adoras, porque Dios todavía habita en medio de la alabanza.

SE TRATA DEL AMOR

Algo más que la adoración logra es que, además de cambiar tu enfoque y tus prioridades, cambia tu corazón, y te pone un corazón más como el de Dios, un corazón sensible y lleno de amor por las almas. Y ese amor se refleja en todas tus actitudes y acciones hacia los demás. Tú amas lo que Dios ama.

La cantautora internacional Lorell Quiles cuenta que una vez la invitaron a dirigir la adoración en una iglesia multicultural. Ella dirigía el devocional con todas sus fuerzas; pero la iglesia simplemente se quedaba sentada mirándola; no se envolvían, ni cantaban, ni participaban. Ya ella no encontraba qué más hacer para que la iglesia adorara. Cuando no pudo más, decidió renunciar, porque había agotado todas sus estrategias, y la iglesia no reaccionaba. Se sentó a preparar su carta de renuncia, cuando de repente se cae al piso la Biblia de su niña; y, cuando la toma en sus manos, la Biblia se abre en un versículo bíblico que dice, "Jesús dijo que nos amemos mucho." En ese instante, el mismo Espíritu comenzó a poner convicción en su corazón de que ella estaba tratando de dirigirlos en adoración pero no había en su corazón un amor por esas personas que estaba tratando de dirigir.

Dios le dijo a su corazón, **"Cuando los ames, ellos van a entrar en la adoración."** Y en ese momento, Lorell empezó a llorar. Al llegar el próximo culto, se paró en el altar y, mirando a la gente, comenzó a llorar por el amor que sentía por ellos. La iglesia comenzó a llorar con ella y, de repente, todo cambió; estaban todos envueltos en una adoración hermosa. **Necesitamos amar a cada miembro de la iglesia como lo ama Dios; y esta instrucción le aplica a todos los ministerios de la iglesia. Si tú no los amas, no los puedes dirigir.** Tienes que amarlos primero, para entonces poder dirigirlos. El amor es, tiene que ser, la base, lo principal. El amor es lo que me impulsa. Sin amor, no hay nada. En 1 de Corintios 13 dice que si no tengo amor, todo lo que yo haga no sirve de nada, es solamente ruido. Todo lo que yo haga tiene que nacer del amor, mi amor por Dios y mi amor por Su pueblo. Cualquier otra motivación es ruido a los oídos de Dios.

CORAZÓN DE SERVICIO

Y si yo amo a Dios, y amo a Su pueblo, la marca, el sello, de ese amor es que tengo un corazón de servicio. **Porque yo amo, yo sirvo. Mi servicio es el resultado natural de mi amor.** Eso es lo que Jesús le enseñó a Sus discípulos en una ocasión que iban discutiendo por el camino: *"Mas ellos callaron; porque en el camino habían disputado entre sí, quién había de ser el mayor. Entonces él se sentó y llamó a los doce, y les dijo: Si alguno quiere ser el primero, será el postrero de todos, y **el servidor de todos**"(Marcos 9:34-35).* O sea, **si no tienes un corazón de servicio, no puedes ser un verdadero adorador.**

Pablo dijo, *"Así, pues, téngannos los hombres por servidores de Cristo, y administradores de los misterios de Dios. Ahora bien, se requiere de los administradores, que cada uno sea hallado fiel" (1 Corintios 4:1).* Y aquí se encuentra otro requisito de un verdadero adorador: ser fiel administrador del don que hemos recibido. No se nos puede olvidar que no es nuestro, es un regalo de Dios. *"Cada uno según el don que ha recibido, minístrelo a los otros, como buenos administradores de la multiforme gracia de Dios. Si alguno habla, hable conforme a las palabras de Dios; si alguno ministra, ministre conforme al poder que Dios da, para que en todo sea Dios glorificado por Jesucristo,* a quien pertenecen la gloria y el imperio por los siglos de los siglos. Amén" (1 Pedro 4:10-11). Y **aquí se encuentra el propósito en todo lo que hacemos: que Dios sea glorificado.** Dios se encargará de lo demás.

PORTADORES DE SU GLORIA

¿Cuál es la finalidad, el propósito, de toda esta jornada? **El objetivo final de esta jornada es que tú y yo seamos portadores de Su gloria.** ¿Puedes pensar en una cosa tan grande como esa? Esa es la razón por la cual Dios está buscando verdaderos adoradores: porque los verdaderos adoradores son portadores de la gloria de Dios. Dios dice, "Yo no estoy buscando un simple adorador. Estoy buscando un verdadero adorador porque Yo voy a depositar, voy a invertir en él, Mi poder; y ese va a convertirse en portador de Mi gloria." Por eso los requisitos son tan estrictos, y las instrucciones son tan específicas; porque el resultado final va a ser una vida extraordinaria y gloriosa.

Cuando entendemos eso, de repente todas las piezas van encajando en su lugar. Mi mentalidad cambia porque tengo la expectación de algo extraordinario y sobrenatural en mi vida. Ahora entiendo que la verdadera adoración es un modo de vida excepcional con la intención de convertirme en portador de Su gloria. ¡Aleluya!

Y es que si tú eres portador de la gloria de Dios, lo que está alrededor tuyo se tiene que sincronizar con Dios y Su Palabra. Lo que te rodea se tiene que ordenar bajo el orden de Dios, porque tú llevas la gloria de Dios por dentro y esa gloria se refleja. ¡Aleluya! **Cuando llega un portador de la gloria de Dios, las cosas no se pueden quedar igual. Algo tiene que suceder.** Si llegué yo, y yo soy portador de Su gloria, entonces donde quiera que yo llego, tiene que hacerse patente y manifiesta la gloria de Dios.

Por eso es que no entiendo el que haya tantas iglesias en el mundo, y el mundo todavía esté como está. ¿Qué es lo que está pasando en nuestro mundo? Si somos verdaderos adoradores, ¿por qué este mundo está tan mal? ¿Por qué hay tanta violencia y pobreza? ¿Por qué hay tanta división? Porque, se supone, que si realmente somos verdaderos adoradores, nuestro mundo no puede permanecer igual. Se supone que donde quiera que haya un verdadero adorador, haya un portador de la gloria de Dios; y **uno de los resultados de vivir en la gloria de Dios es que hay unidad en el pueblo de Dios.** Jesús dijo en su última oración, *"La gloria que me diste, yo les he dado, para que sean uno, así como nosotros somos uno. Yo en ellos, y tú en mí, para que sean perfectos en unidad, para que el mundo conozca que tú me enviaste..." (Juan 17: 22-23).* Entonces algo anda mal.

Es tan lamentable ver una iglesia llena de danza, de música, de todo lo demás, pero en esencia cada cual está haciendo lo suyo y no hay unidad. Termina el servicio, y cada cual se va por su camino hasta el próximo servicio. A veces ni se miran ni se hablan. No hay unidad; y **donde no hay unidad no puede haber gloria.** Puede haber mucho espectáculo, mucha emoción, mucho brinco y salto, pero no hay gloria.

Cuando descendió el Espíritu Santo en el libro de Hechos estaban todos unánimes juntos. Y la palabra "unánimes" y la palabra "juntos" no significan lo mismo. "Juntos" significa ubicación: que todos estamos aquí en un mismo sitio. Pero la Palabra "unánimes" va mucho más allá: quiere decir que estamos en un mismo sentir, en un mismo pensar, y en un mismo propósito. Y cuando miramos a fondo, a veces la realidad es que no estamos unánimes juntos. Solamente estamos juntos. El fuego no cayó cuando estaban juntos. El fuego cayó cuando estaban unánimes juntos. Porque había un mismo sentir, un mismo corazón, un sólo propósito, y una sola dirección. Estaban enfocados en Dios y Su propósito; y por eso se derramó la gloria de Dios. El resultado fue que se convirtieron miles de almas; porque donde se manifiesta la gloria de Dios, algo extraordinario tiene que ocurrir.

No es cosa liviana el que nosotros seamos portadores de la vida de Dios, de la gloria de Dios. Yo creo que necesitamos analizar a profundidad lo que significa ser portador de la gloria de Dios. Dios no escogió un arcángel, ni una estrella. No escogió ningún animal, ni un objeto material. Dios escogió solamente al ser humano para ser portador de Su gloria. Piensa en eso por un momento... Dios pudo escoger cualquier otra cosa, pero te escogió a ti. Si Dios nos escogió para ser portadores, se supone que vamos a estar contagiando a todo el mundo con la vida de Cristo. Cuando Cristo entraba a los sitios, las cosas no se quedaban igual. Cuando llegaba a un sepelio, el muerto se levantaba. Yo lo siento mucho, pero yo todavía no he encontrado en la Biblia a Cristo predicando un sermón fúnebre... porque donde quiera que había un funeral, y llegaba Cristo, la vida se encontraba con la muerte y la muerte era absorbida por la vida; había resurrección. De Cristo Jesús salía virtud, y ocurrían los más impresionantes milagros. ¿Tú me quieres decir a mí que nosotros somos portadores de la gloria de Dios, y las cosas se van a quedar como están? No, No, y No. Cuando hay adoración, esa atmósfera de Dios, ese ambiente, tiene que activarse; y todo alrededor tiene que cambiar.

Así que, si quieres ser portador de la gloria de Dios, Dios te está esperando, porque Dios sigue buscando verdaderos adoradores. Dios todavía está buscando hombres y mujeres que no se comprometan con nada ni con nadie, que estén claramente definidos, que tengan la identidad de Dios, que sepan de donde vienen y a donde van. Dios todavía está buscando esos verdaderos adoradores para que lo adoren en espíritu y en verdad.... para bendecirlos como jamás hubiesen imaginado.

"El ángel del Señor llamó a Abraham desde el cielo por segunda vez, y le dijo: --El Señor ha dicho: "Puesto que has hecho esto y no me has negado a tu único hijo, juro por mí mismo que te bendeciré mucho. Haré que tu descendencia sea tan numerosa como las estrellas del cielo y como la arena que hay a la orilla del mar. Además, ellos siempre vencerán a sus enemigos, y todas las naciones del mundo serán bendecidas por medio de ellos, porque me has obedecido"
(Génesis 22:15-18)

LA RECOMPENSA

Siempre ha habido una recompensa en servir a Dios, y ser un verdadero adorador no es la excepción. Hay una recompensa. Hay un galardón, un premio. Yo sé que cuesta ser un adorador, y no todo el mundo está dispuesto a pagar el precio, pero quienes están dispuestos a pagarlo, reciben bendiciones incomparables. Y el primero en recibir esos beneficios fue Abraham. Todos estos fueron los beneficios:

Primer beneficio, Dios juró por Sí mismo, no habiendo nada más alto por qué jurar, que lo bendeciría mucho. Esto a mí me dejó boquiabierta. Esta es la única vez en la Biblia en que Dios jura por Sí mismo, aunque vas a encontrar que el pueblo de Israel lo repetía continuamente como un recordatorio a las futuras generaciones. Este juramento significa que Dios dijo, "Me ha impresionado tanto tu obediencia, tu entrega, que Yo tengo que ahora mismo pactar contigo; tengo que reafirmar Mis promesas. Yo te hice promesas, Abraham, pero voy a reafirmarlas jurando por Mi propia reputación, no habiendo nada más alto por qué jurar, porque no hay nada por encima de Mí." Él no juró por el cielo, ni por los arcángeles. Él juró por Él mismo, porque no existe nada más alto que Él. Él juró por su propia reputación, y la reputación de Dios es lo máximo, es excelente, es inmutable y eterna. Dios es lo único que es estable, aleluya, y nadie lo cambia. Por eso no podía jurar por nada más fuera de Él, porque quien único nunca cambia es Él. Así que, cuando le juró por Sí mismo a Abraham que lo iba a bendecir, eso significaba que nada ni nadie iba a alterar, ni a detener, esa promesa.

Segundo beneficio, Dios mismo le dice, "te bendeciré mucho." No poco. No a medias. Mucho. Nuestro Dios no es escaso, ni tacaño, ni mezquino. Cuando Dios bendice, bendice abundantemente, y eso es lo que te espera si decides convertirte en un verdadero adorador: bendición que sobrepasa tus expectativas. Tal vez no sea como tú la esperas, ni cuando tú la esperas, pero es seguro que vendrá, y nada la detendrá. Y será una bendición que llenará tu vida de paz y gozo.

Tercer beneficio, Dios mismo le dice, "Haré que tu descendencia sea tan numerosa como las estrellas del cielo y como la arena que hay en la orilla del mar." Tu descendencia significa, más allá de tus hijos, tu legado, la permanencia de tus obras, tu impacto en este mundo. Dios hará que sea multiplicado hasta impactar miles de vidas, todo por tu decisión de convertirte en un verdadero adorador. O sea, tus ojos no han visto nada, comparado con lo que Dios hará con tu vida.

Cuarto beneficio, Dios mismo le dice, "Siempre vencerán a sus enemigos." Ay, Dios mío, esa promesa es mía; la reclamo. Yo no sé cuáles son tus enemigos, quién se levantó contra ti, pero hay una promesa de que siempre vencerás a tu enemigo. No importa cómo se llame, ni su tamaño, ni su fuerza, tu enemigo no podrá hacerte frente porque tú has decidido ser un verdadero adorador.

Y el quinto beneficio, Dios termina diciéndole, "y todas las naciones del mundo serán bendecidas por medio de ellos porque me has obedecido." Esto está increíble. Por esa bendición es que hoy, miles de años después, nosotros hemos sido bendecidos. Nosotros que no éramos pueblo de Dios hemos sido hechos pueblo de Dios por esta promesa. El impacto de tu vida será multiplicado de tal manera que aun personas que tú ni siquiera conoces serán bendecidas por tu vida. Naciones vendrán al conocimiento de Cristo por tu vida. Créelo.

CONCLUSIÓN

Dios llamó a Abraham desde el cielo. Y Abraham le respondió. Hoy Dios está aquí llamando... a todo aquel que quiera ser un verdadero adorador. Si aceptas Su invitación, te aseguro que te cambiará la vida, porque ha cambiado muchas vidas, entre ellas la mía. Yo no he vuelto a ser la misma. La Luisa que comenzó esta jornada no es la misma Luisa que la terminará. En mi vida hay un "antes de la jornada", y un "después de la jornada". Ha sido sumamente interesante. Ha sido un reto. He reído y he llorado, pero los beneficios de confiar en Dios han sobrepasado cualquier problema o situación que pude enfrentar en mi vida. Me he dado cuenta que el resultado de someterme y entregarme va mucho más allá de cualquier sufrimiento inicial. He visto Su gloria de una manera sobrenatural porque un día tomé la decisión de entregarme, de convertirme en una verdadera adoradora.

Hoy, donde quiera que te encuentres, quien quiera que seas, Dios te está llamando a convertirte en un verdadero adorador. El anuncio continúa escrito en las páginas de la Biblia, y sigue vigente. Dios necesita, y el mundo necesita, verdaderos adoradores, transformados por el poder de Dios para Su gloria. Gente que impacte este mundo, que no se rinda, que busque Su presencia sobre todas las cosas. Te invito de todo corazón a que aceptes el reto. Tu vida nunca más será igual. Tu mundo nunca más será igual. Esa es mi oración.

MI ORACIÓN

Vamos a unirnos en oración. Padre, te damos gracias. Gracias por Tu incondicional amor, Tu misericordia, Tu gracia, tantas cualidades Tuyas que no caben en esta página. Gracias por ser Quien eres. Queremos conocerte más, porque ese es el todo del ser humano. Todo lo demás es secundario, es inmaterial, es superficial. Conocerte a Ti, y amarte a Ti, es lo único que anhelamos, más que la vida misma.

Hoy decidimos comenzar esta jornada. Abre el velo, porque Tú no quieres permanecer como un misterio. Tú quieres revelarte a Tu pueblo. Señor, Tú estás buscando verdaderos adoradores. En esta jornada, te pedimos que nuestro corazón esté dispuesto, Señor amado, a caminar en esa ruta, en Tu dirección, en Tu propósito, hacia Tu corazón, y que podamos, Señor amado, terminar siendo portadores de Tu gloria, para marcar una diferencia en nuestra familia, en nuestra comunidad, en nuestro país, en nuestra iglesia.

Ay, Señor, necesitamos convertirnos en portadores de Tu gloria. El mundo lo necesita hoy más que nunca. Impregna nuestra vida, nuestra alma, con Tu presencia. Ayúdanos, por medio de Tu Espíritu Santo, a acercarnos a Ti para poder alcanzar todo aquello que Tú tienes preparado para nosotros. Te doy gracias por lo que haces, te doy gracias por lo que ya hiciste, y te doy gracias por lo que has prometido hacer en nuestras vidas. Te amamos, Salvador. En el nombre de Jesús, Amén.

NOTAS

SINCERAMENTE
gracias

En una jornada suceden tantas cosas y conocemos tantas personas. De hecho, no sería una jornada normal sin estos dos elementos. Por mi vida han pasado tantas personas maravillosas, que me han formado, que me han marcado, que sería imposible nombrarlas todas en este papel. De cada una he aprendido algo, y han impactado mi vida en tantas maneras. A todos ustedes, mil gracias por ser parte de mi jornada.

Quiero primeramente expresar mi más profundo agradecimiento al Dios de mi vida, que me ha dado el privilegio de compartir estos tesoros en las páginas de este libro. Jamás voy a entender por qué me escogiste a mí, entre tantas otras personas que pudiste haber llamado, mejor cualificadas que yo. Pero te agradezco sinceramente el privilegio de servirte y adorarte mientras viva. Te amo, mi Dios.

Quiero expresar un agradecimiento muy especial a mi escuela y mi casa por 18 años, **Asamblea Cristiana El Oasis**, pero muy en particular a mi maestro y mentor por más de 18 años, el **Pastor Richard L. Callwood**, quien me ha inculcado el conocimiento de toda una vida a través de cada mensaje, cada palabra, y cada enseñanza. Eso nunca se olvida. Pastor, lo amo.

A mi pastor, el **Rev. Eliseo Rodríguez**, gracias por abrirme las puertas de su iglesia para bendecirme en los momentos más difíciles de mi vida. Admiro su conocimiento de la Palabra, su amor por las almas, su pasión por Dios, y su incansable trabajo por Su obra. Agradezco sinceramente que haya hecho un espacio en su cargada agenda para leer el manuscrito de este libro y por brindarme su sincero respaldo. Usted y su iglesia me han sido de una bendición que ni se imaginan. Gracias.

Quiero también expresar mi gratitud a todo aquel que de alguna manera ha sido un facilitador para que este proyecto sea una realidad.

Así como Pedro le prestó la barca a Jesús para una gran pesca, el **Pastor José Rohena y su amada esposa Brenda** me prestaron su altar desinteresadamente para predicar estas riquezas en su iglesia por doce noches corridas. La iglesia del Pastor Rohena fue la plataforma desde la cual Dios lanzó la red al mundo entero. Este libro NO hubiese podido ser escrito si no hubiese sido por esa oportunidad que me concedió el Pastor Rohena para compartirlo y grabarlo en su iglesia para luego poder transcribirlo. No saben cuánto se los agradezco; y no saben cuántas vidas ya han sido bendecidas por medio de su humilde gesto. Los llevo en mi corazón. Dios los bendiga siempre.

Pocas personas tienen el privilegio de tener su propio "Geek Squad." El mío fue mi amado hermano y amigo de muchos años, **Rolando Vega,** quien durante el largo proceso de escribir este libro fue el instrumento que Dios usó para resolver los problemas técnicos, que fueron muchos. Mil gracias, *brother.* ¡Eres el mejor!

Tengo una lista de personas muy especiales que han contribuido para que este libro sea una realidad, y no las puedo pasar por alto. A la editora, **Cristy López**, Profesora de Periodismo, agradezco tu desinteresada ayuda. Al **Pastor César Camacaro,** por su apoyo aun en medio de las circunstancias que atraviesa su amado país, Venezuela. Seguimos orando para que Dios manifieste Su poder en medio de esta situación tan difícil. Pastor, Dios es fiel.

Al equipo de trabajo que Dios puso en mi camino, **Pastor Antonio M. Florido, María de la Cruz, y Euselandia Alcántara,** les agradezco por entender la visión y correr con ella. Ustedes se han convertido en parte integral de este proyecto. Gracias.

A mis tantas amistades que han sido parte importante del proceso de mi vida, **Elsie, Wilfredo, Soto, Nancy, Evelyn, Ella, Yadiel, Javier y Denise.** Ustedes han sido mis "compañeros del chilingui", y han visto toda la jornada desde el asiento de primera fila. Les agradezco que siempre me han apoyado, en las altas y en las bajas. He llegado hasta aquí gracias a su amor, oraciones, y apoyo. A mi amiga del alma, **Lis Milland,** quien siempre ha estado ahí impulsándome a compartir lo que Dios puso en mi corazón, y no tuvo reparos en compartir su conocimiento conmigo para apoyarme en este proyecto.

A mi amado esposo, **Octavio**, no sé qué sería de mi vida sin ti. En serio. Has sido mi roca fuerte, cuando todo lo demás se ha derrumbado. Tú creíste en este proyecto aun cuando nadie más creyó. Aun antes de que todo esto se formara, cuando todavía era un sueño, tú me motivaste a seguir adelante. Eres un hombre maravilloso, y te mereces todas las bendiciones que Dios te tiene reservadas. Sigue confiando, que lo mejor viene de camino. Te amo, mi amor.

Y, por último, y no por un asunto de valor, más bien todo lo contrario, ya que en el diseño de Jesús lo postrero es lo mejor, quiero expresar mi más profunda gratitud a mi amiga y hermana en Cristo, **Deyanira Roque**. Gracias por caminar conmigo en esta jornada, a pesar de mi incapacidad visual. Eres tan culpable como yo de que todo esto sea una realidad; es invaluable tu gran aporte.

Dios te usó como instrumento para tomar este proyecto en tus hombros y transcribir cada mensaje predicado para que esta obra literaria *"La Jornada de un Adorador"* sea una realidad hoy. Pocas personas están dispuestas a asumir un trabajo ajeno y hacerlo como suyo sin esperar nada a cambio; todo esto muestra de qué estás hecha, amiga...

Estoy segura que Dios recompensará con creces tu dedicación, pasión, entrega y excelencia. Amiguita, eres especial y cualquier reconocimiento se quedaría corto para expresar tu contribución en la *"La Jornada de un Adorador"*. Gracias, mil gracias.

A cada iglesia alrededor del mundo que me ha abierto sus puertas para compartir la preciosa Palabra de Dios, mil gracias por la confianza y el respaldo. Los llevo siempre en mi corazón y en mis oraciones.

A todos los que se me han quedado por falta de espacio, mil gracias por aportar a mi vida, aunque sea una sonrisa, un abrazo, o una palabra de aliento. Valen mucho más de lo que se imaginan.

Todas y cada una de estas personas ha sido parte importante de mi jornada, y le han dado forma, de alguna manera, a mi camino. Así que es mi oración que Dios los bendiga mucho a todos, y cumpla Su perfecto propósito en cada una de sus vidas. Amén.

Louise Acevedo

Louise Acevedo
© 2018 - Derechos Reservados
Email: lajornadadeunadorador@gmail.com
ISBN 978-1-5136-5207-8
Impreso en los EEUU.